让我们一起追寻

PHILOSOPHER OF THE HEART

THE RESTLESS LIFE OF SØREN KIERKEGAARD

心灵的哲学家

索 伦 · 克 尔 凯 郭 尔 不 安 的 一 生

〔英〕克莱尔·卡莱尔（Clare Carlisle）——著

马睿 译

译者序

索伦·奥比·克尔凯郭尔（Søren Aabye Kierkegaard）曾自称“基督教世界的苏格拉底”，立志要以苏格拉底式的反讽，做 19 世纪基督教世界的“牛虻”。在基督教早已成为丹麦国教、每个丹麦人自出生起便自然而然地成为基督徒的时空中，他质疑“基督徒”的概念，提出“如何成为基督徒”乃至“如何在世界上做一个人”这样基本的存在问题。在短短 42 年的人生里，他用真名和不同的假名写下了无数令同时代的丹麦人深感不安的文字，勇敢地质疑备受推崇的丹麦主教和知名学者，以一己之力挑战整个丹麦的基督教世界，至死方休。有趣的是，近年来，这位基督教会眼中的“牛虻”、卡夫卡心中无法企及的“明星”、存在主义之父，却日益成为一些人寻找精神慰藉的源头。专栏作家们写道：“想在这纷繁芜杂的世界里找到内心的安宁吗？试着读一读克尔凯郭尔吧。”现实的压力令你身心疲惫？不妨模仿一下克尔凯郭尔笔下的“放弃之骑士”。人们记起他的名言：“在世间一切荒谬的事物中，我认为最荒谬的莫过于忙碌。”想起他曾说过忧惧乃身心健康的标志，而做人的任务就是要“学会如何忧惧”。那么，为什么在他去世将近 170 年后，在这个世界的即时互联已经远超他所生活的火车时代的想象，我们要回到遥远的现代早期，前往几近世界尽头的北欧都市，重寻一个几乎与世隔绝之人的生命轨迹，在他的生活、著述和话语里寻找解决我们这个时代的某些问题的答案呢?

克莱尔·卡莱尔的这本《心灵的哲学家:索伦·克尔凯郭尔不安的一生》是为回答这个问题所做的一次新尝试。为克尔凯郭尔作传必是难度非凡的挑战,不仅因为他笔耕不辍,写出了卷帙浩繁的作品和日记,其中充满了晦涩难懂的用典、矛盾困惑的情绪和袒露灵魂的自白,单是阅读、理解和诠释那些文字就要耗费几十年功夫;也不仅因为他的人生和哲学难解难分,他比其他任何哲学家更为投入地实践自己的研究和思想;还因为在他十几年的哲学家和作家生涯中,除了旅行、在哥本哈根的街道上散步"见人"和没日没夜地写作外,他的生活几乎没有什么外在的戏剧性,全是"内心戏"。这就要求传记作家,正如另一位克尔凯郭尔传记作者尤金姆·加尔夫(Joakim Garff)所说,不得不在"车载斗量的素材中""耐着性子地推进叙事元素"。就此而言,这本《心灵的哲学家》采纳了怎样的传记方法,"新"在何处?

首先在叙事顺序上,这本"克尔凯郭尔式的克尔凯郭尔传"套用了克尔凯郭尔的名言:"生活应该向后理解,但……我们应该向前活着。"它没有遵循标准传记的时间顺序,而是选取了反传统的三段式结构。第一部分始于 1843 年,当时克尔凯郭尔刚满 30 周岁,刚刚出版了引起轰动的《非此即彼》,这是他在与未婚妻雷吉娜·奥尔森解除婚约,决定终身不娶之后开始作家生涯的关键时期。第二部分"向后理解的生活"跳到 1848 年,从那里回望 1813 年,也就是传主出生的那一年,开始记述他早年的人生经历及其影响。最后一个部分"向前活的生活",则从 1849 年一直写到 1855

年克尔凯郭尔去世。这种间接的叙事结构看起来很适合这位著名的辩证法传主，也打开了一条窥探哲学家生活的缝隙，让我们获得了一种全景式人生概貌。这一叙事顺序内部所暗含的线索，则是由克尔凯郭尔的问题、思想和写作成果贯穿起来的，“遵循克尔凯郭尔生活和写作之间模糊而不断变化的界限，让哲学和性灵问题来推动构成人物生平事实的那些事件、决定和遭遇”。克尔凯郭尔对前未婚妻雷吉娜的念念不忘、他对大量加糖咖啡的偏爱、他的工作狂作风、他热情而敏锐的信件，以及他关于上帝和个人的思考交织成一个有机整体。

其次在传记视角上，卡莱尔并没有采纳俯视的全知视角，而是采用了平视的旅伴视角。这也借助了独特的叙事顺序的优势，三个部分的标题都与空间有关：“返程”、“向后”、“向前”。第一章开头就写到克尔凯郭尔结束了第二次柏林之旅，坐在返回哥本哈根的火车上。作者自始至终没有居高临下的评判，没有乘时乘势的审度，没有事后聪明的权衡，只是坚定地跟传主一起踏上旅程，去面对外界和他内心的风风雨雨。这种叙事视角的缺陷是在讲述传主生平和分析其心理时，难免会带有揣测乃至虚构的成分，对传主的塑造也难免感伤和做作（“克尔凯郭尔式的克尔凯郭尔传!”），但瑕不掩瑜，它突出的优点是传记作家不仅仅是传主的旅伴，也是读者的旅伴：她只是将传主的生平遭遇和心理动机娓娓道来，坦言自己看到的、知道的和我们一样多，也和我们一样谦逊认真、小心翼翼地探索，试图用肉眼捕捉到“天才释放出的尖利的闪电”光芒，让它照亮我们凡俗人世的上空。

当然，书中频繁出现的“旅途”、“火车”、“公共马车”和“轮船”别有深意，与克尔凯郭尔生活的时代和他的思想密切相关。克尔凯郭尔的一生恰逢所谓的丹麦“黄金时代”，那个时代丹麦的经济和文化发展势头迅猛，整个国家和人民步入现代，开始使用迅捷的交通工具，可以看到更多的人、更大的世界，不过人们在享受现代的各种便利和愉快的同时，也头一次经历了随之而来的疾病和焦虑。书中举了一个例子，即 1843 年在哥本哈根首次开放的趣伏里公园。在托马辛·居伦堡（Thomasine Gyllembourg）的小说《两个时代》中，主人公卢萨德看到“那么多来自不同阶层的人聚集在那里”，认为是他的世纪取得的伟大进步的表现，而书里其他人物却悲叹那些走进城中渴望“被看到”的人“可怕的虚荣心”，“追求娱乐像传染病一样在我们身上日渐普遍，破坏了家庭生活的完整健全”。在这本传记中，我们会看到克尔凯郭尔在整个成年生活和写作生涯中经历了同样的矛盾和焦虑：他喜欢在哥本哈根的街道上散步、被人们看到，却又为此忧心忡忡；同样，他喜欢写作，向人们表达自己的所思所想，却又厌恶被那些他觉得根本没资格的人阅读和评论。在这个人们都忙着挣钱和积聚财富的忙碌世界，基督教会似乎是唯一的精神场所，然而那里并没有给人以希望；相反，就连神职人员也都忙着攀爬职业阶梯，为自己寻求财富和声望。克尔凯郭尔上溯 1800 多年，在苏格拉底那里找到了疗愈这些时代（和他自己的）疾病的药方。这位天才的哲学思想和著述始终关注着单个个人的心灵，因为便利是外在的，而焦虑是内在的；发展是人群共享的，而忧惧是久存于“个人”内心的；进步是抽象的，而痛苦是具体的。

克尔凯郭尔活到 1850 年代中期，在他人生的最后几年，恰逢革命的大潮席卷整个欧洲，人们试图推翻君主制，建立共和制民主国家。然而克尔凯郭尔对民主持怀疑态度，他认为在民主制度中，多数人的声音永远是最大的，这样一来，“那个个人”就更不可能过上一种内在的生活，遑论对集体意见和既定传统表达自己的疑虑了。时间过去一个半世纪多，这正是今天的互联网和社交媒体上每天都在发生的事情。卡尔·雅斯贝尔斯认为克尔凯郭尔是第一位不但充分论述了他自己的时代，也探讨了我们生活的时代的现代哲学家。我们如今生活的现实已经变得不再真实，仿佛现实每天都从我们的指缝划过，我们不再能够真实地与此时此地、与我们生活的“实在”发生关联。雅斯贝尔斯生活的时代又过去了半个世纪，互联网一代生活的所在的确被称为“虚拟现实”，而克尔凯郭尔那个时代的疾病和焦虑非但没有被治愈，反而随着新的现实而变得更加严重了。看起来不管科技怎样进步，不管人类的足迹到达了如何高远的宇宙深处，每一个个体面对的存在问题仍在那里，我们仍然需要内在性，需要反思、激情和反讽，需要关注真实而具体的此时此地。换句话说，我们仍然摆脱不掉克尔凯郭尔提出的那个最基本的存在问题：如何在世界上做一个真正的人。

为克尔凯郭尔作传不易，翻译一本克尔凯郭尔传记也不是简单的任务。为了和作者一同踏上这趟阅读和理解克尔凯郭尔之旅，我注册并完成了哥本哈根大学神学副教授约恩·斯图尔德博士的“索伦·克尔凯郭尔——主观性、反讽与现代性的危机”公开课程，阅读和参照了中国社会科学出版社的十卷本克尔凯郭尔全集、商务印书馆的《克尔凯郭尔日记选》和周一云老师翻译的《克尔凯郭尔传》，在此一并表示感谢。各位译界前辈的译文风格和遣词造句自不必说，精准注释和治学方法也让我获益良多。希望读者享受与我们一起的这一趟不易的旅行，希望初识克尔凯郭尔的读者能爱上这位有着好多弱点、缺点和缺陷，但就是那么聪慧、坦诚、可爱、饶有风趣的天才，已经熟知克尔凯郭尔的读者也不要忘记在遭遇人生的困惑和焦虑之时重温他的文字，以在其中获得平静和慰藉。

2022 年 5 月于卡尔加里

他在转身的刹那领会了深情，
他面带微笑，继续前行。
我在世上的每一天，都充满意义，
然而我还没有参透，它的秘密。

——桑迪·丹尼（Sandy Denny），
《乐观主义者》（The Optimist）

献给乔治·帕蒂森（George Pattison）

目　录

第三部分　1849—1855年：向前活的生活

前 言

"就其与何谓生存的关系而论，爱情故事永远都是一个有用的 xi
主题。"①[1] 在他一生中唯一一段爱情以婚约解除而告终之后，索伦·克尔凯郭尔写下了这样的话。克尔凯郭尔的哲学研究是内在地审视生命本身，他比其他任何哲学家更投入地实践自己的研究工作。他的情感危机所启迪的关于人类自由和身份的洞见，为他赢得了"存在主义之父"这个经久不衰的名声。他创造了一种新的、植根于人类存在的内在戏剧性的哲学风格。他是个很难相处和取悦的人，作为榜样或许还很危险，但他愿意成为人类境况的见证者又十分鼓舞人心。他变成了爱情与苦难、幽默与焦虑、绝望与勇气的专家；把这些爱情故事变成了哲学研究的主题，他的文字触动了一代又一代读者的心灵。

1849 年，瑞典作家弗雷德丽卡·布雷默（Fredrika Bremer）为记录丹麦的文化生活造访哥本哈根，在这以前好几年，克尔凯郭尔就已经是家乡的名人了。因为他拒绝了她的采访请求，布雷默没能

① 译文引自〔丹〕索伦·克尔凯郭尔《最后的、非科学性的附言》，王齐译，北京：中国社会科学出版社，2017 年。本书译者在翻译过程中参考了京不特先生、王齐女士和汤晨溪先生翻译的《克尔凯郭尔文集》，该十卷本文集由中国社会科学出版社出版。除信件和大部分日记外，本书中提到的克尔凯郭尔原著均采用这一套权威译本的翻译（略有修改），特此致谢。因为本书译者购买的是电子版，故无法标注页码，还请见谅。（本书脚注如无特殊说明，均为译者注。）

见到他，却听到了不少关于他躁动不安的生活习惯的谣言：“白天，人们在哥本哈根最热闹的街上看见他在人群中走来走去，一走就是几个钟头。夜里，据说他独居的住所灯火通明。”[2] 或许毫不意外，她觉得他是个“不可接近的人”，目光“一刻不停地紧盯着一个点”。“他把显微镜聚焦在这个点上，”布雷默写道，“仔细地审视最微小的原子、最迅疾的动态、最隐秘的变化。他就这些发表演说，笔耕不辍。在他看来，万事万物的奥秘都在这个点上。而这个
xii 点就是——人的心灵。”她提到他的作品尤其受到女性读者的喜爱：“心灵的哲学一定是她们不可或缺的慰藉。”事实上它对男性也同样重要，只需粗略地看一下克尔凯郭尔历代的读者就知道，其中不乏20 世纪最有影响力的思想家和艺术家。

克尔凯郭尔当然不是第一个试图寻找人生意义的人。他与欧洲最优秀的智识传统难解难分，吸收了古希腊的形而上学，《旧约全书》和《新约全书》，基督教早期教父和中世纪经院哲学，路德和路德宗虔信派，相继开疆拓土的哲学家笛卡尔、斯宾诺莎、莱布尼茨、康德、谢林和黑格尔的思想，以及浪漫主义文学的养分。在 19 世纪那思想丰富、喧嚣动荡的三十年，他把这些思潮引入了自己的生活，在自己的身体内部感受着它们的压力和悖论。与此同时，他的心灵被一连串强烈的爱所刺痛、充盈、拉扯和挫伤，每一个都饱含着深刻的矛盾（或许第一个除外）：母亲安妮、父亲米凯尔·彼泽森、未婚妻雷吉娜；他的城市、他的文学创作、他的上帝。

我们很快就会与克尔凯郭尔“碰面”了，他在 1843 年 5 月从

柏林回到哥本哈根，一路乘坐火车、公共马车和轮船。我们一眼就会注意到他是位作家——在三十多岁的年纪开启了让他成名的写作生涯。他用极为流畅的文字，把自己的灵魂植入他热爱的丹麦语言，就算读译文，也不难感受到他文笔的律动、思考的诗意。克尔凯郭尔后来所谓的“写作活动”填满了他生命的大部分时间，耗尽了他的精力和财富。说他是个作家不仅是说他以惊人的速度创作出鸿篇巨制，写出了成捆的日记和笔记，更是因为写作成了克尔凯郭尔存在的必要肌理，是他一生中最充沛的爱之所在——因为他把别的爱全都融入其中，如涨潮的海水日夜拍打着他的故土。这份爱让他欲罢不能、魂牵梦萦：他年轻时曾经很难开始写作，而后提起笔便一发不可收。作者身份和权威问题占据了他的思绪；他总是在写作的快乐与出版的痛苦之间犹豫不决；他为文学体裁着迷，却对版面样式和装订风格比较挑剔。

克尔凯郭尔既是作为哲学家，也是作为性灵的追寻者来写作。 xiii
在柏拉图《理想国》里的洞穴寓言中，一个孤独的人逃离平庸蒙昧的世界去探寻真理，而后回来与不解的众人分享自己获得的知识——这一哲学家原型也同样能够定义克尔凯郭尔与 19 世纪世界的关系。在《旧约》亚伯拉罕艰难地上下摩利亚山的故事里，克尔凯郭尔同样洞察到其中的宗教活动——对上帝的深深渴望、理解自己所负天命的焦虑挣扎、对一条真正的精神道路的苦苦追寻，这些宗教活动对他的内心体验产生了影响。他的宗教信仰频频违背传统，但他的信仰并非不虔诚。

本书将追随克尔凯郭尔的脚步，一起去探索那个既激励他又困扰他、既让他踯躅不前又催他倍道而进的“存在问题”：如何在这个世界上做一个人？他批评现代哲学的抽象概念，坚信我们必须解决我们是谁的问题，并且在生命本身的行进过程中，面对未知的未来，解决如何活着的问题。正如我们无法在火车前行的过程中下车，我们也无法脱离生活本身来思考它的意义。同样，这部传记也没有采纳一个抽离的全知视角去考察克尔凯郭尔的一生，而是和他一起踏上征途，与他共同直面种种无常和变故。

我最初与编辑讨论这本书的写作计划时，他就建议我写一部克尔凯郭尔式的克尔凯郭尔传。他是对的，他的话在我写作本书的过程中引导着我，也困扰着我。我常常在写作的进程中丧失把握；回头来看，我发现那就意味着遵循克尔凯郭尔生活和写作之间模糊而不断变化的界限，让哲学和性灵问题来推动构成人物生平事实的那些事件、决定和遭遇。本书缘起于克尔凯郭尔提出的如何在这个世界上做一个人的问题。在第一部分“1843 年 5 月：返程”的开头，克尔凯郭尔正在写作《畏惧与颤栗》①，书中就这个问题给出了一个充满希望且相当完美的答案。在第二部分“1848—1813 年：向

① 关于 *Fear and Trembling* 这本书的中文译名，译者采用了京不特先生的《畏惧与颤栗》。京不特先生在译自丹麦语的译本中有一段题解，特此抄录如下：“前人有翻译此书的，包括 90 年代时的我自己，都把书名中的 Frygt 翻译成‘恐惧’。如果我们参看圣经中《腓利比书》（2:12）保罗的信中所写的文字，‘于是，亲爱的，你们这些一贯顺从的人：为你们的拯救而心怀着敬畏与颤栗去努力吧，不仅仅是我在场时如此，而现在我不在场时更当如此’。中文版的《圣经》也是用‘恐惧’一词的：‘这样看来，我亲爱的弟兄你们既是常顺服的，不但我在你们那里，就是我如今不在你们那里，更是顺服的，就当恐惧战兢，作成你们得救的工夫。’然而，这里的‘惧’是对上帝的敬畏之惧，是一种有对象的惧怕，而不是那不具对象的恐惧。所以，Frygt 一词在我这里被翻译为‘畏惧’或‘敬畏’。”

后理解的生活”中，克尔凯郭尔在 1848 年回首自己的生活和写作生涯时，对“存在问题”给出了不同的解答。克尔凯郭尔一直对自己的死亡极为敏感，但他对即将死去的预期在那五年发生了变化：1843 年是他写作的最终截止年份，给了他的作品一种紧迫性，他紧锣密鼓地写作和出版自己的书籍；而到 1848 年时，他觉得死亡是他圆满结束写作生涯的事件。在第三部分“1849—1855 年：向前活的生活”中，我们跟着克尔凯郭尔一起参加那场与世界对抗的战役，在某种意义上，他顽强应战，至死方休。 xiv

克尔凯郭尔不是一个容易相处的旅伴，但从许多方面来看，他迷人、可爱、滑稽、仁慈又饶有风趣。“今天晚上我跟索伦·克尔凯郭尔先生聊了一会儿，”一位熟人在 1843 年 9 月 1 日的日记中写道，“虽说和他在一起不容易让人内心平静，的确如此——但事实往往是——他的话精确地表达了我最近一直在思考的问题。”[3] 克尔凯郭尔的父母为他取的名字意为“严苛”，随着年岁渐长，他越来越人如其名。在他 33 岁写作的《最后的、非科学性的附言》（*Concluding Unscientific Postscript*）中，克尔凯郭尔主张要想在宗教上变得虔诚，人必须“把痛苦的奥秘理解为人生的最高形式，它比所有的幸福都高……这就是宗教的严苛性，使一切变得更为严苛就是它的开端”。①[4] 然而短短几页之后，他又描写一个虔诚的人在哥本哈根的鹿苑寻欢作乐——“因为承认自己的人性是对人神关系最

① 〔丹〕索伦·克尔凯郭尔：《最后的、非科学性的附言》，王齐译，北京：中国社会科学出版社，2017 年。

为谦卑的表达，而且感到开心是人之本性。”[5] 真正的开心——他写道——始终是远离苦难的。

当然，做人的开心从来就不是克尔凯郭尔能轻易感受到的。1840 年代初，他是个有钱、有天赋、有朋友的年轻人，被一个聪慧美丽的姑娘深深爱着，但他硬是把自己的生活弄得难如登天。克尔凯郭尔心理特征的这一深刻而难解的事实与他看待世界的哲学立场密不可分。他或许是首位关注人类在显然已步入现代的世界中的生存体验的伟大哲学家，那是一个有着报纸、火车、商店橱窗和游乐园，充斥着大量知识和信息的世界。虽然对于像他这样的富人，物质生活日益优渥和舒适，但它也引发了新的关于扬名立万和抛头露面的焦虑。克尔凯郭尔不仅在自己出版的作品中抛头露面，也时常出现在哥本哈根的街道上，出现在斯楚格街（Strøget）时髦的咖啡
xv 厅里，出现在他所在城市的大小报纸上。他始终能感觉到他人的目光，也为他人的所见所思而苦恼不已。

在《最后的、非科学性的附言》中，他写到了一位 30 岁出头的哲学家——一个很像他自己的人物——坐在腓特烈斯贝花园（Frederiksberg Gardens）的露天咖啡座，抽着雪茄，思考着他在世间的一席之地：“你年岁渐长，我对自己说，你是成年人了，却一无是处……你在文学界和生活中见到的都是名流的名字和身影，那些宝贵的和被称赞的人，卓越的或是为人所议论的，为数众多的时代的恩人，他们知道如何通过把生活变得日益简便而使人们受益——有些人用火车，另一些人用公共马车和蒸汽轮船，还有一些人用电报，另一些人用简明易懂的调查报告以及关于所有有价值东

西的简明出版物。"①[6]

精神生活也被弄得越来越简单了，他若有所思，这是那些哲学家的功劳，他们用自己的体系解释基督教信仰，证明它的真实性、它的合理性、它对社会的道德价值。"那么，你在做什么呢?"他问自己，"正当此时，我的自我省察被打断了，因为我的雪茄燃尽，我要点上一支新的。于是我重新抽上雪茄，突然，一个念头跃入我的心灵：你必须要做点儿什么，但是，既然你有限的能力不可能使事情变得比目前简便，那么，你就应该怀着同样的人道主义的宽仁承担起把事情弄得更困难的责任。这个念头使我异常愉悦，它也使我受到了恭维：我会因自己的努力比别人更多地得到整个教区的爱戴和尊敬。"②

这些轻松愉快的文字中充满了反讽：在克尔凯郭尔写下这些文字的时候，同侪不愿意欣赏他的作品已经让他深感失望和受伤。他致力于强调和深挖做人之难，写出了很长一串难以理解、模棱两可的作品，它们始终抗拒总结和释义，因为字里行间浓缩着太多的思考。在很多文本中，不同的叙述看法演绎着不同生命观之间的冲突，且没有达成明确的解决办法；它们呈现各类谬误和误解，与阐述真理一样频繁。读者苦读数十年，在那些复杂难解的文学和哲学迷宫中苦苦寻觅，仍然无法探明其中的真相——我便是如此。对克

---

① 〔丹〕索伦·克尔凯郭尔：《最后的、非科学性的附言》，王齐译，北京：中国社会科学出版社，2017 年。

② 〔丹〕索伦·克尔凯郭尔：《最后的、非科学性的附言》，王齐译，北京：中国社会科学出版社，2017 年。

xvi 尔凯郭尔来说，哲学工作不是现成理念的快速交易，而是产生深刻的精神上意义的东西，他希望那些意义能够穿透读者的心灵，彻底改变他们。他的许多同代人对此感到不安或困惑不解；他们能瞥见他的天分，但嘲笑他为人的弱点和乖僻比理解他的书容易多了。

当然，克尔凯郭尔对获得认可的渴望，以及他对自己的公共形象的焦虑，都源于一种被暴露、被看见和被评判的感觉，那种感觉是在世为人的体验本身所固有的。我们总是不由自主地对他人做出评判：甫一见面就会掂量一番，并在他人袒露胸襟之后不断调整自己的判断标准。走近克尔凯郭尔的世界会带来不适感，我有时竟会厌烦他，这是一种痛苦的感觉，像是对爱人求全责备的那种痛苦。他的书给了读者很高的期待；他抒情的宗教讲演描述了崇高的理想，正如平静无波的海面会封存天空的颜色，一颗纯净的心灵也会映照出上帝的仁慈。然而，他却在日记中历数他那些微不足道的固恋、对于对手成功的妒忌、对那些轻视他的人的不满的愤怒、他累人的骄傲。他常常会可怜自己、为自己辩解，把自己的失望归因于他人。

这会使他变成一个己所不能、强加于人的伪君子吗？恰恰相反：克尔凯郭尔所召唤出他自己渴望的良善、纯粹与平和的非凡能力，与令他的灵魂愤怒和扭曲的情感迸发决然不可分——其间的联结恰恰是这种对他明知自己缺乏之品质的渴望。他的哲学因悖论而得名，克尔凯郭尔充满躁动地渴望着安宁、平和与静谧，这本身就是他日日面临的一个悖论——也是一个真相。和世间的每一个人一样，他的生命也是各种元素的组合，有些琐碎卑微、有些渊博深邃，此二者可能对他产生同样强大的作用；他努力想对它们加以综合，但它们又频频在滑稽或悲惨的荒谬瞬间发生碰撞。作为一个“宗教诗人”，他投入大量精力保持精神理想不被乘虚而入的妥协和堕落所玷污，他比谁都清楚，任何人只要试图坚持那些理想，就一定会面临这样的危险。

在反思我自己不赞成克尔凯郭尔那些完全符合人性的思考和情感的反应时，我也开始反思人们可能会期待传记作家对传主的一生做出评判的事实——评判它的成功、它的真实性、它的美德。作为 xvii
克尔凯郭尔的传记作者，我想要抵制那种强加或欢迎这类评判的冲动。这不是因为克尔凯郭尔从不对他人指手画脚，虽然他的确很少居高临下地进行道德说教或自以为是。这甚至不是因为作为苏格拉底的信徒，比起其他任何一类哲学他要更看重自知之明，鼓励读者在评判他人的同时反观自身。而是因为他知道，放弃那些熟悉的、世俗的评价个体生命的方式，会让我们获得新的自由。

克尔凯郭尔直到生命结束也不曾有一个妻子倾诉衷肠，于是他用清晰易懂、不厌其详的文字记录下自己的愤怒和自怜。这一做法与众不同，但他的情感却是人所共有的：阅读他的日记时，我们会觉察到他不光彩的情绪，这恰是因为我们对那些情绪了然于胸。克尔凯郭尔在自己的哲学中质问人类说长道短的习惯，它在我们的个人思维和集体文化中如此根深蒂固，以至于几乎无法避免，而他称其为“伦理范畴”或者干脆称之为“世界”，就是因为（和柏拉图的洞穴一样）它是我们生活在其中的环境，无可逃遁。然而，虽说他人的评判像我们自己的一样难以避免，克尔凯郭尔却坚信这些人类评判中没有哪一个是绝对的或最终的。他指出，我们总有希望占据一方别样的天地——因为每个个人都属于一个有着无限深度的领域，他称之为“内在性”、“与上帝的关系”、“永恒”、“宗教范畴”，或干脆叫它“沉默”。[7]他的文字打开了这一位于人心内部的范畴，并呼唤读者进入其中。

第一部分

1843 年 5 月：返程

能够以这样的方式落下，在同一瞬间看上去就仿佛一个人在站着和走着，把生命中的跳跃表现得仿佛如履平地——这只有那个信仰骑士做得到。[1]

第一章

直面存在问题

他从未有过这样飞速移动的体验！然而他本人却静止地坐着， 3
相当舒适，简直是在一把“漂亮的扶手椅”上休息。[1] 窗外的田野向后飞驰，那里仍是春天最苍翠鲜亮的颜色。没有来自天国的风助他扬帆起航。这是一种全新的奇迹：仿佛是炼金术把蒸汽与钢铁、天才与野心融为一体，将铁轨铺向整个基督教世界。[2] 这种新的移动方式让他这样的人有时间休息片刻。一等车厢很安静，他像往常一样独自旅行。一闪而过的风景让他想起了已逝的时光，一切时过境迁。他回忆起过去几周的动荡，过去几个月的危机，还有那以前，在大学里死气沉沉的许多时光。或许如今总算有机会摆脱那一切了？以 40 英里的时速从柏林驶向波罗的海之滨，看似一切皆有可能。不到两天后，索伦·克尔凯郭尔就能回到哥本哈根了。[3]

这是 1843 年 5 月底，克尔凯郭尔刚满 30 岁。三个月前他出版了《非此即彼》（*Either/Or*），那部厚重而怪异的哲学著作很快就引发了轰动。该书的大部分篇幅是 1841 年冬天在柏林写就的，那是他到目前为止最多产的一个时期。这个月他回柏林短程旅行，希望恢复写作的灵感和动力，果然，他上火车时，包里就带着两份手稿。他已经写完了《重复》（*Repetition*），故事讲的是一个男人像克尔凯郭尔一样与一位年轻姑娘订了婚，但改变主意解除了婚约。故事的叙述者是另一个人物，他也像克尔凯郭尔一样第二次赴柏林旅行，回到他位于御林广场的旧旅馆，还在同一个剧院观看同一出剧
4 目。这本又像中篇小说又像宣言的古怪小书将提出一种全新的哲学观点，它主张真理是不可知的，但人必须以某种方式存在。

另一部还没有写完的书就是《畏惧与颤栗》，写的是《创世记》第 22 章所讲的亚伯拉罕和以撒的故事。上帝命令亚伯拉罕把以撒献为燔祭，于是父子二人跋涉了三天登上摩利亚山，亚伯拉罕捆住以撒的手脚，对他举起手中的刀，准备杀死他献祭——但就在那时，一个天使出现了，告诉亚伯拉罕杀一头公羊来代替。亚伯拉罕和以撒又走了三天才回到家。如果妻子撒拉问起他们去了哪里，这位老人会说什么呢？他当时在想些什么？我们永远也不会知道：圣经的叙事没有提及亚伯拉罕的想法、他的情感、他的本意，这一切都只能想象。克尔凯郭尔在这本书中创造性地重建了亚伯拉罕的内心世界。

有人会声称这种诗意的思考在哲学中没有立足之地，但克尔凯郭尔却从父子二人的摩利亚山之行中汲取了丰富的哲学养分。他为亚伯拉罕内心不为人知的秘密而着迷；他甚至还有可能沉醉于这样的想法，那就是他的人生中也蕴藏着一个同样的秘密，终有一日，也会有他人来想象、解读和重建："那个解释了亚伯拉罕的秘密的人也解释了我的一生——但我的同时代人中又有谁了解其中深

意?”[4] 他希望《畏惧与颤栗》能巩固他身为作家的名声，希望它被翻译成不同的文字，被一代又一代的学者研读。

“我从没有像现在这样废寝忘食地工作，”动身回国之前，在从柏林给最好的朋友埃米尔·伯森（Emil Boesen）的信中他写道，“每天早晨我会出门散会儿步，回到家就坐在屋子里一刻不停地写到下午 3 点左右。写到后来，眼睛都快看不见了。然后我拿着手杖溜到餐厅去，但身体已经虚弱到极限，以至于如果有人叫我的名字，我觉得我会当场倒下死去。然后我回到家中，再度开始写作。”虽然身体状况不佳，但他提醒好友说“你会看到我比以前的任何时候都快乐”；即便他此刻面临“一种新的危机”，但能把自己的过去诉诸文字还是令他十分开心。“过去这几个月我因为懒惰，泵出了仅够沐浴的水量，如今我已经加足马力，各种想法倾泻而出：它们是健康的、快乐的、蓬勃的、活跃的、幸运的孩子，没有费多大工夫就问世了，但每一个都带着我的个性的胎记。”[5]

就这样，克尔凯郭尔在柏林，在加糖咖啡的刺激（也令他精神 5
紧张）下持续不断地写作，这让他感觉最自在——却也被一种不完全符合他的天性的力量激励着。他陷入了一种绝望与活跃的交替循环，在他看来，这不啻一种性灵教育。他在日记中描述了这种循环的恶劣时期，那时他“被压在无底洞里，于痛苦折磨中四处爬行，什么都看不见，根本没有出路”。这样的苦楚似乎又对随后到来的愉悦不可或缺，正如一个即将生产的女人的分娩之痛：“然后，突然间，有种思想在我的灵魂中觉醒，它是如此鲜活，仿佛之前我从未有过，尽管它对我并不陌生……当它在我心中扎根时，它抚慰了

1843 年的柏林波茨坦火车站

我，我的胳膊被挎着，曾经像蝗虫一样渺小无能的我重新成长，健康，蓬勃，快乐，热血沸腾，像新生儿一样柔韧。然后，我似乎必须做出承诺，我将追随这个思想直到尽头，我拿我的生命做抵押，我坚忍不拔地工作。我无法止步，我的力量坚持着。然后我完成了，现在一切从头开始。"①[6] 他的创造力也许祸福难测，但无论如何，它都让人无以逃遁。那些思想在他周身流动，根本不受他的控制。

和许多归家的旅人一样，克尔凯郭尔踏上返程时，已经脱胎换

① 译文引自〔丹〕索伦·克尔凯郭尔《克尔凯郭尔日记选（1842—1846）》，王齐译，北京：中国社会科学出版社，2020 年。

骨了。就算在这段“铁路热”的初期，他也不可能是第一个独自乘 6
坐火车，思考着自己过去的生活，想象着前方目的地的人。疑病症和迷信让他坚信自己一定会在四年之内死去，但因为随身带的手稿，他为期不长的未来将会比以往更加光明。他此刻看着它们，这些手稿用赖策尔书店（Reitzel's bookshop）的厚厚的蓝色纸张装订成册，向基督教世界枯燥的教堂长椅上投掷着火花。他内心坚定，或许感觉更自由了，但一想到故乡等待着他的一切——还有人——他也感到忧虑。

他首次造访柏林是为了远离雷吉娜·奥尔森（Regine Olsen）：那时他 28 岁，刚刚获得神学博士学位①，但远行却不是为了追寻光明的学术前途，而是为了逃避解除婚约的后果。自那以后，一年半过去了；雷吉娜仍然住在她哥本哈根的家里，他也仍然会在日记中写到“她”。此次再访柏林，关于两人痛苦分手的记忆时不时跳出来折磨着他，他开始意识到：“假如我曾经有信仰，我就会和雷吉娜在一起。”[7] 然而这时，克尔凯郭尔已经为自己的人生确定了另一个全然不同的方向。他知道自己永远也不会结婚。每次在教堂里或者街上看到雷吉娜时——他常常看到她——他都没法跟她说话。她的容貌那般清晰，她最后对他说的绝望的话时时回荡在耳边，让他的灵魂充满了困惑又矛盾的情绪；他关于她的一切想法都与他试图

---

① 王齐女士在《论反讽概念》（汤晨溪译，北京：中国社会科学出版社，2005 年）一书的编者序言《天才释放出的尖利的闪电——克尔凯郭尔简介》的译文中，就克尔凯郭尔的学位给出了专门的注解：“在现代丹麦的学位制度当中，magister 对应于 Master's Degree（硕士学位），但是在历史上，magistergrad 却是哥本哈根大学哲学系的最高学位，自 1824 年以来它对应于其他系科的 doktorgrad（博士学位），1854 年该学位被废除。”

理解自己的努力纠缠在一起。

不过，回家到底还是令人高兴的。他还会漫步在哲学家小径（Philosopher's Walk）和樱桃小径（Cherry Lane）的栗树和欧椴树下，那些小径就在高大的中世纪城堡周围，城堡——像一顶翠绿的王冠，每到春天便花团锦簇——环绕着他挚爱的城市。[8] 他盼望着周日下午去游览腓特烈斯贝花园，他会坐在树荫下，抽一支雪茄，看着年轻女侍们享受户外时光。如今天气暖和了，姑娘们不再用披肩把自己包裹起来，那里的景象想必更加迷人了。

他会回到自己位于北街（Nørregade）的大公寓里，那里距离大学和圣母教堂（Church of Our Lady）都很近。住在那里的他每天一大早便开始沉浸在城市生活中，穿过所有的街区，一直走到城堡，沿湖散步，走得靴子都磨损了。如此日常散步时，他会在每条街道上遇见
7 熟人，其中许多人会跟他臂挽臂地一起走一段，聊一会儿天。当然大多数时候是克尔凯郭尔在说，没有谁说话比他更优雅而流畅，也没有谁如他一般风趣诙谐。为了躲避阳光，他穿过街道时总是在地上投下一道头戴高顶帽的古怪身影，但同伴们忍受着他笨拙的向一方倾斜的步态，还有他那只空出来的手做出的夸张手势，那只手里总是握着一根手杖或一把收好的雨伞。路人们会饶有兴味地捕捉到他有穿透力的目光，那目光也让人有点恐惧，因为他似乎在用自己明亮的蓝眼睛打量着遇到的每一个人，一眼便洞穿人家的身体和灵魂。

自从《非此即彼》1843 年 2 月问世以来，更多的人能认出他，希望跟他谈话了。克尔凯郭尔对他人充满好奇，但他也需要独处的时间——他需要时间写作！他从“见人”的散步回到家后还会走

彼得·克里斯蒂安·克拉斯特鲁普（Peter Christian Klæstrup）绘制的腓特烈斯贝花园

动，在那间阴暗的公寓里来回踱步，构思着下一个句子，然后他会回到自己高高的写字台前；这样来来回回好几个小时，源源不断地把自己的想法挥洒在纸页上。

蒸汽引擎的速度已是前所未有，但火车还需一个小时才能到达昂格明德①。克尔凯郭尔一闭上眼就能看到亚伯拉罕正从摩利亚山
上下来，走在回家的路上。在生起一团烈火、绑着儿子、举起了刀 8
之后，此刻的他已经变成了谁？在回家的路上他会对以撒说什么？如果说在那偏僻的山顶，他曾离上帝更近了一些，那么他又将如何对撒拉解释她儿子的生命看似是值得付出的代价？

① 昂格明德（Angermünde），德国勃兰登堡州的一个市镇，隶属于乌克马克县。

当然，克尔凯郭尔只是去了一趟柏林，那里与他这个月初离开的都市化的丹麦世界并无多大差别。他也无须像亚伯拉罕那样带一把刀上路——只需带上一支钢笔和几册笔记本即可。尽管如此，他仍然觉得自己牺牲了与雷吉娜一起度过的人生、牺牲了自己的荣誉和家族的好名声，而用以换取的东西却很难解释。他违背了与一个爱他的姑娘结婚的诺言，伤了她的心，令她难堪。此事在哥本哈根尽人皆知，他们全都认为错在他。而今在回家的路上，他包里的笔记本上写满了他的想法，这些想法全都在质疑他的城市的大部分居民自以为了解的知识。克尔凯郭尔没有从德国带回另一种新的哲学，而是提出了疑问：哲学研究究竟是不是探求真理的正确方式，人们是不是只需浸礼便能成为基督徒，在世为人是不是那么理所当然。

所有的哲学家都提问题，但这些问题十分不寻常。它们属于他最喜欢的哲学家苏格拉底提出的那一类问题，意在引发疑惑而非给出答案——因为疑惑是智慧生根发芽的肥沃土壤。除苏格拉底之外，古代雅典的每个人都“对他们的人性深信不疑，确信他们知道作为一个人是什么意思”，而他却对一个问题不能忘怀，那就是，**做一个人意味着什么？**——从中还会引出其他许多问题：**何为公正？何为勇气？我们的知识来自哪里？**[9] 雅典受过教育的人对这些问题都有现成的答案，但苏格拉底刨根问底，直到他们的观点丧失条理或成为悖论。这位狡猾的哲学家看起来是在追寻知识，其实却只是在捉弄他们！然而苏格拉底**的确**在追寻知识，他的问题既是伎俩，也同样真诚：这些问题指明了一个新的方向，偏离了整个世界认可的智慧，指向更高层次的真理。

在柏拉图的《理想国》中，苏格拉底提出了一个上山和回家的 9
隐喻，呼应了亚伯拉罕上下摩利亚山的跋涉。“让我们想象一个洞穴式的地下室”，苏格拉底说，有一些人被绑着，面对着墙壁；在背后他们看不见的地方有一团火光，傀儡戏一刻不停地上演着，墙上投射的傀儡的影子就是他们所知的一切了。[10]其中有一个囚徒是位哲学家——一个爱智慧的人，他逃离洞穴，来到它的上方，看到了耀眼的阳光。他沐浴在阳光下，充满新奇感，他的视野发生了变化；然后他又一次下去，回到了他的来处。

《柏拉图的洞穴寓言》，扬·桑里达姆（Jan Saenredam）画于 1604 年

苏格拉底讲这个故事是为了鼓励年轻的哲学生们在开始批判那些深层次的假设之后，思考一下居住在某个世界中的危险。那个光线严重不足的洞穴——囚禁在其中的人们对产生他们信以为真的阴影的机制一无所知——正是人类境况的一个意象：这些囚徒和我们每个人一样，苏格拉底解释说。洞穴可能是人的头脑，它的思想被一场徒有其表的戏剧禁锢住了。它也可能是社会，因为某种文化可能全都是围绕着这样的傀儡戏演化发展而来的：囚徒们测试彼此对傀儡戏所知多
10 少，并争先恐后地预测它们的动作。然而这个隐喻也表明，我们的头脑可以走出它们固有的藩篱，这个世界之外还有别的东西，正如洞穴之上有着全然不同的光照和景观。哲学家的首要任务是从幻象中抽身出来，转头去看看傀儡戏是如何产生的；他继而必须想办法爬出黑暗，在太阳光下明白无误地理解一切。这样的旅程是一种解放、一种启蒙，也不妨把它想象成一次绝妙的经历。但苏格拉底坚信，哲学家必须带着自己的见解回到那个拥挤的洞穴。他能改变囚徒们的世界吗？抑或他们会攻击他、嘲笑他、拒绝让他质疑他们的生活方式？

苏格拉底激怒了他的公民同胞，最终被指控毒害学生，被控“不敬神”之罪，也就是没有对他的城邦所崇拜的神表现出应有的虔敬。在审判中，他拒绝改变，宣称“只要我还有一口气，我就绝不会停止爱知，我要用习惯的方式激励你们，向我遇到的每一个人说：‘尊敬的先生，你是雅典人，是这个以智慧和力量著称的最伟大的城邦的人；如果你只渴望获取金钱、名声和声誉，而不追求智慧和真理，不关心如何让灵魂变成最好的，你难道不感到羞耻吗？’”①[11]苏格拉底解释说自己不断地提问是“神命令我这

---

① 译文引自〔古希腊〕柏拉图《柏拉图全集》（增订版），王晓朝译，北京：人民出版社，2015 年，第 17 页。

样做的，我相信在这城里没有比我对神的侍奉更大的善行”。他把自己比作一只牛虻或马蝇，被派来困扰雅典人是为他们好：“我一刻不停地去激励你们中的每一个人，整天指责和劝导你们，无论在哪里，只要我发现自己在你们中间……你们也很容易被我激怒，就好像昏睡中的人被惊醒，恨不得一巴掌把我打倒；也会轻易地杀了我，然后你们可以在你们的余生继续昏睡，除非神眷顾你们，另外指派一个人到你们中间来。”① 听了苏格拉底的申辩后，雅典公民组成的大陪审团判处他死刑。

两年前，与雷吉娜的婚约还未解除时，克尔凯郭尔写了他的博士论文，题目就是“反讽的概念，以苏格拉底为主线”。反讽是一种特别迂回的交流方式，提出诡秘莫测的问题，继而表达无法直说
的观点。任何反讽的说法都会因为传达了超出它本身字面表达的事 11
物而使自己受到质疑，就像故意说些天真或愚蠢的话表示你对此心知肚明。[12]苏格拉底是反讽的大师，并把它变成了一种哲学方法，乃至一种生活方式。他提出的问题指引学生意识到他们也像洞穴中的囚徒一样活着——被虚幻的阴影禁锢，被黑暗的高墙环绕，有可能根本无法逃出生天，获得自由。苏格拉底的反讽改变了他们与这个狭隘的、故步自封的幻影世界的关系。

在克尔凯郭尔进入的那个知识分子圈子中，讨论反讽已经蔚然成风。在 1840 年以反讽作为博士论文题目是个聪明的选择，这让

---

① 译文引自〔古希腊〕柏拉图《柏拉图全集》（增订版），王晓朝译，北京：人民出版社，2015 年，第 18 页。

他有机会在文中引用费希特①和黑格尔，讨论弗里德里希·冯·施莱格尔②的《卢琴德》，对一批德国现代诗人做出批判。反讽是施莱格尔“浪漫主义”文学理想的核心：浪漫主义的反讽，他解释说，“能够表达一切，远远超越所有限制，甚至超出它本身的艺术、美德或天分”。[13]新的诗歌不会表达某个静态的现实，而将重新创造一切——诗人也会和自己的作品一起获得重生。

克尔凯郭尔在博士论文中指出，这种现代反讽并无立足点。我们超越了世界，质疑它的意义，揭露它的偶然性——然后呢？反讽已经变成了一种风格：一种文学形式，一种饱经世故的姿态，一种桀骜不驯的态度。或许其中看似不无真实的成分；或许放弃绝对意义的天真信仰以及文化加诸世界的价值需要勇气。但这种反讽清空了**一切**：它让真实丧失了崇高，使勇气丧失了品格，直到最终，人类再没有理由保持诚实或勇敢。

苏格拉底的反讽不是这样，因为他的花招是极其严肃的。现代的浪漫主义反讽以消解一切意义为乐，而苏格拉底削弱理念和价值是为了更加扎实地重新掌握它们。他质疑自己的文化，不是出于虚无主义或愤世嫉俗或只是单纯的小聪明，而是发自内心地热爱“更

---

① 约翰·戈特利布·费希特（Johann Gottlieb Fichte，1762—1814），德国哲学家，自康德的著作发展开来的德国唯心主义哲学的主要奠基人之一，往往被认为是连接康德和黑格尔两人哲学的过渡性人物。

② 卡尔·威廉·弗里德里希·冯·施莱格尔（Karl Wilhelm Friedrich Schlegel，1772—1829），德国诗人、文学评论家、哲学家、语言学家和印度学家，与他的哥哥、德国诗人、翻译家及批评家奥古斯特·威廉·冯·施莱格尔（August Wilhelm von Schlegel，1767—1845）都是耶拿浪漫主义的重要人物。《卢琴德》（*Lucinde*）是弗里德里希·冯·施莱格尔的小说作品。

高层次的东西”。他说不出那是什么，因为在他的世界，它还不存在。然而，他充满渴望，不懈地追求，让他的追寻激励自己的整个生命，甚至到死都不放弃。苏格拉底的反讽是向他的神致敬。和雅 12
典的其他人一样，苏格拉底也前往神庙献祭，但他的做法不同：他没有那么言之凿凿，甚至没有信仰和希望，而只是单纯地渴望，带着一种不间断地质疑的精神。

如果说苏格拉底是反讽的大师，那么克尔凯郭尔就是他的学徒。他在博士论文中写道，“没有反讽就不可能有真正的人生”——因为每一颗灵魂都无休止地渴望真理，渴望了解它的生命的来源，并感觉这种渴望是它最深层次的需求，是它的快乐和痛苦所在。[14]如今他的学徒期结束了，是时候让自己成为“真正的人”——在他自己的世界提出他的问题，致敬他自己的神了。几年前他还在摸索，不知道自己一生该做什么时，他曾经想要找到一个可以立于其上、撬动世界的“阿基米德支点”，“一个我可以为之生、为之死的理念”。当然，认为某种“**理念**”能够拯救他也够愚蠢的。但他现在找到的为之生的东西——也是写作的素材——的确已经成为他的重心、他生活和工作的立足点。那不是一个理念，而是一个问题，一个完全符合苏格拉底风格的挑衅：**我该如何在这个世界上做一个人？**

这个问题既简单又古怪，克尔凯郭尔始终无法回避它，它还将在他的余生一直困扰着他。它在他出版的每一本书、做出的每一个决定、在哥本哈根大街小巷的每一次邂逅中等待着他。那就是雷吉娜对他的意义——她在此刻仍然对他有着那样的意义。当然，它呼应了苏格拉底的“成为人或学习何为人”的质疑，但它也沿袭了基督教思想家的悠久历史，他们质疑世界，询问我们此生此世究竟是有助于追寻上帝，还是会妨碍我们的求索。

克尔凯郭尔关于如何在世上做一个人的问题是令人不安的——不管我们愿不愿意，难道我们不都是人，而且能否活在世上根本就不是我们说了算的，不是吗？询问如何做一件我们自以为已经在做的事，首次变成了疑问，唤醒了我们希望了解它的渴望。在世为人是我们所做的最基本、最普遍的事，而质疑这一点就是在质疑存在本身，为每一个姿态、每一个行为增添了不确定、不牢靠、一种难以
13 言喻的不完整和惊愕感——**有谁不知道做人是什么意思，活在世上是什么意思吗**？虽然这个问题没有提出任何主张、阐述任何论点，但它却能改变一切。

这个存在问题是持久的，会随时蹦出来，但它也是不断变化的。每次它被提出，都关乎他生命中的某个特定时刻、在特定时空中的某个个人。克尔凯郭尔没有生活在苏格拉底居住的世界，不过像雅典一样，哥本哈根也有一个海港、一个集市，还有不少专用于敬神的建筑物。他生活在基督教世界，那是持续了1800多年的基督教发展而来的世界：与古希腊的众神崇拜不同，它的宗教是禁欲的、自我牺牲的、依据《圣经》的——这也是马丁·路德在三个世纪前改造过的生活方式。丹麦教会是路德宗，用的圣经是路德圣经，学校也是路德宗学校。路德不信任哲学家，但如今就连哲学家也是路德宗的。

克尔凯郭尔对基督教保有深刻的矛盾心态，他总是以贬抑的口吻提到“基督教世界”这个词。这个古老的词已经成为他对某种现代谬见的别称，那种谬见就像柏拉图的《理想国》中苏格拉底所说的

《月光下的哥本哈根港》，1846 年

那个洞穴。在他同时代的大多数人看来，在这个世界上做人就意味着
在基督教世界做一名基督徒：他们对自己的基督徒身份坚信不疑， 14
恰似他们坚信自己是人，对此不假思索。他们没有意识到成为基督
徒是一个任务——一个竭尽一生方能完成的任务！——正如苏格拉
底发现的那样，做人也是一个持续一生的任务。他们忘记了路德、
圣奥古斯丁①，和耶稣本人在精神上的艰苦斗争。4 世纪末，奥古

① 圣奥古斯丁（St. Augustine，354—430），旧译圣奥斯定，自公元 396 年起担任希波主教，是三位“拉丁教会之父”中的一位（另外两位是安伯罗修［Ambrose］和耶柔米［Jerome］），或许也是自圣保罗之后最重要的基督教思想家。奥古斯丁将古典思想融入基督教义，创立了一种极有力量且影响深远的神学体系。他最有名的著作包括《忏悔录》（*Confessions*，公元 400 年）和《上帝之城》（*The City of God*，413-426 年），开创了《圣经》解经的先河，也为中世纪和现代基督教思想奠定了基础。

斯丁便在自己的《忏悔录》的开头写下寻找上帝的祈祷词："主啊，我们的心焦躁不安，直到在你那里找到安息。"曾在圣奥古斯丁会①做过多年修士的路德认为信仰是"鲜活的、永无止息的一件事"，然而如今路德宗早已不是某个历史悠久的教会的一股破坏性力量，它最初的紧迫感已经变成了静止的自满乃至麻木不仁。[15]需要一个苏格拉底式的"牛虻"来激怒和唤醒丹麦基督徒的心灵，让他们再度不安——以唤醒他们对上帝的需要。克尔凯郭尔的问题将发出不绝于耳的噪音：在基督教世界，哪里才有基督教？教会中还有基督徒吗？摩拉维亚弟兄会②呢？哥本哈根大学的神学院又如何？

克尔凯郭尔还看到，丹麦基督教世界的自满与一等车厢的舒适一样，是一种充满悖论的静止。他认为基督教——它的习俗、它的概念和理念——已经如此耳熟能详、如此理所当然，以至于它很快就会消失在视野中了。另一方面，世界正以前所未有的速度变化着。这些铁路只是变化的一部分，而在火车窗外飞驰而过的田野、树木、农田和教堂尖顶的奇迹般的动态宣告着他的世纪正在奔向未来。他父母一代的生活方式正在结束。丹麦的经济陷入危机，一场政治革命蓄势待发。大学里的每个人都在谈论着历史、进步、衰落，对新旧交替、破旧立新的形势侃侃而谈。在哥本哈根，克尔凯郭尔不是唯一一个感觉自己被夹在两个时代中间的人。

---

① 圣奥古斯丁会（The Order Of Saint Augustine），罗马天主教会的一个托钵修会，1244年创建于意大利托斯卡纳地区，马丁·路德曾是该会修士。

② 摩拉维亚弟兄会（Moravian brethren），西方基督教的一个新教教派，14世纪末起源于波希米亚（今捷克）。

第二章

“我的雷吉娜！”

如果他面朝后坐在车厢里，拉开窗边的小窗帘，就会看到火车驶过的路途渐行渐远，看到他自己的旅程在面前展开。他看不到火车前进的方向：只有路过的风景出现在视野中。他开始思考生命本身也正是如此。我们会对过去有一些认识，对未来却一无所知，至于当前，它始终处于动态，总是逃离我们的掌握。“哲学所说的‘生活应该向后理解’完全正确。但人们在此忘记了另一个命题——我们应该向前活着。这个命题，思之越深就越会认为，现世生活永远都不会被完全理解，恰恰因为我一刻都无法完全平静下来，以便采纳向后的立场。”①[1]

他手上还戴着他在 1840 年送给雷吉娜·奥尔森的订婚戒指。她退还给他之后，他请人重新改造了戒指，把钻石嵌入一个小小的十字架中，如今这枚戒指表达了他的话试图表达和延伸的东西：对所爱忠贞不渝的悖论。克尔凯郭尔改变了主意，违背了诺言，但他

① 译文引自〔丹〕索伦·克尔凯郭尔《克尔凯郭尔日记选（1842—1846）》，王齐译，北京：中国社会科学出版社，2020 年。

对雷吉娜的爱却保留在了这个象征着永恒之爱的信物中，那种永恒之爱包含着所有不完美的、有限的爱，却承诺让它们变得完满。这枚在危机中改造的戒指会让他回忆起他曾经的希望和错误；它不会让他忘记未婚妻的眼泪；它表明他改变了心意。然而，它标志着一颗独一无二的心，先是把自己献给了某一种毫无把握的未来，继而又献给了另一种——先是与雷吉娜在一起的生活，继而是一种没有雷吉娜的生活。

此刻的他处于旅行的同时又在休息的古怪处境，仿佛诡异地游离于时间之外，回首前尘，克尔凯郭尔的过去也在他面前徐徐展
16 开。和未来一样，过去也始终守候着他。从这里望去，他与雷吉娜
订婚的故事完整地展现在眼前：糊里糊涂的开始，惴惴不安的过程，忧心忡忡的结束，狼狈不堪的后续。

克尔凯郭尔的戒指

从一开始，这段关系中就充满着关于他与世界应该建立何种关系的焦虑不安：他应该像个隐士或僧侣那样与世隔绝，还是应该努力精进，追求成功、财富、女人，凭借职业、住宅和家庭牢牢地占据一席之地？或许如今我们能更清晰地看到，思考如何在世间生活是克尔凯郭尔哲学和生命中的核心问题。在克尔凯郭尔看来，这绝不仅仅是智识或务实的问题：它始终是一个精神任务，与如何与上帝建立关系的问题密不可分。六年前，他首次在朋友彼得·若尔丹（Peter Rørdam）家中遇到雷吉娜时，就已经有了这样的意识。彼得是他在神学院的同学，有三个漂亮的姐妹；克尔凯郭尔尤其喜欢鲍莱特，因为想见她才去彼得家中拜访的。他在那里侃侃而谈、妙语连珠，能感觉到自己的魅力令若尔丹姐妹和她们的年轻朋友雷吉娜·奥尔森无法抵挡。那天他想起《马可福音》中耶稣的警告：人就是赚得全世界，赔上自己的生命，有什么益处呢？当天晚上他在日记中写下了这句经文。他觉得他在被“内心世界”的自己击败之后，又“回到了俗世”：他觉得自己堕落了，但很难弄清楚是斯文扫地还是自暴自弃。让自己远离俗世究竟是一种需要抵制的诱惑，还是意欲追求的理想？那是 1837 年 5 月，他刚过 24 岁生日。雷吉娜还是个不到 16 岁的小姑娘，还没有受过坚信礼。

那年晚些时候，他在日记中写道，尽管身体状况不佳——他有 17
消化问题，饱受胃痛之苦，还有抑郁症和疑病症——但他还是“设法去了 R 家”。[2] 因为孤独，焦虑于别人对他的看法以及对自己的沮丧，都被他诉诸文字。“仁慈的上帝啊，为什么这样一种感觉恰好在此刻觉醒？——哦，我感觉是多么的孤独！——哦，这真是对于

雷吉娜·奥尔森，1840 年

孤芳自赏的一种诅咒啊——现在所有的人都要瞧不起我了——哦，可是上帝，我向你祈祷，不要抛弃我——允许我活下去，并且做一个好人。”[①][3] 自那以后他一想起雷吉娜，就常常感觉到这种内心的压力和游移不定。直到六年后的今天，所有事情从表面上看都已无法挽回，他的内心仍在踌躇。他仍在这些相互矛盾的愿望中摇摆，又仍然抱有同样不可能实现的希望。但对她忠贞不渝似乎很重要。

那次在彼得·若尔丹家初遇后又过了三年，克尔凯郭尔才向雷
吉娜求婚。当时父亲去世了，他也总算完成了神学学位课程。他正 18
准备开始写博士论文，对自己要开启一个新的哲学计划有了更清晰的认识。近几十年，康德、谢林和黑格尔已经将合理性（rationality）推至极限；理论思考（theoretical thinking）看似已经很难再有建树了。然而这些极限令克尔凯郭尔着迷。他会在内心的哪一个节点遭遇理解的极限——到达那里之后又将何去何从？他通过阅读柏拉图获知，人之所以探求真理，是因为他们尚未拥有真理；但如果他们没有知识，又怎会知道如何寻找知识？

当苏格拉底被问及我们如何学习的问题，他解释说每个人都拥有一颗永恒的灵魂，它知道永恒的真理。[4] 当灵魂进入身体时，会忘记自己的知识，因而需要通过学习来重拾记忆。与真理分隔的我们要在世上花费数年时间探索自己的内心深处，方能重新找回失去的东西。克尔凯郭尔在 1840 年夏，也就是他向雷吉娜求婚前不久，

① 译文引自〔丹〕彼得·P. 罗德（Peter P. Rohde）编《克尔凯郭尔日记选》，姚蓓琴、晏可佳译，北京：商务印书馆，2015 年，第 41 页。

仔细思考了这个理念。那年 7 月他在日记中写道，柏拉图的回忆说“既简洁完美又深邃有效”，因为“如果人类只能在自身以外获得平静，那该多悲哀啊”。[5] 事实上，基督教世界的各个城市都因努力通过科学实验、历史研究和新闻报道来收集知识而活力四射、喧闹异常，但这些杂乱的研究是否盖过了呼吁理解自身、呼吁内心平静的更深邃的轻言细语？

柏拉图关于灵魂追忆业已失去的知识的观点引发了关于这一回忆如何发生的问题：什么样的教育会引领年轻人接近真理？虽说黑格尔的哲学（它在丹麦风行一时，一点儿也不逊于在德国本土的影响力）也力求揭示和表达某种固有的真理，但克尔凯郭尔觉得它的方法过于偏重理论，目标也过于世俗：黑格尔派哲学家追求的是关于全球历史、自然科学和各种人类文化的百科全书式的知识。而柏拉图的哲学则“更加虔诚”，“甚至有一点神秘”，引发了一种“与世界对立的争辩”。它力图“让外部世界的认知平静下来，以求达到一种静止状态，在这种静止状态里那些回忆的声音方能听见”。

如此说来，或许只要遁世避俗就能获得真理。克尔凯郭尔考虑
19 过在隐修院过安静的生活；哥本哈根的圣方济各修道院在 1530 年宗教改革期间解散了，但他至少能与大学里优哉游哉的闲聊瞎扯划清界限，在他看来，那是另一种类型的市井八卦，那些看似高远的志向不过是些骗人的假象。他自己的哲学追求总要高于单纯地炫耀智识成就，追求世俗的地位和认可吧？是否正像《马可福音》中的那句经文所暗示的那样，世俗的名利就意味着心灵的损失？

而学术上的抱负仅仅是把握世俗所获的一种手段。那时克尔凯郭尔正沉迷于莫扎特的《唐璜》：他多次前往剧院观看这部歌剧，唐璜这位风流浪子让他浮想联翩。[6] 他在日记中说这部歌剧“如此恶魔般地深深吸引了我，令我永生难忘——正是这部剧把我逐出了隐修院的静寂良夜”。如果说他曾希望回归沉默和孤独，那么在成功、音乐和爱情这一切诱惑之后，这个决定愈发困难。

然而在写于 1840 年 7 月的另一篇日记中，他描述了一个相反的理念，那就是人无法通过离弃世俗来获得圆满。我们何不在同一个行动中，同时寻找到与上帝有关的自我*和*与世俗有关的自我？在这里，克尔凯郭尔尝试写出这样的想法，那就是世俗环境（他用“有限”一词加以概括）是宗教生活的织体：“我开始意识到我永恒的生命力，我神圣的必要性*以及*我偶然获得的有限（我这个特殊的人，在这个时间出生在这个国家，要受到所有这些不断变化的环境的多重影响）。”他指出，一个人“真正的生活”就是有限的“典范”。[7] 这种实现是一种精神的升华，但它“并不意味着脱离有限开始挥发，朝着天空的方向蒸腾而上，而是意味着神圣就栖息于有限之中，在其中找到它的存在方式”。

如此阐述精神生活是对关于人类如何接近永恒真理的基督教教义的一种解读方式。克尔凯郭尔的确在柏拉图的哲学中看到了“与世界对立的争辩”，但他也从基督教经文中学到，神圣的真理可以体现在世俗之内，体现在个人的内心。根据《新约全书》，耶稣就
是基督，是上帝之子，通过“栖息在有限中”的俗世生活，来揭示 20
天父深刻而神秘的力量。

然而，克尔凯郭尔所继承的宗教传统对世界持有极其矛盾的态度。上帝创世之善是基督教信仰的一个基本信条：《创世记》描述了上帝如何创造世界，并让它成为幸福的所在；《新约全书》宣告了上帝道成肉身的"福音"；天主教会又逐步给圣事和圣礼灌输一种信仰——圣餐中的面包和红酒分别象征着上帝的身体和血液——视之为神恩的传播者；路德用他的世俗感觉说和允许神职人员结婚的宗教改革，为普通人的生活注入了精神性。与这种具身生活的积极观念始终并行的是一种更为不切实际的分支，它由奥古斯丁确定为基督教神学正统，奥古斯丁将它与圣保罗的原罪说结合起来，强调了世界的堕落。奥古斯丁认为，人生介于创世之初的荣耀与末日救赎的强光之间，不见天日、忧心忡忡。我们在这些阴影间挣扎，哪怕懵懂地渴望至高无上的善，却总也难敌邪恶堕落的诱惑。

这样的矛盾态度不仅是理论上的，也是存在意义上的：它事关如何生活、该做什么、该成为谁的问题。克尔凯郭尔别无选择，只能在一个世界、在一个身体里成长，被各种相互冲突的解读塑造和影响着。如果说道成肉身的基督教神学表明生命的精神特质和物质特质原是一体两面的话，他又当如何付诸实践呢？比方说，他如何区分对诱惑的向往与神召天命？或许在事后看来，他能依靠后见之明做出判断，但当他感受到欲望的召唤，不得不在前路中做出选择时，又当如何？说到底，生活或许要回头看才能了解全貌，但我们都必须向前活。

在所有这些反思中，贯穿着一个从一而终的问题：**该如何在世界上做一个人？**这个问题的个人层面和哲学层面盘根错节、难解难分。对另一个人的爱，在她的有限中与她相遇，如何与这些入世遁世的动作、在隐修院的孤独和学术辩论或文学沙龙的喧嚣之间的摇摆相适应？浪漫爱情究竟属于灵魂还是属于世俗？如果真有什么神
圣的真理栖息于这个动荡的人世，它可能是一个假两难推理——因 21
为灵魂或许能在它有限的、具体的存在中找到真爱的同时，获得真正的知识。那么俗世生活就不需要是精神性的：或许灵魂不会在俗世中失去自我，反而能在那里找到自身。

就克尔凯郭尔而言，与雷吉娜结婚会是实现这一宗教理想、在现实中践行这一理想的一种方式吗？或许在 1840 年夏末他“与她接近”的那段时间，看似如此。他通过了自己的大学考试，去往日德兰半岛西岸探访了父亲从小长到大的村庄，而后于 8 月回到了哥本哈根。[8] 几周后，他向雷吉娜求婚时内心不无矛盾，他时而为爱痴狂，时而又非常清醒地超然物外：

> 9 月 8 日，我出门的时候已经拿定了主意，我要挑明一切。我们在她住所外的大街上见了面。她说家里没人。我鲁莽已极，以为这是一种邀请，一种正中下怀的邀请。我随她上了楼。我俩就那么站在起居室里。她有几分惊慌。我请求她像往常那样为我弹奏一些曲子。她弹了，但我却欲言又止。后来，我突然抓起乐谱，一把合上，不无鲁莽地将它扔到钢琴上，嘴里说道：“哦，我怎么关心起音乐来了，我寻找的就是你呀；为了你，我已经整整寻找了两年。”她沉默不语。其实，我没有做过什么别的事情来让她对我着迷，倒是提醒过她，让她当

> 心我，当心我的忧郁。后来她提到她与施莱格尔的某种关系，我便说："让那种关系成为一段小小的插曲好了，毕竟是我先他而行的。"她依旧保持沉默。我最后离开了，因为我当真害怕有人发现我们单独在一起而且注意到她受到了异常的惊扰。我直接去面见她的父亲。我很害怕给她造成过分强烈的印象，而且我也知道，我的拜访会引起一些误会，甚至可能有损她的名誉。她的父亲对此不置可否，不过内心还是非常乐意的，这个我一下子就猜了出来。我请求一次约会，得到了准许，时间定在 9 月 10 日下午。我没有说过一句欺骗她的话。她答应了。[①][9]

然而，雷吉娜的"答应"并没有解决克尔凯郭尔精神上的疑虑。事实上，他的疑虑反而加重了。短短几天后他们在街上碰巧相遇时，雷吉娜起初都没有认出她的未婚夫：他那几日极其"忧郁"，连容
22 貌都大大变了样。两人订婚后每次会面时，克尔凯郭尔常常会哭泣，"又难过又自责"。[10]雷吉娜的父亲就有抑郁症，所以她对克尔凯郭尔的病况毫不陌生。她想帮助他战胜病魔；他说起"挚爱"的父亲之死让他难过，苦恼自己不是个好儿子时，她总是认真地倾听。[11]

但克尔凯郭尔的抑郁掺杂着对订婚是个错误的疑虑，或许那根

---

① 译文引自〔丹〕彼得·P. 罗德编《克尔凯郭尔日记选》，姚蓓琴、晏可佳译，北京：商务印书馆，2015 年，第 44—45 页。

本就是他抑郁的病因。或许他沉迷于父亲之死带来的悲伤就是为了转移自己或雷吉娜，或他们两人的注意力，暂时不去想即将到来的伤痛。他向雷吉娜求婚后不久，就开始撰写关于苏格拉底和浪漫主义反讽的博士论文。他的好友，也是神学院的同学埃米尔·伯森觉得，他开始更清晰地了解“他自己想要的是什么，以及他自己的能力所在了”。[12]

克尔凯郭尔素来对他人的目光极为敏感，他知道与雷吉娜结婚不光是承诺爱她、尊重她和保护她。婚姻是一种公开行为，要求他承担特定的社会角色——丈夫、父亲、一家之主——还要从事一个职业养家糊口。作为一名神学专业毕业生，克尔凯郭尔想当牧师或神学家：一名正统的宗教教师，并在国教中担任受俸官员。那样一来，他的人生就可以按照某种既定的世俗方式来理解，受某一套精确的义务、风俗和期待的影响，也将据此获得世人的估量和判断。

克尔凯郭尔并不轻视这些。相反，他疑心自己能否胜任，也害怕婚姻的亲密感。几个月过去了，他又看到另一种生活在他面前展开：他可以成为一个作家而非丈夫。他可以靠父亲留给他的遗产过活，全力以赴地投入他内心深处正在酝酿的哲学任务，让写作填满他的一生。他可以勇敢地站在社会的边缘，与之对抗，质疑它的一套假设，并允许自己始终如一的超脱感在世俗中获得表达。他可以成为基督教世界的苏格拉底！他不能把雷吉娜拖进泥潭，让她来承担这一切的后果。

他们的婚约持续了一年多一点。两人常常见面，信件往来频

23 繁。克尔凯郭尔会找一位信使给雷吉娜送去便笺，安排在家中见她或者提出在她的音乐课结束后见面；他写充满诗意和爱意的长信，总是称呼她为“我的雷吉娜!”，署名“你的 S. K.”或“永远爱你的 S. K.”。随这些信件寄出的往往还有一份小礼物：一朵玫瑰花、一株紫色的缬草、一条围巾、一块手帕。一次，他寄给她一瓶铃兰味道的古龙香水，他喜欢这种娇嫩洁白的山谷百合，它“如此娇羞可爱地隐身在巨大叶面内”，象征着天真无邪，这是 5 月的花朵，而 5 月正是他生日的月份。[13]雷吉娜寄给克尔凯郭尔一簇簇野花、一个刺绣的信件夹，还有一个装饰精美的盒子，他向她保证说，那“不会被用来装烟草，而会当作一种神圣的档案盒”。[14]1841 年 1 月，雷吉娜 19 岁生日那天，他送了她一对烛台，并承诺那天晚些时候带着另一份生日礼物去拜访她。

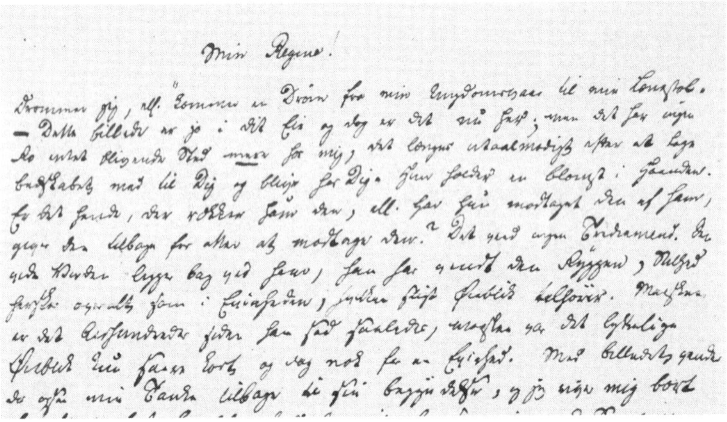
Min Regine!

克尔凯郭尔写给雷吉娜的信，没有日期，是随一条围巾一起寄给她的

每个星期，克尔凯郭尔都会给雷吉娜诵读丹麦最有名的牧师、教士明斯特主教的布道词。[15]她总是给他弹钢琴，想让他高兴一些。“虽然你弹奏的艺术水准算不上完美，”他在写给她的信中说，“但在这方面你一定会获得成功。大卫能驱散扫罗的坏心情，但我从未听人说他是个格外伟大的艺术家。我想他年轻、快乐、鲜活的精气神起了很大作用，而你拥有更多——你拥有让一切成为可能的爱情。”[16]

在一封信中，克尔凯郭尔对雷吉娜说她的爱“拯救”和“解 24
放”了他：

> 你知道吗？每次你发自内心地重复说你爱我的时候，我都仿佛是第一次听到，就像一个拥有了整个世界的人要用一生来验证自己的辉煌，我也看似需要一生的时间来思索你的爱中包含的无尽财富。你知道吗？每次你郑重其事地安慰我说无论我快乐还是悲伤，你对我的爱都分毫不减，而且在我悲伤时你会爱我最多，因为你知道悲伤是圣洁的怀旧，人所拥有的一切善良正直都是悲伤的产物——你知道吗？那是你将一个灵魂救出炼狱的时刻。[17]

另一封写给雷吉娜的信源于他在阅读柏拉图的《会饮篇》时获得的灵感，那篇文字说爱人始终躁动不安地渴望被爱着。爱从不会说“我现在安全了，我将安定下来”，克尔凯郭尔写道，“爱会一直奔跑……如果没有渴望，就算是世间的至福又如何？”他在信中引用浪漫主义诗人约瑟夫·冯·艾兴多夫①的诗歌、《保罗寄罗马人书》和《马太福音》，并在信的结尾夸张地（用的却是虚拟语气）宣称："如果我胆敢渴望，那么我一定知道自己渴望什么。那种渴望与我最深的信念一致，那就是无论是死亡还是生命，王侯还是权杖，现在还是未来，崇高还是深邃，抑或任何其他人，都不可能让我离开你，让你离开我。"[18]

然而，克尔凯郭尔却逼迫自己离开了雷吉娜。到 1841 年夏，他就已经决定解除婚约了；他在 8 月尝试了一次，但她恳求他不要离开她。他说这段时间"心如刀割——不得不如此残忍，却爱她如故"。爱情变成了战场，情人变成了敌人。到夏末秋初，克尔凯郭尔改变了战术，假装无动于衷地逼迫雷吉娜解除婚约，但"她像一只母狮那样斗狠：如果不是我相信自有神佑，或许她就成了赢家"。然后他干脆对雷吉娜说她应该解除婚约，以便由他来承担她所受的羞辱；"她不想那样做，她回答我说，如果她能忍受其余，这又有何不能忍受的呢？"

25 克尔凯郭尔的外甥女亨丽特·伦（Henriette Lund）在 1841 年夏天拜访了雷吉娜，那时她大概 12 岁。亨丽特在离开奥尔森家的宅子时有一种"不祥的预感"："雷吉娜一如既往的迷人，但我觉得自己注意到了那素日晴朗无云的天空中有了一丝阴霾。她跟我告别时，跟着我穿过庭院，来到了城堡岛（Slotsholm）一侧的街面

① 约瑟夫·冯·艾兴多夫（Josef von Eichendorff，1788—1857），德国诗人、小说家，被视为德国最重要的浪漫主义作家，他的作品从问世之初到当代在德国都很流行。

上，那个季节，运河上还未漂满船只，我还记得走出树荫、来到明媚的阳光下，看到水面上波光粼粼多令人惊喜。我们又说了一次再见，这次说再见后很长时间，我都能看到她站在晴日的阳光下，用一只手遮住双眼，点头向我最后一次告别——那时我们还不知道这‘最后一次’将成永远，而我回到家里，总觉得空气中飘浮着一丝悲伤的气息。”[19]

10 月 11 日，克尔凯郭尔最终解除了婚约。他仍然不得不挣扎：雷吉娜的父亲请求他再考虑一下，因为她“很绝望，难过极了”。他被这个身为内阁议员的骄傲男人为了自己的女儿而恳求他的谦卑打动了，但仍然拒绝改变心意。其后那天他拜访了雷吉娜，再次试图解释。“（雷吉娜）拿出一张我写的小小便笺，她素日把它揣在怀里的；她取出来，沉默地撕成碎片，说：‘所以说到底，你跟我玩了一个糟糕的游戏。’”[20]

几天后，亨丽特·伦和兄弟们一起去拜访住在克尔凯郭尔家宅里的索伦舅舅，那是位于哥本哈根市中心的一座风格庄重的四层连栋房屋，他的哥哥彼得·克里斯蒂安那时和新婚妻子住在一起。“那天晚上，我们这些孩子从旧市场（Gammeltorv）到了那里，”亨丽特回忆道，

> 索伦舅舅立刻出来把我们带进了他的套房。他看上去很感动，一改往日的玩性，很温柔地吻了我的头发，让我很受触动。几分钟后，他想跟我们说话，却突然剧烈地哭泣起来，我们并不知道他在哭什么（至少我不知道），就是被他的悲伤感

> 26 染了，不久我们也都抽噎起来，仿佛人人都有一肚子伤心事。不过索伦舅舅很快就镇定下来，对我们说不久以后他会前往柏林，可能会在那里住一阵子。我们于是不得不承诺会常常给他写信，因为他会很关切我们每个人过得如何。我们泪眼婆娑地答应了。[21]

和订婚一样，没过多久，分手也变得尽人皆知，对克尔凯郭尔和雷吉娜两人而言，自尊心受伤进一步加深了分手的痛苦。雷吉娜从一个待嫁的新娘变成了被抛弃的情人，很可能注定要变成老处女了，谁还会想娶她呢？克尔凯郭尔在公众的眼中要么是个肆意玩弄姑娘的无赖，要么是个性格软弱、犹豫不决的蠢货，已经 28 岁了，还是个神学博士，却还不知道自己想要什么。“分手令人受辱，”他外甥特勒尔斯·弗雷德里克·伦（Troels Frederik Lund）写道，“不光引发了人们的好奇和八卦，还绝对要求每个体面的人都站在受伤的一方……家乡的人们毫无异议，一致对他提出了苛刻的批评。和外人一样，他最亲近的人也满是强烈的反对、愤怒和羞愧。”[22]

1841 年 10 月 25 日，婚约解除两周后，克尔凯郭尔登上了一艘开往基尔的普鲁士邮船，再从那里前往柏林——哲学家的应许之地、基督教世界的智识首都。黑格尔整个 1820 年代都在柏林大学担任哲学系主任，那是他人生的最后十年，如今黑格尔旧日的对手谢林在那里，对来自全欧的听众讲课。那次是克尔凯郭尔第一次访问，他在柏林待了将近五个月，继续自己的哲学课程，调理他受到重创的尊严，还写下好几百页的《非此即彼》。

1842 年春回到哥本哈根后他继续写作。最终的成书有好几卷，是各种不同文本的合集——包括信件、杂文、一篇布道词，还有一篇很长的“诱惑者日记”——被认为由至少四个虚构的作者所写，反映浪漫爱情和婚姻的主题。最令人愤慨的当属诱惑者约翰纳斯（Johannes）的态度，他以清晰的细节和典雅的文字记录了自己追求年轻姑娘考尔德丽娅（Cordelia）的过程，不过请不要误以为她跟雷吉娜的妹妹科尔内利娅（Cornelia）有任何关系。约翰纳斯在故事开头痴心地尾随姑娘走遍哥本哈根的大街小巷，继而发展成为 27
一场错综复杂的操纵性追求，最终模棱两可地结束了这段感情。“在我的出击中，我逐渐地开始向她趋近，渐渐地转入更为直接的攻势，”他在诱惑的初期记录道，“如果我要在我对这家人的军事地图上标示出这一变化，那么我将说：我把椅子调转了方向，如今侧身向她。我与她的接触更密切了，与她说话，引诱她回答。她的灵魂激情而热烈，并且，它有着一种对于‘非正常的事物’的需求，但没有通过那庸人自扰的虚妄反思而钻进怪癖的牛角尖。我对于人类愚蠢的反讽、我对他们的怯懦和麻木不仁的讥嘲吸引着她。”[23] 又过了一段日子，他反思道：“我要把事情设计成这样，使得解除这种亲密关系的人是她自己……用花言巧语去吸引住一个女孩是一门艺术，而用花言巧语去使得她离开你才是一个绝招……我陶醉于这样的想法：她处在我的控制之下。纯洁无邪的女人味，像大海一样透明，却又像大海一样深刻，对爱情一无所知！现在她应当去了解，情欲之爱是一种怎样的力量。”[24]他的日记中还有一封姑娘在心碎之后写来的万般痛苦的信：

> 约翰纳斯！我不将你称作“我的”，无疑是我认识到，你从来就不曾是我的，并且，因为曾让我的灵魂欣悦的“你是我的”这一想法，我已经受到了足够严厉的惩罚；然而，我还是将你称作“我的”：我的诱惑者、我的欺骗者、我的敌人、我的谋杀者、我的不幸之渊源、我的喜悦之墓、我的噩运之深渊。我将你称作“我的”，并且我将我称作“你的”，并且正如这样的声音曾在你的耳边使你心旷神怡而你的耳朵骄傲地俯向我的崇拜，现在它听上去就像一种对你的诅咒，一种永恒的诅咒。……我是你的，你的，你的，你的诅咒。①[25]

在某种程度上，克尔凯郭尔的这本书仍然是他继续努力假装对雷吉娜表现出冷漠的无动于衷，说服她相信没有他的生活只会更好。当然，他不能承认书中戏剧化的伪装和托辞是他捡起自尊的碎片拼凑而成的，不能承认诱惑者拜伦式②的虚张声势和他自己那些大胆而天才的哲学论调一样，与其说是为了安慰雷吉娜，不如说是为了保

① 译文引自〔丹〕索伦·克尔凯郭尔《非此即彼》，京不特译，北京：中国社会科学出版社，2009 年。

② “拜伦式英雄”（Byronic hero）作为一种人格典型，是浪漫英雄的变体，他们高傲倔强，既不满现实、要求奋起反抗，具有叛逆的性格；但同时又显得忧郁、孤独、悲观，脱离群众，我行我素，始终找不到正确的出路。

护他自己的男子气概。

1843年2月，《非此即彼》由卡尔·安德烈亚斯·赖策尔 28
（Carl Andreas Reitzel）出版，此人出版了哥本哈根某些最著名作家的作品，这些人包括汉斯·克里斯蒂安·安徒生（Hans Christian Andersen）、约翰·卢兹维·海贝尔①、弗雷德里克·克里斯蒂安·西伯恩②以及《寻常故事》（*A Story of Everyday Life*）的匿名作者。然而，克尔凯郭尔并未跻身著名作家之列：《非此即彼》是以虚构的编辑维克托·埃雷米塔（Victor Eremita）之名出现在赖策尔书店的。选择这个化名（意为“获胜的隐士”或“孤独的维克托”）似乎是在赞美回归隐修院，但克尔凯郭尔对遁世避俗的修道运动③仍然充满矛盾。他意识到，真正的信仰并不仅仅是献身于上帝，还要信仰这个世界是上帝的一份礼物。在这第二次短居柏林期间，他一直专注于这个想法。如果他早有**这样的**信仰，那么想必他就会娶了心爱的雷吉娜。

他们分手期间，她说她虽然“心如刀割”，但如果能和他生活在一起，哪怕在他的房子里找一个小柜橱给她住，她也会感激他一辈子。回忆起这些话，他请人用红木打造了一个他自己设计的高大壁柜，里面没有搁物架，看着像一口直立的棺材。[26]还好雷吉娜没有

---

① 约翰·卢兹维·海贝尔（Johan Ludvig Heiberg，1791—1860），丹麦诗人、剧作家、文学评论家、文学史家。

② 弗雷德里克·克里斯蒂安·西伯恩（Frederik Christian Sibbern，1785—1872），丹麦哲学家。

③ “修道运动”（monastic movement）是一种宗教实践，男女教众献身于宗教。其成员被称为“僧侣”，他们一生致力于精神追求，生活遵循清规戒律，如独身或隐居。

住在这个壁橱里，但它赫然立在那里，标志着她永远的缺席。他在其中小心地保存着“让他忆起她的一切”，包括两本印在仿羊皮纸上的《非此即彼》——“一本是她的，一本是我的”。[27]

火车开过埃伯斯瓦尔德（Eberswalde）以北的森林，来到了一片开阔的平原：从车厢的窗户向外，他突然看到东面的草地上突兀地生出一丛荆棘。[28]那里有个很大的池塘，周围是一圈尖利、矮小、无叶的树木。他身体前倾，那片荆棘转眼就消失了，代之以一面湖水，在阳光下碧波荡漾。火车开始减速，昂格明德素朴的尖顶映入眼帘。克尔凯郭尔不得不放弃孤独的思考，有乘客在这里下车，还有不少人在站台上等人。他又一次置身俗世：再度变成了这个纤弱歪斜的人，走路有些跛脚，前额那一绺头发高高翘起，把他的身高提升了几英寸。如果看得再仔细点儿，便能再度看到他苍白睿智的面容，尤其是那双引人注目的碧眼，“深邃而诚挚”，[29]闪烁“和善而不无狡黠”的光芒。[30]他戴上帽子、拿起拐杖，抓着行李，继续回家的路。

第三章

与伪哲学家为敌

享受了火车头等车厢的舒适和清静之后，公共马车可是个折磨。这一路漫长而颠簸：克尔凯郭尔要乘坐这辆拥挤的公共马车一直去往一百多英里以北的施特拉尔松德港（port of Stralsund）。在火车上他只需跟自己的思想辩论，而现在他的身体也要奋起抵抗了。

他在《重复》中详细讨论过乘坐公共马车的煎熬，这本已经完成的书稿就在他随身携带的包里："关于哪一个位子在公共马车上是最舒服的，在博学者们那里有着各种不同看法；而我的观点是如此：这些位子全都很糟糕。"[1]《重复》的叙述者康斯坦丁·康斯坦提乌斯回忆起自己第一次前往柏林时，"坐在车厢中的最边上的向前的位子（对一些人来说这个位子可是一个大奖），并且，以这样一种方式，三十六个小时与我身边的人一同颠簸着，以至于我不仅差点失去了理智，也差点失去了腿脚。我们六个人坐在马车里，在这三十六个小时中我们以这样一种方式被加工挤压成了一个身体，以至于无法认出自己的腿"。因此这次康斯坦丁再访柏林时，他选择坐在车厢外的开放位子，然而，"一切还是重复着自身。马车夫吹起号子，我闭起眼睛，投身于绝望之中，就像我通常处在这样的场合时那样地想着：上帝知道你是不是能够忍受这旅行，你是不是真的能够到达柏林，而如果你能够到柏林的话，你又是不是能够有可能再重新成为人，能够在隔绝的简朴中让自己获得解脱，或者，你是不是仍然保存着这样一种回忆：你是一个大身子上的肢体”。①

像《非此即彼》一样，《重复》也提出了一种关于人的自由和责任的开拓性哲学，是借沉浸在浪漫爱情的痛苦挣扎中、急于解决
30 忠诚与婚姻问题的人物之口表达的。两本书都提出了一个问题：一个人如何能在与他人共同生活、信守诺言并符合社会期待的同时，又忠于自己内心。两本书都将哲学与自传融为一体：《重复》向雷吉娜发出了一个新的消息，其名称仅仅是“那个单个的人”（that single individual），揭示出克尔凯郭尔以前采用的在爱情上欺骗对方的策略，并以不同的理由解释自己为什么不能同她结婚。

克尔凯郭尔在爱情破裂之后写作，力图以迂回的方式向雷吉娜解释自己变心的原因，却在此过程中发现了一种新的哲学研究方法。为探讨某个特定情境中的某个特定个人，他挖掘出了某种普遍性的思考——因为“**每一个人**都是单个的个人”的想法在他的作品中日益突出。他正在创造的是一种基于经验的哲学，基于那些因生命的疑虑和决策而变得生动和具象的问题；他的概念和论调源于在每个人内心的舞台上上演的那个引人入胜的戏码：在世为人。一个

---

① 译文引自〔丹〕索伦·克尔凯郭尔《重复》，京不特译，北京：东方出版社，2011 年。下同。

世纪后，他关于“单个的个人”的哲学意义的深刻洞见将启发整整一代“存在主义者们”提出自己的主张，即人性并非一种一成不变、永不过时的本质，其在生物学上也不具备必要性，而是每个个体生命中的一个创造性任务。

被困在拥挤的公共马车里的克尔凯郭尔想象自己远远高于同侪，就像5世纪的叙利亚圣人高柱修士西门（Simeon Stylites）在柱上生活逾30年，以引人注目的方式献身于修道。人们不知他这样做是谦卑还是骄傲：他是为了高高在上俯视众生，还是为了像耶稣那样高高地站在自己的十字架上，将自身的脆弱暴露在众人眼中，任凭他们嘲笑挖苦？高柱修士西门，既是名人，又是隐士：这悖论简直不可抗拒；或许应该把他的名字用作下一个笔名？[2]

上一次离家前往柏林时，他刚刚解除婚约，名誉还在经受质疑，而且《非此即彼》只写了一半，他还没机会证明自己。如今那本书已经出版，他在文学界正声名鹊起，作为知名作家，他的才能将让家乡最受尊敬的作家和学者黯然失色。他多少已经算是个名人了：过去这三个月，各处都纷纷就《非此即彼》展开评论、辩论和闲谈。“整个新闻界，从《日报》（*Dagen*）到《晚报》（*Aftenbladet*），31
从《贝林时报》（*Berlingske*）到《智识杂志》（*Intelligensblade*），都发出了惊奇的呼声，当然也说了几句与它有关的话，但开头和结尾都会说：天哪，这么厚的一本书。”迈尔·阿龙·哥尔德施米特（Meïr Aron Goldschmidt）在他的讽刺周刊《海盗船》（*The Corsair*）上如此写道。[3] 海贝尔本人也在他的期刊《智识杂志》上评论了《非此即彼》，称之为“书之巨怪”，这主要是因为它密密麻麻地被刊印在八开本纸张上，整整 838 页，但也是因为“诱惑者日记”“令人厌烦、令人恶心、令人反感”。

约翰·卢兹维·海贝尔

约翰·卢兹维·海贝尔——剧作家、评论家、编辑、美学家，对歌德和黑格尔的热爱提升了整个哥本哈根的文学水平——多年来一直都是克尔凯郭尔最想要取悦的人。[4] 当然，即便克尔凯郭尔如今已经瞧不上海贝尔的观点，他还是想吸引后者的注意。他把那篇《非此即彼》的评论文章牢记在心：海贝尔说那本书“像知识界的一道闪电，刹那间照亮了整个存在领域”，但对“作者出类拔萃的才华、学问和文体技能均未能与一种将观点有序呈现的组织能力结合起来”而表示遗憾。其后那几天，克尔凯郭尔撰写和修改了一篇冷嘲热讽的回应。他以“维克托·埃雷米塔”之名，在《祖国》(*The Fatherland*) 报上发表了一篇语气轻蔑的“致谢辞”。“海贝尔 32
教授，上帝保佑您的出场！且看我让您怎么下台。”他在自己的日记中这样写道。

诱惑者的伤风败俗令《非此即彼》的读者们为之震惊和着迷，但鲜有人抓住这本书深层次的哲学意义或理解它错综复杂的组织结构。然而，这本书的出版还是让克尔凯郭尔获得了他梦寐以求的关注、赞美和声名；他得到了一个期待已久的读者群——如今他第二次从柏林返乡，是时候巩固自己的作家地位了。《非此即彼》有失体面的成功之后，他必须证明自己不仅仅是许多人眼中的那个天赋惊人但轻浮浅薄的文体家。这次从柏林出发的前一天，克尔凯郭尔给在哥本哈根的埃米尔·伯森写回信，说自己已经写完《重复》，正着手撰写另一本书，即《畏惧与颤栗》。信中没有说他在写这两本新书时脑子里都在想着雷吉娜，而是突出了它们的论战影响：“在充满正义地对抗那些没有人性的伪哲学家时，我绝不会忘记动用反讽的激情，他们什么也不懂，他们的那点儿小伎俩不过就是胡写几篇德文摘要，再来一通胡说八道，来亵渎更高尚的人写作的文字。”[5]

埃米尔很清楚好友所说的“伪哲学家”指的是谁，因为他常常听到克尔凯郭尔向他倾诉对汉斯·拉森·马滕森（Hans Lassen Martensen），还有最近对海贝尔那别具一格的冷嘲热讽。马滕森比克尔凯郭尔大不到五岁，却已经是哥本哈根大学神学院的教授了。他来自石勒苏益格（Schlesvig），1830 年代初在哥本哈根完成了神学学业并被丹麦教会授予圣职之后，前往柏林和慕尼黑，与他设法遇到的许多重要知识分子建立私交，再回到丹麦时，俨然已经是施莱尔马赫①、谢林和黑格尔的新哲学学说的专家了。

由于海贝尔，这些德国思想家在哥本哈根风行一时。海贝尔于 1820 年代前往柏林，在那里见到了黑格尔，还曾有幸与那位伟人交谈。海贝尔回国途中经过汉堡，对自己的人生有了深邃的精神洞见，突然间顿悟，掌握了黑格尔的整个哲学体系：“彼时我的桌子上摆放着黑格尔的书，满脑子都是他的学说，我突然获得了一种内
33 心视野，就好像一道闪电照亮了整个区域，让我意识到迄今一直无处可寻的核心思想。这一刻，我开始对整个体系的大致脉络一目了然，相信我已经掌握了它深邃的核心……事实上，我可以说这个神奇的时刻是我一生中最重要的节点，因为它让我获得了内心的平

① 弗里德里希·施莱尔马赫（Friedrich Daniel Ernst Schleiermacher，1768—1834），德国 19 世纪神学家及哲学家，被称为现代神学、现代诠释学之父，主张神的临在性，也就是强调宗教“感觉”。

静、稳妥和我此前从未有过的自信。”[6] 皈依这一哲学之后的若干年，海贝尔一直在哥本哈根大学教授黑格尔哲学。马滕森 1830 年代中期在欧洲游学、声望日隆时，在巴黎与海贝尔相见，还与这位著名作家和他年轻美丽的妻子、丹麦最有名的女演员约翰妮·路易丝（Johanne Luise）结下了友谊。

汉斯·拉森·马滕森

1834 年，克尔凯郭尔请马滕森担任他的私人导师，在他读神学学位的四年里，两人一起阅读施莱尔马赫的作品。又过了三年，还是学生的克尔凯郭尔注册了马滕森相当有名的神学和哲学史课程。[7]这位才华横溢的年轻讲师敦促听众在现代德国哲学家——康德、费希特和雅各比①，当然还有最重要的黑格尔——的引领下，加深对基督教的理解。

34 多年来，克尔凯郭尔一直很讨厌马滕森，对他的哲学野心不屑一顾，对他的成功感到气愤。自从《智识杂志》那篇对《非此即彼》的居高临下的评论文章问世以来，海贝尔也成了他的敌人。这两人都是通过把德国唯心主义引介到丹麦而获得了声望，他们靠黑格尔巨大成就的折射而光耀门楣。然而，克尔凯郭尔的这几本新书将不遗余力地嘲讽他们挥舞着二手黑格尔哲学来对抗当代精神衰落的努力。他自己逐渐发展成型的作家抱负正是站在马滕森的对立面，同时反对欣赏后者的学术和基督教会体制。在克尔凯郭尔看来，这位人脉甚广的专业神学家代表的不仅是一种学术地位，还是一种存在态势：马滕森是个有很大影响力的典范，彰显着在 19 世纪的基督教世界，一位有教养、爱思考的基督徒所应有的姿态。

他发誓要用自己热爱的反讽挑衅"没有人性的伪哲学家"，效仿的是苏格拉底对诡辩派的鸣鼓而攻。柏拉图说那些收费的哲学教师贩卖的都是些油嘴滑舌且浅薄的论调，这些论调更反衬出苏格拉

① 弗里德里希·海因里希·雅各比（Friedrich Heinrich Jacobi，1743—1819），德国哲学家、作家，以推广了"虚无主义"一词而知名。他认为虚无主义是启蒙运动思想，尤其是斯宾诺莎、康德、费希特和谢林的哲学体系的主要缺陷。

底的存在式反讽的天才睿智。在苏格拉底看来，教哲学就是要教人们如何做人，而他一开始就对何为人提出了质疑。同样，克尔凯郭尔也力图揭露马滕森只是个伪教师：克尔凯郭尔想让世人看到马滕森的作品只是肤浅末学，想用自己天才的光芒盖过他的哲学技巧，想彻底颠覆这位对手在其中平步青云的整个神学体制。然而与此同时，克尔凯郭尔还想在自己的游戏中击败马滕森。

如果说克尔凯郭尔第二次前往柏林是在重复与雷吉娜最终分手之后几天开启的第一次旅行，那次初访柏林就是在重复马滕森 1830 年代的哲学考察，而马滕森的那次是重走海贝尔当年的路线，海贝尔则追随着世纪初一往无前的丹麦人的足迹，是他们把浪漫主义介绍到了丹麦。克尔凯郭尔 1841 年前往柏林之时，黑格尔已经去世了，但他去听了谢林的讲座。海贝尔和马滕森都凭借着对德国唯心主义的认识在哥本哈根的学术界青云直上，而克尔凯郭尔的首次柏林之行却对纯理论哲学产生了强烈的幻灭感。“亲爱的彼得，谢林满口胡言，真令人难以忍受，”1842 年 2 月，他在柏林写给哥哥的信中说，“我已经不再是听课的年纪，但谢林的年纪也实在不宜讲 35
课了。他那一套关于潜能的学说凸显出最大程度的无能。”[8]

谢林未尝没有煽情地谈到“现实”，但克尔凯郭尔觉得整个学术圈都在逃避真实的存在。他认为这种智识上的脱离现实与一种犬儒主义的知识商品化有关：现代大学的教授们像商人交易商品那样交易思想，而且比商人更加奸诈，因为他们精明包装起来的抽象概念中根本就没有真正的智慧。“哲学家们就‘现实’所谈论的东西，”他在《非此即彼》中写道，“常常在同样的程度上带着欺骗性，就像你去一家旧货店在那里读到一块牌子：本处熨衣物。如果你拿着自己的衣服来熨，那么你就上当了，因为那块牌子只是放在那里卖的。”[9]

在《重复》和《畏惧与颤栗》中，克尔凯郭尔不仅与一个现代版的亚伯拉罕的圣经故事一起上演了他自己改编的订婚戏码，他还重新演绎了自己的作者身份，把自己——或者他的那些虚构的名字——搬上了哥本哈根的文学舞台，站在海贝尔和马滕森的对立面。他要证明他是比海贝尔更伟大的剧作家、比马滕森更优秀的神学家和牧师，作为思想家，他在哲学上的独创性和深刻的精神洞察力超过了二人中的任何一个。与对手们不同，克尔凯郭尔既没有布道坛也没有教众，既没有讲台也没有学生，既没有剧院也没有观众。他喜欢说自己的写作“没有权威性”：只是作为一个半匿名的人，没有公职或体制内地位的加持。他的作品无须产生自己的权威，只是纯粹通过论点和风格的力量提出自己的主张。他的立场和马丁·路德一样鲜明，据说那位雄辩的僧侣曾经把自己的基督教宣言①钉在维滕贝格（Wittenberg）教堂的门上——只不过克尔凯郭尔的做法更加间接和隐秘。

虽未点出马滕森之名，但《畏惧与颤栗》将这位黑格尔派神学家打造成为19世纪的诡辩家，靠贩卖可疑的教学事业牟取暴利。这部新作品一开头便以一系列商业隐喻来吸引读者，宣称“我们的时代

---

① 这是指1517年10月31日，马丁·路德撰写并在维滕贝格诸圣堂（Castle Church）的门上钉上了关于赎罪券问题的辩论纲领，即《九十五条论纲》（Ninety-five Theses）。这一事件后来被认为是新教改革（Protestant Reformation）的开始。

不仅仅是在商业的世界里，也是在理念的世界里推行着一种真正的清
仓大甩卖”，这是海贝尔、马滕森及其追随者们正在讨论的精神价值 36
的危机，但克尔凯郭尔认为他的对手们乃这场危机的征候，而不是救
星。他把他们的哲学生意比作哥本哈根新型的公共马车，那是传统马
车的廉价替代品：1841 年第一辆马力公共汽车（*hesteomnibusser*）丁
零哐啷地穿过这个城市的街巷，运营者是当地的一个创业企业家，从
柏林、曼彻斯特和巴黎的同类企业那里获得了灵感。在《畏惧与颤
栗》中，克尔凯郭尔还将把赶上黑格尔哲学这波大潮的学者们比作这
些公共马车上的乌合之众；他将尖刻地呼求“一切对体系的祝福， 37
对丹麦国内这类公共马车股东们的祝福”。这里的“体系”是指黑
格尔的哲学体系，“公共马车”这个交通工具会引发关于形而上学
的联想，因为马滕森在自己的哲学史讲座中常常会重复笛卡尔的那
句名言：“怀疑一切”（*De omnibus dubitandum est*）①。[10]

这些对马滕森和海贝尔的嘲讽是为了让对方有个心理准备，他即将发起一场严肃的学术论战。克尔凯郭尔在校读书的那些年学会了传统的哲学方法如何通过区分不同的概念——表象与现实、信仰与知识、必然与自由——来开展研究，而如今他开始曲解这一方法，把它用于生命本身。他发展了一种新的思维模式来解释通常在每一条追求知识的道路上被掩盖和忽略的那个问题：**如何做一个**

① *De omnibus dubitandum est* 是一句拉丁语，因 omnibus 这个拉丁词语（意为“一切”）与英语的“公共马车”在词形上相同，所以克尔凯郭尔用了这样的比喻。克尔凯郭尔还以这句话为标题写了一本书，这本书在他死后才出版，探讨了将笛卡尔式怀疑作为现代哲学的研究方法最终会导致何种存在的后果。

哥本哈根，东街（Østergade），1860 年：开往腓特烈斯贝的公共马车

人？他的方法要区分的不是概念，而是“存在［的不同］领域”，即人存在于世界上的不同方式。最高级的是宗教领域，它永恒地围绕着人与上帝的关系这个核心问题，广度和深度都是无限的。其他的存在领域更狭小、更有限：它们的边界限制了生活在其中之人的精神潜力。

这种在哲学界画地成图的新方法有一个突出的批评优势。有了它，克尔凯郭尔就能够证明人、机构乃至整个文化从根本上缺失了它们声称自己所代表的价值。他把整个现代哲学体系——尤其是以海贝尔和马滕森为代表的——都划定在最低级、最有限的存在领域，这个领域被他轻蔑地称为“审美的”领域。这个词暗含着肤浅、矫饰、超脱之意。在《非此即彼》中，他所描述的审美领域——其代表人物正是“诱惑者日记”中那位精明而堕落的年轻叙述者——是一个不成熟的存在领域：诱惑者还无法承担伦理领域所要求的坚定和责任，更不用说真正的宗教生活的精神深度。这个畸形的人物就像克尔凯郭尔眼中的马滕森，他夸耀自己在学术上的专业能力，而论做人的能力，他只能勉强算个新手。

虽然《畏惧与颤栗》中没有点马滕森的名，但它将揭露马滕森
的哲学生意既狂妄自大又荒唐愚蠢，而且像公共马车一样廉价。马 38
滕森声称黑格尔的哲学阐明了基督教教义的真理，欣然接受黑格尔试图证明这一真理如何在历史进程中逐渐呈现的野心。但克尔凯郭尔将指出，这种说法贬低了信仰的价值，而最为重要的真理只能用一生的时间，在每个人的内心中呈现出来——因为爱、上帝的本质以及每一颗灵魂的渴望，乃基督教最深邃的真理。学会爱是每个个人的新任务：“不管一代人能够从另一代人那里学到什么，任何一代人都无法从上一代那里学到那真正人性的东西……没有任何一代

人是从另一代人那里学会爱，没有任何一代人不是从初始点上开始的，没有任何后来的一代人有着比以前的一代人更短促的任务，并且如果一个人不愿像以前每一代人那样在‘爱’这里站定，而是想要‘继续向前’，那么这就只会是一种没有结果而糟糕的说法。”①

克尔凯郭尔知道，他那些受过教育的读者一定会看出来，这样的论调是对马滕森的攻击。然而，克尔凯郭尔一方面嘲笑对手想在黑格尔哲学研究的基础上“继续向前”的雄心抱负，另一方面他也想越过这一代人、在这个偏远小地方的学术圈之外，为自己赢得更大的支持。他敢写亚伯拉罕的故事，就是要在神学传统中为自己争得一席之地：他对《创世记》第 22 章的全新解读沿袭了对圣经文本进行论辩性解读的历史传统。这一历史已经证明了圣经诠释的革命性力量，而克尔凯郭尔想要再度改变游戏规则。

他关于亚伯拉罕的著述的书名选自保罗致哥林多人的第一封信，哥林多人被哲学家们的“人类智慧”引向了歧途。保罗在写给哥林多那些不规矩的基督徒的信中说：“从前我到你们那里去，并没有用高言大智对你们宣传神的奥秘。因为我曾定了主意，在你们中间不知道别的，只知道耶稣基督，并他钉十字架。我在你们那里，又软弱，又惧怕，又甚战兢。”[11]保罗提出了自己的信仰作为哥林多人信仰的各类哲学的一种激进的替代品，那种信仰因有“上帝的精神”才获得了力量，他敦促那里的基督教社群让他们的信仰

① 译文引自〔丹〕索伦·克尔凯郭尔《畏惧与颤栗 恐惧的概念 致死的疾病》，京不特译，北京：中国社会科学出版社，2013 年。

“不在乎人的智慧，只在乎神的大能”。

与 300 多年前讲授《创世记》的路德一样，克尔凯郭尔也将用
亚伯拉罕的故事解释人类理性的局限性，并批判当代哲学的狂妄自 39
大。正如保罗批评希腊哲学家，路德也拒绝他自己在学术道路上深受影响的经院哲学的方法：他指出，16 世纪的神学家们太依赖亚里士多德的异端哲学，他认为只有圣经文本中揭示的神的话语才是绝对可靠的真理之源。克尔凯郭尔倒没有承继路德的圣经原教旨主义，反而大量汲取古希腊思想的智慧：在《畏惧与颤栗》中，他将以一位抒情作家、一位哲学家诗人的身份出现在新世代的读者面前，为他们重新想象亚伯拉罕，正如柏拉图创造性地传递了苏格拉底的学说。然而他还是呼应了路德对亚伯拉罕的解读，指出和黑格尔一样，马滕森也过高地估计了理性思考理解基督教真理的能力。

在他关于《创世记》第 22 章的讲座中，路德强调说上帝让亚伯拉罕成为一国之父的承诺与他让后者杀死以撒的命令之间的矛盾无法通过理性来解决。路德认为，我们不可能理解亚伯拉罕的信仰，这表明理性应该屈服于信仰，认识到后者拥有更高的权威，且在更深的层次上拥有人心。《畏惧与颤栗》将提出类似的论点。但路德赞美的是亚伯拉罕无条件地信仰一个前后矛盾的上帝，而克尔凯郭尔对圣经文本的解读要模棱两可得多：“亚伯拉罕让我敬佩，但也让我惊骇。”

亚伯拉罕愿意杀死自己的亲生儿子，克尔凯郭尔认为此事在道德上令人愤慨，我们不该草率对待或为之辩解。通过质问这个圣经故事的伦理道德，《畏惧与颤栗》将回应伊曼纽尔·康德在前一个

世纪末对《创世记》第22章的解读。[12]康德强调说，要履行对上帝的义务，我们每个人只需履行彼此尊重的道德义务即可：1797年，他刚刚获得解禁可以撰写宗教题材后，便出版了《系科之争》(*The Conflict of the Faculties*)。他在该书中写道："除了良好的生活行为外，人类能想到的为取悦上帝而做的一切，不过是宗教错觉或为上帝提供假冒伪劣的服务。"康德在书中指出，亚伯拉罕服从上帝让他杀死以撒的命令是错误的：他应该据理力争，论证那条命令
40 违背了道德律令，因而不可能真的来自上帝，一定要么是魔鬼的把戏，要么是一种欺骗。

路德阅读亚伯拉罕的故事所得的收获，是质疑他的时代的理性化倾向，而到康德写作时，在整个后宗教改革时代的基督教世界进行宗教迫害的两个漫长的世纪已近尾声，因此他援引了同一个故事来谴责对所谓启示的盲从。康德虽然是个路德宗基督徒，但他认为人类的全部尊严都来自自主的、理性的道德判断。和其他启蒙时代思想家一样，他也力图为一个动荡的社会带去秩序与和平。天主教、路德宗和加尔文派宗教领袖们都求助于上帝的意志（分别根据他们自己的神学加以解读的意志）来支持对异见者实施暴力；康德一丝不苟的论证推进了对宗教教条主义的道德批判，在他之前，早有斯宾诺莎和伏尔泰等激进思想家对教会发起了那样的批判。[13]

半个世纪后，克尔凯郭尔试图解决的是另一个问题：他认为基督教社会已经变得过于安定、过于自满了。把宗教局限于伦理生活会带来新的危险，因为路德宗精神性的核心，即个人与上帝的关系，可能会沦为某种太人性、太世俗的东西。黑格尔在反对康德

时，提出理性并不是脱离历史和一成不变的，而是内嵌在某个具体的文化之中；道德律令也不是至高无上的真理，而是一种民事制度。这种对伦理生活的新解读与康德强调的宗教必须被限定在理性的道德行为领域内的论点相融合，暗示基督教徒必须勤勉地履行他们的职业、社会和家庭责任，才能完成他们的信仰任务。但克尔凯郭尔认为现代基督教世界已经把和上帝的关系与资产阶级价值观混为一谈，讹用了《新约全书》中激进的、令人愤慨的教义。

《畏惧与颤栗》将警告世人，一旦把上帝纳入伦理领域，他就
会变得可有可无，最终彻底消失不见。虽然康德和黑格尔的道德理
论真诚地赋予上帝最高的地位，但它们在绝对意义上是世俗的：让
上帝沦为道德生活就把人类的传统、法律和判断变得至高无上
了——如此一来，克尔凯郭尔将指出，“整个人类存在本身是完整
的，在这个完整的领域里，伦理既是它的极限也是它的终结。上帝 41
成为一个隐形的消失点，一个无能的想法，他的能力只能存在于那
伦理之中”。

没有上帝，人类将会孤独地留在世上，没有神圣秩序，没有宇宙正义。[14]那时道德性本身也将崩溃，而生命将丧失它的意义：“如果在一个人身上没有永恒意识，如果在一切的根本之下只藏着一种狂野地骚动发酵的力量，辗转反侧地在昏暗朦胧的激情之中生产出或伟大或渺小的东西，如果一种无底的空虚永不知足地隐藏在一切的背后，那么，生活除了是绝望之外又能是什么？如果事情就是如此，如果不存在任何神圣的纽带联系着人类，如果一代人和另一代人的出现如同林中的树叶一样更替，如果一代人继承另一代人如同

林中的鸟鸣声一样变化，如果一代人穿过世界如同船只穿过大海、如同风暴穿过沙漠，只是一种没有思想的贫瘠作为，如果一种永恒的遗忘总是在饥饿地伺机扑向自己的猎物，并且没有什么力量强大得足以将猎物从它口中拉扯出来——那么生活会是多么的空虚而无告无慰啊！”①

通过突出强调亚伯拉罕故事的恐怖，克尔凯郭尔希望摇醒自己的读者，对他们说**看吧**、**听吧**，这就是与上帝的关系的内涵，**这**就是信仰对人的要求——它会破坏你的整个存在、颠覆你的是非观、让你变成世人眼中的罪犯——而**现在**，你还声称自己拥有信仰吗？耶稣的门徒违反了他们所在社会的法律，让他们的家族蒙羞，且没有得到任何保证说追随那位破坏性的闹事者老师能够带来他们希望得到的精神回报。如果说在 1800 多年后，信仰意味着过一种正直的生活，行大众一致认为正确之事，那么伦理和宗教必然会再度被撕裂开来，显现出它们之间的裂痕，到那时，大概还是可能要去追问有没有人准备好跨越那道裂痕。

《畏惧与颤栗》将把这些问题呈现给读者，称呼每一位读者为“那单个的”。克尔凯郭尔使用亚伯拉罕的故事来总结他那个世纪的精神危机，标记出信仰历史上的一个十字路口，证明哲学到其生活的时代到底取得了怎样的成就。基督教世界即将走向终点。前方有
42 两条明确的道路：要么让信仰消失在理性的、伦理的人文主义中，

---

① 译文引自〔丹〕索伦·克尔凯郭尔《畏惧与颤栗 恐惧的概念 致死的疾病》，京不特译，北京：中国社会科学出版社，2013 年。有改动。

要么让信仰从头再来。两条路都不可能提前被知晓；它们都要求那些自称基督徒之人学会如何在它们这个新世界中生存。这个任务呼唤一位新的老师、一位新的哲学家、一位新的苏格拉底。无论走哪一条路，世界永远在那儿，做出它的主张，提供它的诱惑，但眼下它正发生着肉眼可见的变化，而哲学也必须跟着变化。

他简直迫不及待地想立即回家，到他的书房里写完《畏惧与颤栗》。他必须让这两本新书出版问世，那样他就能向马滕森和海贝尔以及其他人证明他已经取得了多大的成就，他已经超越了他们所有人太多……

在这沉闷无聊的公共马车上，前路似乎漫无止境，一眼望不到头——只有亚伯拉罕相信不是这样！——而与克尔凯郭尔同行的乘客们看上去和他一样难受。但谁知道呢，也许现在这一刻，他们中的每一个人都在不出声的祈祷中感谢上帝，因为我们绝不可能看到另一个人内心的挣扎，也不知道在另一个灵魂中涌动的一切欢乐和悲伤。克尔凯郭尔本人则身体僵硬、酸痛而疲惫，只能祈祷公共马车尽快到达施特拉尔松德。

第四章

跟亚伯拉罕一起回家

43 克尔凯郭尔到达海港的愿望总算实现了，又在旅馆里度过了辗转反侧的一夜之后，他终于踏上了归家路上的最后一程。停靠在施特拉尔松德海港的船只和海风的味道让丹麦的召唤变得更加清晰和急切了。他登上了瑞典“狮子号”（*Svenska Lejonet*）轮船，它将连夜行驶，直达哥本哈根。他疲惫至极，但很高兴终于不用再坐公共马车了。此刻海平面看起来更加开阔，他的视野也更清晰了。

在柏林，他把全部精力都投入《重复》的写作上，把他自己忠于承诺的挣扎造就成一种新的生命哲学。数百年来，哲学家们一直认为真理是可以靠头脑掌握的理念，但在《重复》中，他探讨了人心的真理，那种真理不存在于知识中，而见于爱。利用这一哲学上的跳跃，他包里的另一部手稿为一个晦涩难解的问题给出了一个简单的答案，总结了亚伯拉罕的信仰：“他到底达到了什么呢？他所达到的是：他忠诚于自己的爱。”[1]

他像任何人一样清楚地知道，这份忠诚对人类并非易事，因为活着就要不断改变，要遇到同样在不断改变的他人，要学会在一个不断变化的世界上生存。我们在此世存在期间，总是反反复复地忘记和重新发现自己是谁。克尔凯郭尔承诺与雷吉娜结婚，但就在做出这个承诺的同时，他对自己有了新的认识，不得不重新考虑他的承诺。如今他在写亚伯拉罕的事迹，那位伟大而可怕的信仰之父，多么引人入胜的故事啊！多年来，他一直在思考亚伯拉罕非同寻常的信仰，如今这位年迈祖先的摩利亚山之行鲜明地反衬出他自己的游移不定和疑虑重重，老人上山的每一步都标示出他多么缺乏亚伯拉罕的坚定和勇气。虽然解除了婚约，他仍然希望以某种方式忠于 44
对雷吉娜的爱。那看似不可能，但亚伯拉罕的信仰看上去也不可能。[2]

他把亚伯拉罕看作“一个拯救忧惧者的领路星辰”，因为他亲身证明了信仰是可能的，哪怕他如何践行信仰至今仍然成谜。[3] 亚伯拉罕这颗深不可测的星辰把如今在 1843 年最困扰他的一切都纳入自己的轨道中：他与上帝的关系、他的精神理想、他与雷吉娜的分手，以及现代哲学的不足、时代的自满、在他的世纪悄然蔓延的虚无主义的威胁。

思考《创世记》第 22 章让克尔凯郭尔得以探索他自身存在的困境：如何在此生此世忠于上帝，并忠于他自己的内心？和其他每个人一样，他生命中的大部分时间也都沉迷于微不足道的小事和狭隘短浅的思虑，而且难免会认为宗教信仰就意味着把这些全都看作不值一提。然而《新约全书》让人窥见，在最微小的细节和最伟大的事件中都能看到上帝，上帝也细数天空中飞过的鸟雀，细数一个人头上的每一根头发。“能够在小事上相信上帝，”他最近在日记中写道，“这是问题的关键，否则我们就没有与上帝建立起恰如其分的关系……把上帝拽进这个世界的现实性之中也是重要的，而他确实在这世间存在。保罗登船，当船几乎要沉的时候，他不仅为自己的永福祈祷，而且还为他的现世的拯救祈祷。”①[4]

1840 年秋天，与雷吉娜订婚后不久，克尔凯郭尔还在哥本哈根的王室牧师学院受训时，撰写了一篇关于《创世记》第 22 章的短小布道词。他为想象中的会众讲述亚伯拉罕前往摩利亚山之行，动摇他们对信仰任务应付裕如的自信心：“我们都知道这个故事的结局。或许它已经无法让我们有任何惊喜了，因为我们自幼便对它烂熟于心；然而事实上，问题不在于这个故事而在于我们自己，因为我们太冷漠，无法发自内心地对亚伯拉罕感同身受。”面对着巨大的焦虑和痛苦，亚伯拉罕倾听着“自己内心深处那来自天国的神圣的声音”，仍然保持着“对未来的信任”。然而克尔凯郭尔指出，亚伯拉罕最非同寻常之处，是他在事后仍然高高兴兴地回归正常的生活：“他昂扬地、兴奋地踏上了回家的路，心中充满对上帝的信；
45 因他不曾动摇，也不曾做过任何自责的事。”[5] 那时，因即将步入婚姻而产生了新的焦虑的克尔凯郭尔很可能十分羡慕亚伯拉罕对未来的信心。如今两年半过去了，重写亚伯拉罕的故事，克尔凯郭尔更清楚地意识到那位祖先一心一意的信仰与他自己的疑虑和矛盾，那位年迈老父亲的平静安详与他自己的满腔怒火是多么不同。

《畏惧与颤栗》将探讨亚伯拉罕与上帝的关系何以未曾让前者

---

① 译文引自〔丹〕索伦·克尔凯郭尔《克尔凯郭尔日记选（1842—1846）》，王齐译，北京：中国社会科学出版社，2020 年。

脱离世俗，而是安心地生活在其中，指出与其说亚伯拉罕的信仰在于其顺从地献出了以撒，不如说在于其在放弃以撒之后仍欣然接他回来。早在上帝履行诺言，让亚伯拉罕年迈的妻子撒拉诞下一子之时，他已经收获了一个非凡的礼物。这个孩子代表着亚伯拉罕的未来、他所有的希望、他的伟大之处：以撒就是他的全部。然而数年后，他被命令献出男孩，那就意味着他将失去自己存在的全部意义。他欣然同意，丝毫没有不信任上帝会带给他世俗的快乐的承诺。如此一来，他再次获得了神的礼物：亚伯拉罕“对此生充满信心”，因而“出乎意料地再度得到了一个儿子”。

克尔凯郭尔从亚伯拉罕的故事里汲取这些精神理念的同时，那个六年前他在彼得·若尔丹家里初遇雷吉娜之时困惑不解的问题——人应该如何虔诚地活在世上——的答案也正在形成。整个1830年代后半段，在他阅读柏拉图、聆听莫扎特、完成神学学位和拜访雷吉娜期间，这个问题一直困扰着他。1840年向她求婚前不久，他还在思考到底有没有可能通过世俗之事来表达自己的精神生活，从而让“神圣栖息在有限中，在那里找到栖身之所”。然而订婚之后，俗世与他的灵魂似乎开始朝相反的方向撕扯，他被迫在二者之间做出选择。

如今亚伯拉罕的故事让他比以往任何时候都更加清楚地看到了两种宗教生活的不同，其差别恰在于对俗世的不同态度。有些人认为亚伯拉罕行动中牺牲的部分——因登上摩利亚山的艰难跋涉而被拉长，而不可思议地将以撒的手脚绑起来，以及那把刀惊心动魄的寒光一闪将故事推向高潮——是他与上帝关系的顶峰。克尔凯郭尔 46

钦佩超凡入圣的“修道运动”，在宗教激情已经不再如往昔一般受到重视的现代世界，已经很少有人再做这样的尝试了。他把那些像这样生活的人唤作“放弃之骑士”，与那些被国王授予丹麦国旗勋章骑士（Knights of the Order of the Dannebrog）称号的丹麦公共生活中的成功人物形成了鲜明对比。这些世俗的骑士享受的是世俗的声誉名望，而“放弃之骑士”远离凡俗，在精神上得到了升华和超脱。

然而在他们之上还有更高的境界，那个悖论的顶峰只有通过下行才能到达。在为上帝放弃了一切之后，亚伯拉罕接下来的行动是回到尘世、拥抱有限、怀揣着他世俗的礼物乐天安命。与儿子以撒一起走在下山路上的亚伯拉罕不仅是个“放弃之骑士”，还是一个“信仰之骑士”。克尔凯郭尔认为，亚伯拉罕亲身示范了一种在尘世间做人的方式，既不像隐士或僧侣那样退隐江湖，也不去迎合和服从主流的资产阶级价值观。“领路星辰”亚伯拉罕归属于一个悖论的星座：一种在尘世间践行却又公开藐视世俗期待的信仰。

克尔凯郭尔把这种信仰比喻成芭蕾舞者轻快而优雅的舞步：他们一遍遍重复，每次都有那么一点点不同，表演者有多努力，观看者就有多享受。灵魂的舞蹈表达出自己对上帝、对永恒、对未知的无限渴望。多数人是不参与这场舞蹈的“局外人”；放弃之骑士“是舞者，也掌握空中动作的技巧”——但他们总是着地不稳，这表明他们无法在尘世间称心快意。

然而，信仰之骑士却可以“把生命中的环跳转成漫步”，落地与起跳一样轻松。他让存在看起来那般容易，以至于没有人能把他和那个最没心没肺的人区别开来，后者每天沉浸在日常琐事中，除了眼前的满足和失望之外，不觉得生命有什么其他的意义。信仰之骑士与上帝的关系完全是内在性的，不会为公众所见。他在世间行走的每一步都有神恩眷顾，但他只是默默地接受这个礼物，毫不声张。[6]

在《畏惧与颤栗》中，克尔凯郭尔将描写一个信仰之骑士，他看上去像一个普通的官僚，比如一个税吏：

> 我从头到脚地审视他的形象，检查是否有一道这样的裂缝 47
> 在让“那无限的”从这裂缝里窥视出来。不！他是完完全全地固实的。他的立足处？是强有力的，完全属于那有限性，没有哪一位在星期天下午盛装来到腓特烈斯贝的市民能够比他更为彻底地脚踏大地，他完全地属于世界，没有什么尖矛市民能够比他更多地属于这世界。在这个陌生而高雅的人身上你无法找到任何可用来辨别出那“无限放弃之骑士”的迹象。他在一切事情之中获得喜悦，他参与一切，并且，每次人们看见他参与那单个的事件，都会看见这参与有着一种持久性——一个尘俗的人，如果其灵魂被这一类单个事件吸引住，就会有这种持久性作为标志。他做出自己该做的作为。于是，如果人们看见他，人们就会以为他是一个在簿记中迷失了灵魂的办事员，他就是那么地准确无误。他在星期天放假。他去教堂。没有天堂般的目光，也没有任何对于“那不可比的”的标志来泄露出他来；如果人们不认识他，那么要从其余的人群中把他分辨出来是一件不可能的事情。[7]

在这个无法分辨的人物的内心深处，有一颗非同寻常的灵魂。在随和的外表之下，他兢兢业业地完成人类最艰难的任务——正如芭蕾舞者只有经历多年苦练，才会看上去体态轻盈。信仰之骑士“以最贵的价钱购买下他所生活的每一个瞬间：他清空了生存的深刻忧伤，他感觉到了‘放弃一个人在这个世界上所最爱的一切东西’的痛苦，但有限性对他来说就像与那不曾认识到过任何更高的事物的人完全一样地有着美好的味道”。①

克尔凯郭尔列出“放弃之骑士”与“信仰之骑士”的差别，是对一个传统的哲学问题给出了新的回应。数个世纪以来，神学家们一直试图解释为什么一个仁爱的上帝会创造出这个世界，这里有那么显而易见的种种苦难和不公；虽然每一个天才的论述都在解决上帝之善与他所造世界之恶的矛盾，对许多人而言，这一矛盾仍然是他们信仰道路上最大的绊脚石。然而，克尔凯郭尔和任何人一样清楚，受苦不只是一个哲学问题——因为信仰的任务并非解释苦难，而是与它共存。我们最迫切的存在问题不是**我们为什么受苦**，而是**我们应该怎样受苦**。和许多虔信之人一样，克尔凯郭尔也会在
48 危急时刻追问自己受苦的原因，但另一方面，他不得不想办法与每天都面临的矛盾共存：他的期待与经历之间的矛盾、他对上帝的信仰与他对世界的令人沮丧的认知之间的矛盾。

他认为，尝试提供令人安心的宗教慰藉（它们总是急于给出大

① 译文引自〔丹〕索伦·克尔凯郭尔《畏惧与颤栗 恐惧的概念 致死的疾病》，京不特译，北京：中国社会科学出版社，2013年。

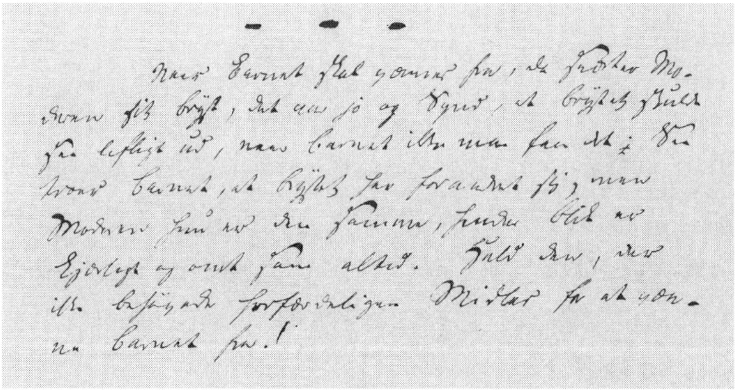
— — —
Naar Barnet skal vænnes fra, da sværter Mo-
deren sit Bryst, det var jo og Synd, at Brystet skulde
see lifligt ud, naar Barnet ikke maa faae det. Saa
troer Barnet, at Brystet har forandret sig, men
Moderen hun er den samme, hendes Blik er
kjærligt og ømt som altid. Held den, der
ikke behøvede forfærdeligere Midler for at vænne
Barnet fra!

《畏惧与颤栗》手稿中一页的片段

团圆的承诺）就像那些神学家玩的玄学把戏，他们辩解说恶并非真的存在，而只是善的缺席。他已经观察到同时代人中有这种安抚活在世间之苦的倾向了：《畏惧与颤栗》将描写一群昏昏欲睡的会众倾听一篇布道而获得了安慰的情形，他们得到保证说，亚伯拉罕接受精神考验的最终结局是好的，如此“他们就排除了［信仰所内含的］困苦、痛楚和悖论”。他私下里批评丹麦国教的领袖人物（也是丹麦国旗勋章骑士）明斯特主教“在安慰人时，会说事情或许还是会好的，快乐的日子总会到来的，等等”。但在克尔凯郭尔看来，明斯特对困苦和痛楚的回应只是“世俗智慧”，而不是“真正的宗教性的慰藉”。[8]

与之相反，他自己对亚伯拉罕的解读表明“只有痛楚的人才会找到安宁，只有拔刀的人才会得到以撒”。信仰的代价永远是高昂的：看看耶稣的母亲马利亚吧，看看《路加福音》的开头对她的描

49 写，天使加百列去看望她，她怀着神的孩子。历史后来把她变成了一个神圣的女王，然而在那一刻，她只是个名不见经传的童女，未婚，却莫名其妙地怀孕了；别人都看不见天使，“谁也不理解她”——“如果上帝祝福一个人，那么他在呼吸的同一刻里也诅咒这个人？马利亚无需任何世俗的景仰，正如亚伯拉罕无需泪水，因为她不是女英雄，而他不是英雄，但如果他们被免除了困苦、痛楚和悖论的话，他们永远也无法比这两者更伟大，不过通过这些，他们变得更伟大”。[9]

克尔凯郭尔想象的放弃之骑士和信仰之骑士都是高贵的人物，他们勇敢地进入生存的战场，面对这里的各种考验。他未曾声称自己是其中任何一位骑士：他是用假名写作《畏惧与颤栗》的，那个假名作者能够想象弃绝的行动，却认为信仰终究不可能。这位19世纪的高柱修士西门坦白说：“我曾面对面地看着它，我不是害怕地逃避开它，但我无疑清楚地知道，尽管我很勇敢地面对它，我的勇气却不是信仰的勇气，并且根本无法与之攀比。”

克尔凯郭尔坚信，宗教信仰需要“一种悖论性的谦卑的勇气”，这种品质截然不同于他与雷吉娜在一起时渴望的那种可疑的富于牺牲精神的英雄主义。作为深谙焦虑滋味的人，他知道恐惧是精神生活的大敌，也知道克服恐惧需要勇气。耶稣总是对他的门徒说“不要害怕”，他知道恐惧会让他们的心紧缩起来，无法爱人也无法接受爱；他知道恐惧会让他们逃离像影子一样尾随人类之爱的失落感。勇气一贯被理解为心灵的力量——就像一个战士在面对战斗的危险时所展示的英勇无畏——然而在生存的战场上，如果他们要成为真正的人，心灵在强壮的同时还必须坦率，这就是为什么马利亚和亚伯拉罕才是最伟大的精神楷模。克尔凯郭尔把他们的坦率称为“谦卑的勇气”，他比谁都清楚这个高度有多难企及：“接受爱比给予爱要难得多。”他将在《畏惧与颤栗》中承认这一点。

这次再度短居柏林期间，他巩固了自己哲学上最重要的部分：在世界上做一个人，这件事本身就存在着矛盾。他的社会关系会影 50
响他的生活，形成他的自我意识，但他在他人眼中的样子始终无法完全匹配他内心的真实。他始终被展示、被看见、被评判，而无法袒露自己的内心会让他觉得孤独。人的存在既是无以逃遁的公开行为，又是心无旁骛的私人行为。一个人的内心生活越深刻，这个矛盾就会越突出。克尔凯郭尔怀疑没有谁会理解另一个人的宗教生活，更遑论对其加以评判，因为“宗教首先要做的，就是关上门，秘密地谈话”，像上帝对亚伯拉罕或天使对马利亚说话时那样。[10]当然，虔诚之人又不得不像其他人一样惹人注目地活在世上，尽管他们怀揣着一个不愿隐瞒却又无法表述的“秘密”：“内心性与外在性完全不对等，没有人，甚至是完全敞开心扉的人，能够做到吐露一切，并且为所有矛盾的表述找到理由。”[11]

每天，克尔凯郭尔在他熟悉的柏林寓所中俯瞰御林广场（Gendarmenmarkt），他用大量时间来深思，与他自己的内心性建立联系，也更深地沉浸其中：“我坐着倾听我内心的曲调、管弦乐队令人愉悦的暗示和管风琴深沉的庄严，把它们统一起来不是作曲家的任务，而是一个人的任务，他没有对生活提出更多的要求，而是把自身限制在想要理解*自身*的单纯的要求之内。”[12]写作与这种自我理解的努力密不可分：正是通过文字、通过沉默，他才为自己灵魂的活动找到了和谐统一。但对克尔凯郭尔而言，这始终是一个悖论性的联系，在有所揭示的同时也有所隐瞒——就像对某人说，你有一个不能说的秘密。写作让他最孤独的反思得到了一个公开的机会，展示出他内在活动和外在生活的矛盾，使他的隐秘性公之于众。他半推半就地提供给世界一个自我形象，竭尽全力去解释他无法被理解之事。

在《畏惧与颤栗》中，克尔凯郭尔将传达某种与信仰的本质有关的东西，虽然他坚信那是不可言传的。他就此而写的日记也充满悖论，丝毫不逊于他发表的作品：他期待它们被人阅读，或许可以被看作他内心性的真实记录。“在我死后，”他在这一年的一篇日记
51 中写道，“不会有任何人从我的文稿中（这是对我的慰藉）找到关于**真正**充满我生活的一丁点信息；也不会有任何人找到在我内心深处的**那篇**解释一切的稿件，它常常把世人所谓的小玩意变成对我意义非凡的事件，一旦我把那则解释了这事的秘密注释移开，这稿件便毫无意义。”①[13]每次克尔凯郭尔写到真正私密的东西时，他总是会用小刀把那一页日记裁下来，付之一炬。

想到自己仍然保持着私密性，会让他感到安慰，因为他很害怕被人看见。或许这是他无法结婚的首要原因：纯粹的焦虑会因为高尚的理想而恶化。他认为婚姻需要夫妻双方绝对的坦诚。“很多婚

---

① 译文引自〔丹〕索伦·克尔凯郭尔《克尔凯郭尔日记选（1842—1846）》，王齐译，北京：中国社会科学出版社，2020年。下同。

姻都藏匿着小故事，”5 月 17 日那天，他在柏林写道，“我不愿意她成为我的妾。”[14]在这篇反思订婚的篇幅很长的日记（其中有一页被裁掉了）中，他部分透露出他无法对雷吉娜敞开心扉：“假如我说明原因，我就不得不把她引入可怕的事情中，我与父亲的关系，他的忧郁，在内心最深处冥思苦想的永恒的夜晚，我的反常行为，各种欲望，越轨行为。在上帝眼中这些或许并没有那么不可原谅，因为毕竟是焦虑把我拽入歧途。”

然而，雷吉娜虽然比克尔凯郭尔年轻很多，也不像他那样受过良好的教育，却在他极力躲闪的背后看到了他灵魂的一丝真相。上个月，在他离家前往柏林之前，在街上一次沉默的偶遇让他意识到，她在他们婚约解除之后，仍然没有被他的误导愚弄：“复活节首日，在圣母教堂的晚祷式上（明斯特在布道），她冲我点头示意，我不知道这是祈求还是谅解，但无论如何都是怀有爱意的。我坐在一个靠边的位置，但她发现了我。愿上帝没让她看见我。现在，一年半的痛苦折磨毁于一旦，我付出的全部艰巨努力，她并不认为我是一个骗子，她信任我。……如果我在疯狂中向她走去，成为一个坏蛋，只是为了让她相信这一点——这何用之有呢。她还是会认为，我之前并不是那样［一个邪恶］的人。”[15]

于是他现在放弃了假装漠不关心的计划，大概是为了雷吉娜的缘故：他可以抛却他在《非此即彼》中夸张描述的残忍无情的诱惑者角色。当然，远离哥本哈根让他与雷吉娜充满信任的凝视之间有 52
了一段安全距离，而他第二次短居柏林期间写作的两本书也仍然在他自己和读者之间插入了不少虚构假名的叙述声音。但哪怕已经远在天涯，他仍然在作品中呼唤雷吉娜，仿佛她近在咫尺。

假若雷吉娜有朝一日读到《畏惧与颤栗》，她能否在亚伯拉罕身上认出克尔凯郭尔的影子，知道他是为了那无法解释的更高目标而放弃了所爱？她能否得到安慰，自己所受的痛苦终究有了精神上的价值？她能否受到鼓舞，去做一个信仰之骑士，甘愿放弃她得到的礼物，相信自己终将重获世俗的快乐？抑或她应该看到自己与这样的理想还有那么大的距离，意识到她用那么专一的热爱、流了那么多眼泪来阻止他解除婚约，给他带来了多少痛苦。

克尔凯郭尔又如何——回到哥本哈根的他又将是谁？他将怎样回到自己的世界？他的邻人们将如何对他？孤独地在柏林度过三个星期后，他比谁都清楚做一个“世界的陌生人”是何滋味。回到家乡，他还会在那些自以为认识他的众人中继续做一个陌生人——一个放弃之骑士吗？还是他也能像年迈的父亲亚伯拉罕、像即将临产的母亲马利亚、像一个表达内在信仰之舞步的非凡的芭蕾舞者一样，想办法在环跳之后优雅地着地？

1842 年他第一次从柏林回国时，哥本哈根看上去还是个偏远的小地方，到处都是熟悉的面孔。他很清楚在它中世纪的城墙之内，生活会让人感觉多么狭隘局促，流言蜚语又将如何穿街串巷，在小广场上满天飞。与柏林、巴黎或伦敦相比，丹麦的首都像一个集镇。然而与那些城市不同的是，哥本哈根面朝大海：就算在旧市场上，咸涩的空气和晴朗的日光也会让人想起海潮和风浪、美人鱼和水手、广阔的天空和遥远的地平线，只要登上城墙，这个宽广的水世界就会映入眼帘。克尔凯郭尔最亲近的熟人中就有人曾经航行到

格陵兰、到北美、到中国、到巴西；他自己的父亲就是靠售卖从东
印度和西印度运到哥本哈根的货物起家的。[16]一个像他这样的斯堪的
纳维亚灵魂回荡着大海的涛声、感觉到未知的无限可能、了解海洋
的广阔和深厚，又有何稀奇？还是订婚危机让他“沉入黑暗的水 53
域”，近乎被它淹没——哪怕他事后可以说，自己的灵魂需要这样
的“洗礼”？[17]“我的内心翻江倒海，以至于我感觉自己的情感就像
海水，即将冲破我全身覆盖的坚冰。”他在上一次短居柏林期间写
给埃米尔·伯森的信中如是说。[18]

当夕阳在入夜时分沉入波罗的海，浩瀚长空变成了粉色、蓝色和金色的舞场。克尔凯郭尔知道，在日光最后的舞蹈背后隐藏着无数星辰，等待着黑夜降临。1843 年这个明媚的春天就要结束了——这是他截至目前的人生中最明媚的春天，因为他已经重生为一位作家，《非此即彼》大受好评，新书也已经在他的心中开花结果——北国的黑夜正在快速变短。他应该抓紧时间休息一会儿。轮船将在次日一早到达哥本哈根港，那时他又要重新投入工作了。

第二部分

1848—1813 年：向后理解的生活

自幼便不由自主地过上了一种恐怕很少 55
有人能够想象的充满折磨的生活，陷入最深重的沮丧，从那沮丧再度陷入绝望；我开始通过写作来理解自己。[1]

第五章

学习做人：第一课

房子里寂若无人，他站在高窗前俯瞰新广场（Nytorv），烟雾从他的烟斗中升起。在这个没有云雾的春夜，宽阔的广场被月色披上银装，光影斑驳。左边，在城市的屋顶之上，依稀可见圣母教堂高耸的尖塔，比夜空更显神秘黯淡。这是 1848 年 3 月底，距离他以一个新晋成名作家的身份，满怀希望和抱负，随身携带着《重复》和写了一半的《畏惧与颤栗》的手稿从柏林返乡，已经过去了近五年。距离他在这所房子里出生已近 35 年：他的父母都是农民出身，但父亲挣了足够的钱，买下的房子位于哥本哈根最令人羡慕的地段之一。童年时期的克尔凯郭尔有时会站在这里观望楼下的过路行人，没人看得到他。那时，和此刻一样，他会从自己得天独厚的制高点上观察世界，又骄傲、又隐隐地为自己可疑的出身感到一丝羞愧。

他人生的前 25 年都是在新广场上这座漂亮的大房子里度过的，这里毗邻市政厅和法院大楼。从他有记忆之前，还不知道东西的叫法，还没有开始提问时，这些宽敞的房间就已经是他的家了——这个史前时期的神秘所在对他的影响，或许要用一生去探索。

四年前的1844年他又搬回到这里生活：他在这个房间里写下了大部分他如今所谓的“著述”，那个高大的红木壁柜里堆满了他自己的书——每种两本，印在仿羊皮纸上，“一本是她的，一本是我的”。[1]那四年间，他常常下定决心不再写作，去“一个被遗忘的
58 偏远乡村牧师寓所”，无人打扰地“痛悔自己的罪过”。[2]但他却写出了一本又一本书：薄薄的宗教讲演集、《哲学片段》和《忧惧的概念》这类充满激情的短篇，以及《人生道路诸阶段》和《最后的、非科学性的附言》这类鸿篇巨制。每一本书都伴随着新一轮的思想斗争，即决定是否放弃写作；1846年问世的《最后的、非科学性的附言》公开宣布他将终结写作，而且其结尾部分的“最初和最后的说明”承认，他，索伦·克尔凯郭尔，写下了那些假托各个不同假名的作品。但紧接着这本厚厚的《最后的、非科学性的附言》，他很快又出版了一本伪装成书评的《两个时代》(*Two Ages*)，随后那年又出版了一本厚厚的讲演集——《爱的作为》(*Works of Love*)。他还不知道自己的写作生涯已经结束还是即将结束；无论如何，他仍在奋笔疾书。

他把父亲的大部分家产都花在了写作上：不光要为每一种书自费印刷数千册、雇用秘书助手伊斯拉埃尔·莱温（Israel Levin)，还要支付他作家生涯所需的一切，即仆人、精美的食物、餐厅、咖啡馆、雪茄、书籍和书籍装订、在必须到郊外清理思绪时雇用的马车。前一年，即1847年，他出手了从父亲那里继承的最后一批股票和王室债券，损失了它们产生的收入，因而在当年12月，他又为筹集更多的现金而卖掉了家宅。1848年前三个月，他以租户的身

份留在这里，等待着漫长黑暗的寒冬慢慢冰雪消融。[3] 在此期间，他的仆人、负责管理家务的安诺斯，把他的书籍打包到木箱子里，此刻它们整齐地靠墙排列着。他未出版的文件和日记都封存在铁盒子里，以防着火；它们被堆放在木箱子的顶层，因为安诺斯知道，如果房子被烧毁，他第一个冲去拯救的就是它们。

克尔凯郭尔出售这所房子时，本打算用部分收益出国旅行几年：他厌倦了哥本哈根，他在这里如此有名，却极少有人理解他。他希望出行能最终让他解放，逃离这种令人疲惫、充满忧惧又不由自主的写作和出版的急速循环。他随后又意识到，旅行可能会进一步刺激他的创造力，就像他第一次去往柏林时那样，他正是在那次令人既忧伤又兴奋的旅行中开始了写作活动。因此他又把出售新广场 2 号的部分收益投资购买了王室债券，1 月底，又签署了一份租 59
约，租下了位于罗森堡街（Rosenborggade）和托纳布斯克街（Tornebuskegade）拐角处的一间宽敞的两层楼公寓，就在北城墙以内，“很长时间，它一直以奇怪的方式吸引着我，我常常告诉自己这是唯一一处我会喜欢的地方”。[4] 那是一个豪华而现代的住所：**架高底层**（*bel étage*）的六扇窗户面向东北的托纳布斯克街，还有四扇窗户面向东南的罗森堡街。他将在 4 月入住，也就是几天以后的事儿了。他渴望离开这座城市，去往一个安静的所在，但他又坚信是神“召唤”他留在俗世，留在这个上帝“指定”给他的地方：留在他的家乡，将自己暴露在众目睽睽之下。

当克尔凯郭尔站在新广场 2 号的二楼窗户旁思考自己的未来，并一遍又一遍地绕回到自己的过去时，革命浪潮涌动并席卷了整个基督教世界。2 月，《共产党宣言》在伦敦发表，很快便传播到其他欧洲城市；在巴黎，另一位国王被推翻了；一波又一波抗议此刻正在整个丹麦爆发。在哥本哈根，群众聚集在剧院，倾听奥尔拉·莱曼（Orla Lehmann）和迈尔·阿龙·哥尔德施米特呼吁赋予男性普选权、自由宪法权利，甚至建立一个丹麦共和国。民族主义情绪高涨，通过老生常谈的敌对渠道传播到邻国，却也采纳了新的、始料未及的形式：君主的绝对统治受到质疑，保守派、自由派和农民纷纷争夺权力。

早在 1 月，国王克里斯蒂安八世驾崩了，死时还在害怕共产主义，担心新的一年会带来怎样的动荡不安。克尔凯郭尔知道这一点，是因为那位老国王欣赏他的作品，前一年曾三度邀请他前往阿美琳堡宫（Amalienborg Palace），每一次，他们谈论最多的都是政治。他最后一次觐见时，试图向国王保证说，这“阶级冲突”就像两个紧邻的佃农吵架，地主无须担心，“整个运动根本不会触及国王”。[5] 他还说“生活在小城里的天才实在是一个悲剧”——或许国王克里斯蒂安还算幸运，他只需对付一场起义而已。[6]

然而，已故国王的恐惧终究成真了：几天前的 1848 年 3 月 21
60 日早晨，数千人聚集在市政厅外的新广场上，就在克尔凯郭尔家的窗户下面，高呼着要改变政体。[7] 随后，群众在市政府主席 L. N. 赫维特（L. N. Hvidt）的带领下前往克里斯蒂安堡宫（Christiansborg Castle），向克里斯蒂安八世的长子、放浪形骸的新国王弗雷德里克七世请愿。由奥尔拉·莱曼执笔的人民致君主的请愿书，要求订立一部自由宪法；国王弗雷德里克被迫同意解散内阁，仓促成立一个临时性的“三月内阁”（March Ministry）。如今，就在俯瞰哥本哈根的城墙已是绿树成荫花团锦簇的时节，丹麦与普鲁士（德国）长期以来争夺南部边境的荷尔斯泰因（Holstein）和石勒苏益格两公国的冲突最终演变成了战争，因为，克尔凯郭尔注意到，“新内阁需要一场战争来维持政权，它需要动用一切手段煽动民族主义情绪”。[8]

丹麦国王克里斯蒂安八世，1845 年

“一切都被煽动起来；民族问题让每个人忧心忡忡；他们全都
61 在说要付出生命和鲜血，他们大概也愿意这么做，但又得到了无所不能的舆论的支持。”他在这一周的日记中写道，此时日德兰半岛南部的战斗已经打响，“于是我坐在一间安静的房间里（毫无疑问，过不了多久我就会得到对国家大事漠不关心的坏名声）——只知道一个危险，那就是宗教性的危险。”[9]

但似乎没有谁关心，也没有人了解那个危险。“好吧，这就是我的一生。总是在误解中度过。在我痛苦的时候，我被误解——被憎恶。”他已经度过了几年艰难岁月，那些日子与其说已成过往，不如说堆积成为他的现在。面对着它们带来的压力，他不得不深度反思自己的不幸。1846 年的灾难性事件——他饱受众人的羞辱和嘲笑的那几个月——彻底改变了他与自己所在城市的关系和他的世界观。有时他感受到“巨大的压力”，觉得身体极度虚弱，以至于他坚信自己就要死了。虽然写作是个负担，但他只有在写作中才能得到安慰：在家里，特别是在万籁俱寂的夜晚，文字从他的笔下自由地流淌，天才的思想在开放的纸页上跳跃着欢快的舞步，它们还未印刷也未装订，还未及发表，还未迎接公众无数不可预测的审视的目光。他常常在每天散步后回到家中，直奔写字台而去，还没来得及摘下帽子、脱下外套，就奋笔如飞了。他也继续一边写作一边走路，在屋里来回踱步，感受着自己散文的节奏。每个房间里都放着纸、笔和墨水：精美的书写纸被裁成四开本大小，经折叠后，被装订商装订成册；样式时髦的钢笔，用于涂改的铅笔；高质量的黑墨水。[10]他每天工作到深夜，灯光透过他的窗户孤独地照进空无一人的广场。

过去几周，他一直在新广场的住所里写一部新书——《致死的
疾病》。这是为迷失的灵魂开出的诊疗手册，比他以往任何一部作
品都更明晰、更直接地阐释了克尔凯郭尔关于人类存在的哲学。开
头几页宣称，人不仅仅是身体和头脑，也是精神的存在，与某种更
高的力量产生关联。然而，我们的精神生活并非像我们的身体那
样，是我们获得的现成乃至完好的东西：我们都面临着一个任务，
就是要成为自己。这就意味着在活着的每一刻与上帝发生关联，始
终转向和回到我们存在的永恒源头。“关于浪费生命人们谈论很多， 62
但是只有在这样的情况下，一个人的生命才是被浪费了的：如果这
人在生命的喜悦或者悲哀的欺骗之下就这样地生活着，从来没有永
恒地做出决定让自己意识到自己是作为精神、作为自我或者那等同
于此的东西，从来没有去留意并且在一种更深刻的意义上得到这印
象，即有一个上帝存在着，并且‘他’、他自己、他的自我在这个
上帝面前存在着——这种无限性之福泽不通过绝望是永远也无法被
达到的。”①[11]

是的，绝望是一种馈赠、一种福祉，因为绝望是一个人与上帝，与他最高的可能性建立关联的标志。然而它也是一个诅咒，因为衡量人的灵魂有多深邃的尺度是看它受了多么深重的苦难。“绝望是一种好处还是一种缺陷？纯粹辩证地看，它两者俱是。如果一个人要紧握着绝望这个抽象的想法，而不去考虑任何绝望的人，那么他就必定会

① 译文引自〔丹〕索伦·克尔凯郭尔《畏惧与颤栗　恐惧的概念　致死的疾病》，京不特译，北京：中国社会科学出版社，2013 年。有改动。

说绝望是一种巨大的好处。这种病症的可能性是人优越于动物的地方，并且这种优越对人的标识完全不同于直立行走，因为它直指那无限的直立性或崇高性：他是精神……于是，能够绝望是一种无限的好处；然而绝望却不仅仅是最大的不幸和悲惨，它还是迷失。”[12]

克尔凯郭尔还指出，就他所知，这种难以理解的精神疾病是普遍的；他只能够看到自己的灵魂，但他对自己的了解越多，也就越能够在他人身上辨认出他自己的绝望的影子：

> 就好像医生必定会说的，也许没有一个活着的人是完全健康的；以同样的方式，如果我们真正对人有所认识，那么我们就可以说：没有一个活着的人不是多多少少地绝望着的，没有一个活着的人不是在内心深处有着一种不平静、一种不和平、一种不和谐、一种对于莫名的某样东西或者对于某种他不敢去认识的东西的忧惧、一种对存在的可能性的焦虑或者对自己的焦虑，这样，一个人，就像医生所说的身体上带有一种疾病那样，带着一种病症，走来走去携带着一种精神的病症，这病症只偶尔在那他自己所无法解释的忧惧之中并且通过这种忧惧一闪而逝地被感觉到，于是他知道它是在这之中。[13]

身陷绝望就是迷失了真正的自我，那些意识到自己有这病症的人就会渴望治愈。然而他注意到，大多数人在世间迷失了自我却根本没
63 有意识到这一点：“最大的危险，亦即失去自己，能够非常宁静地在这个世界里发生，仿佛它什么也不是。没有什么失落能够如此宁

静地发生；每一种其他的失落，失去手臂、失去腿、失去五块钱、失去一个妻子等，都还是会被感觉到的。”[14]的确，这种在精神上对世界的漠不关心看上去就像过上了快乐而成功的生活一样举重若轻：“一个这样的人，他正是通过以这样的方式失去自己而赢得了那种完美提高自己的能力，这使得他能够在日常生活中如鱼得水，是啊，使得他在这世界里取得成功。这里没有什么延迟、没有他的自我及其无限化的麻烦，他被打磨圆滑得如同一块圆石，像一枚流通的硬币那样随时可用。他根本不会被人们看作是绝望的，相反他是正派体面的人。”

这种世俗的观念是扭曲的、悖论的、不经意间反讽的。不管人多么虚荣和自负，不管世俗多么鼓励这样的态度，人们正是在这样的世俗中贬低了自我，拒绝了自己更重要的精神使命。克尔凯郭尔选择了一个很适合自己当前处境的隐喻，请读者们：

> 设想一幢房子，由地下室、厅层和一楼①构成，居住者们以这样的方式居住进来或者被这样地安置：在每层的居民之间有着或者被考虑安排了一种层次区别；而如果我们把“做人”的情形与一幢这样的房子做比较的话，那么很抱歉，这样一种可悲而可笑的情形恰恰是大多数人的情形：他们在他们自己的房子里宁可住地下室。每一个人都是“灵魂-肉体的”综合并且天生有

① 原文是“a basement，ground floor and first floor”，京不特先生给出的注释是：按丹麦习惯所说的厅层就是中国习惯所说的一楼，而按丹麦习惯所说的一楼就是中国习惯所说的二楼。

> 着“是精神”的禀赋，这是个建筑；但是他宁愿住地下室，这就是说，他宁愿处在“那感官性的”各种定性之中。并且，他不仅仅是喜欢住地下室，而且他对于“住地下室”爱到这样的程度，以至于如果有人建议他去住那空关着可由他任意使用的上层好房间（因为他所住的是他自己的房子），他就会变得恼恨。[15]

然而，面对这么多日常琐事，人如何才能“永恒地意识到自己是作为精神”生活在这凡俗的世界？他如何能在这一切日常的所在——在有家具的安静房间里、在喧闹嘈杂的大街上、在烟雾缭绕的咖啡馆、在剧院、在集市，或者在腓特烈斯贝花园漫步之时——表达自己的精神性？只有变得“对自己透明”，在灵魂深处一切复杂、变化和难以预料的绝望形式中感受自己的绝望：

> 64　在最通常的情况下，绝望者的状态可能会是一种对于他自己的状态的半蒙昧感——当然这之中还是又有着复杂多样的细微差别的。他可能会这样地在一定的程度上知道自己——“他是绝望的”，他在自己身上感觉到这个，正如一个人在自己身上感觉到有一种疾病在自己体内，但是他不想去确实地承认这病症是怎样的一种。在一个瞬间里他几乎很清晰地看见，他是绝望的；但是在另一个瞬间他又觉得他的不舒服是有着别的原因，这原因是在于某种外在的东西、在他之外的“某物”，而如果这外在关系改变了，那么他就不是绝望的。或者，也许他可以通过消遣娱乐或者别的方式，比如说通过用工作和忙碌作

> 为分散注意力的手法来努力为自己保存一种对于他自己的状态的朦胧感，然而却又是以这样的方式，他如此如此地做他所做的事情，他并不完全清楚为什么他如此如此地做——他这样做是为了得到朦胧感，而这却是他所不完全明了的。或者，也许他甚至自己意识到，他这样工作是为了让自己的灵魂沉浸到朦胧之中，他带着一种特定的敏锐和聪明的盘算、带着一种心理学意义上的洞察力去这样做，但是在更深刻的意义上却并非明确地自觉到“他在做什么”、“他的行为有多么绝望”，等等。[16]

这一整段关于绝望的叙述大概会让人们觉得太过极端，觉得是“一种昏暗而阴沉的观点”。克尔凯郭尔认为绝非如此：“它不是阴暗的，相反它寻求去为那通常是处在昏暗之中的东西带来光明；它不是消沉的，相反是令人振奋的，因为它以这样一种定性来看待每一个人：这种定性是出自对人的最高要求——要求人是精神。”的确，和苏格拉底一样，他也把这些惹人恼火的挑衅看作为国家所做的贡献。他没有在石勒苏益格-荷尔斯泰因与普鲁士人作战，没有呼吁民主改革或捍卫君主，而是为一种精神性的事业而战：“我爱我的祖国——我的确从未参与过战斗——但我相信我以另一种方式为它效力，我相信我是对的：我认为丹麦必须在精神和心灵中寻找力量。我以我的母语为傲，我知道它的秘密，我对母语的爱更甚于一个长笛手爱他的乐器。”[17]

然而，他的爱国主义没有得到认可，他的同胞们贬低他呕心沥血的努力。“那惊人的创造力，强烈得让我觉得它能撼动巨石，哪

怕是其中一小部分也非我的同时代人所能匹敌，更遑论全部——那
65 样的文学活动竟然被归为钓鱼一类的爱好。我被看成英格兰人的同类，一个半疯的怪人。”[18]

曾经站在这里的那个小男孩，也曾觉得自己是游离于他从窗户看到的世界之外的。克尔凯郭尔家不是哥本哈根的本地人，也不属于他们因财富而进入其中的资产阶级社会。索伦·克尔凯郭尔与别的男孩子不同，他们总是嘲笑他父亲强迫他穿的古怪老式衣服：剪短的长裤，后面带一段黑色粗花呢短尾的夹克，还有羊毛长袜。此刻他已经准备好永远离开新广场了，他觉得比以往任何时候更加强烈地感觉到这个童年的家带给他的压力，它们深埋在他的内心，永远摆脱不掉。

比那更深的是他的第一个家，他的母亲安妮。和每一个人一样，他也是住在一个女人体内、享受着那安静而幽暗的温暖来到人世的，也曾在世界的亮光变得过于刺目之后渴望过这样一个庇护之所。然而，在他所有出版或未出版的著作中，克尔凯郭尔从未提到过他的母亲。这不是因为他忘记了她；这是某种应该归于神圣的沉默，长时间地围困着他，让他不知如何开口。

1813 年 5 月，安妮·索伦黛特·克尔凯郭尔（Anne Sørensdatter Kierkegaard）诞下她第七个，也是最后一个孩子索伦·奥比时，她已经嫁给米凯尔·彼泽森·克尔凯郭尔（Michael Pedersen Kierkegaard）16 年，全家也已经在新广场上的大房子里安定下来了。安妮年近 45 岁，丈夫 56 岁：他们已经超过了哥本哈根市民的

预期寿命，年纪也足够当自己新生儿的祖父母了。多年前，安妮曾经是米凯尔·彼泽森和他的第一任妻子柯斯汀（Kirstine）的女仆，柯斯汀死于 1796 年 3 月，没有子嗣。安妮于次年 4 月嫁给米凯尔，两人的长女马伦在婚后不到五个月就出生了。安妮事实上还是米凯尔·彼泽森·克尔凯郭尔的一个远房表妹。丈夫已经变成了富有的商人和受人尊重的市民，但她还不会写自己的名字。

安妮·克尔凯郭尔天性活泼善良，很乐意照顾子女。“她尤其喜欢哄着他们安静地入睡，因为那时她高兴地挥舞着自己的魔法棒，爱抚着他们，像母鸡保护小鸡一样保护着他们，”外孙女亨丽 66
特·伦回忆起她时说，“她矮胖的身影往往只需出现在育婴室的门口，那些哭喊和尖叫声就消失了；不听话的小男孩小女孩们很快就会在她温柔的怀抱里进入甜美的梦乡。”[19]当然，这样一位母亲对她最小的孩子小索伦·奥比格外关照，他天性敏感、有一双大大的亮眼睛，脊柱弯曲，肩膀瘦削。即便他已经 15 岁了，一个去拜访他家的女孩还觉得他是个“被宠坏的淘气男孩，吊在母亲的围裙带上晃荡”。[20]

克尔凯郭尔出生时，大姐马伦已经 15 岁了；其次是 13 岁的尼古琳和 11 岁的彼得雷亚。他的长兄彼得·克里斯蒂安将近 8 岁；索伦·米凯尔（大家都叫他米凯尔）6 岁；与他年纪最相近的哥哥尼尔斯刚满 4 岁。他虽然生在一个全是孩子世界里，但他如今却觉得自己的童年是一个早在婴儿时期便已失去的乐园：“我从未有过身为孩童的乐趣，我承受的可怕折磨惊扰了身为孩童所必需的平静，我能够勤勉用功讨好父亲，因为我内心深处的不安让我一直、一直超脱于自我之外。”[21]

米凯尔·彼泽森·克尔凯郭尔和安妮·克尔凯郭尔

67　每次追溯起这不安的源头，回到他最幽深的记忆中，父亲那高大幽暗的身影就会出现，克尔凯郭尔的沮丧忧郁似乎填满了新广场的那间大房子。“他身材高大，面容严肃决绝，整个人的气质坚定有力……对他而言，服从就是**不可更改的**原则。”[22]米凯尔·彼泽森在他所做的每一件事情上都严厉苛责，也有忧郁的倾向。克尔凯郭尔如今每每回忆起他，正是这种沉郁不安的情绪把他和那个先前的自我联系起来，那是个带着畏惧与颤栗仰望严父的小男孩：“哪怕只是刹那间想到早年那笼罩我生活的黑暗背景，哦，我便感到异常的可怕！我父亲把他极度的忧愁、他严重的忧郁症以及许多我甚至不能形诸笔墨的东西统统塞进了我的灵魂里。”[23]

米凯尔·彼泽森·克尔凯郭尔在赛津（Sædding）的农场上长大，那是位于日德兰半岛西侧的一个小郊区。他的农民父亲彼泽·克里斯滕森（Peder Christensen）负责照管教区教堂的墓地（*kirkegaard*），把它作为自己的姓氏，完全是根据当地的发音拼写的。[24]米凯尔·彼泽森童年也十分困苦；他永远忘不了那一天，他忍受着饥饿和寒冷，在糟糕的天气里外出牧羊时，对上帝的诅咒。少年时代，他就前往哥本哈根，在叔叔的袜子店里做学徒了。24 岁时，他成了这个城市里一位有执照的袜商。几年后，开始从东印度群岛的丹麦殖民地（所谓“丹属东印度群岛”［*Dansk Østindien*］）和加勒比海进口糖、咖啡等货物。到 18 世纪末时，他已经挣到了一大笔钱，退出了商贸业务。[25]1809 年，家里人丁更加兴旺，他买下了位于新广场的房子，余生一直住在那里，他的成功富足众所周知，但他仍然十分节制。1813 年（也就是他的第七个儿子索伦·奥比出生的那一年）的金融崩溃毁掉了许多丹麦家庭，但米凯尔·彼泽森把财富投资到黄金债券中，因此金融危机过后，他反而比以往任何时候更有钱了。

一个孤苦伶仃的农村少年变成哥本哈根最有钱的男人之一，这不仅仅是一个关于好运的故事。米凯尔·彼泽森·克尔凯郭尔的事业正是他那个时代重塑欧洲的社会变革的缩影：随着自我提升的新伦理渗透到旧的封建等级制度中，成千上万的人从农村地区涌入城
市。财富不再仅仅是父亲留给儿子的遗产，也可以通过变革创造和 68
增长。像米凯尔·彼泽森·克尔凯郭尔这样的人——他自己的父亲还是个依附地主的农奴——也能靠丹属西非黄金海岸的奴隶劳动发

家致富，就像下一代人如今正在开发新铁路进一步增加利润一样。1792 年，丹麦国王克里斯蒂安七世成为第一位禁止奴隶贸易的欧洲君主。这一禁令花了十多年时间才正式生效，奴隶制本身在遥远的殖民地一直持续到 19 世纪上半叶——时间跨度大得足以确保资产阶级的兴起。与此同时，通过贸易挣钱也获得了新的尊严。数世纪以来，基督教鼓励人们用怀疑的目光看待世俗的成功；如今商业不仅是令人尊敬的，还是道德高尚的。

仿佛为了表明通过殖民地贸易获得的新财富能够支持更多的学习和闲暇，在 40 岁那年不再从事贸易之后，米凯尔·彼泽森·克尔凯郭尔便全身心地投入对知识的探索。那正是克尔凯郭尔自幼看到的父亲的形象：他阅读大量的书籍，通常都是布道书或哲学书籍；他有着强有力的观点，也喜欢辩论。[26]来访的亲戚们会觉得“听老人与儿子们辩论十分有趣，他们没有一个人屈服，老母亲则沉默地忙碌着，有时会一脸欢喜地倾听，有时看他们过于激烈，也会打断他们，平息论战之火。他们谈论着天地及其间万物”。[27]克尔凯郭尔认为世界即战场的观点就是在新广场的客厅里形成的：他在这里学会把信仰之人看作骑士，把爱看作“军乐”[28]伴奏下的舞蹈。他的首批对手就是父亲和哥哥们；后来则是他的同学，再后来是作家同行们。就连雷吉娜也成为他的对手——一个当他试图与她分手时“像一头母狮一样斗狠”的人。

米凯尔·彼泽森·克尔凯郭尔虽然喜欢与儿子们争论，却对他们的聪明才智引以为傲。他常常对索伦的同学们说：“我睡不着觉时，就会躺下来与儿子们聊天，在哥本哈根，没有比这些更好的谈

话了。”[29]这位退休的日德兰袜商虽然一直都花大量时间阅读各种哲
学理论，但他还是亲自负责家庭的日常采买，常常会有人看到他手 69
拎一只大鹅，从集市上大踏步往家走的身影。[30]

克尔凯郭尔长大的过程中，他觉得父亲严厉的教育和坚定的个性是一股他需要反抗的压迫性力量。他自己的天性随和独立，而保护他的自由的一个办法就是隐藏自己的精神生活。[31]就算在学校的玩伴中间，他也“从不像一般的年轻人那样张扬个性”。[32]这个既热情又忧郁的少年学会了“为自己的生命披上一层洋溢着**生之乐趣**和欢快的外衣”。[33]这种保密和伪装的习惯是童年学到的另一课，也是在新广场 2 号学到的，在他生命的四十多年中一直保持着。那已经成为他的写作和作家生活的组成部分：他不仅在假名的掩饰下出版了许多作品，还显眼地出现在哥本哈根的大街上和咖啡馆里，为的是掩饰自己长时间在写字台前写作的事实。

与这种表里不一密不可分的，是那种影响了他与世界之关系的深刻的矛盾态度。他渴望耶稣所告诫门徒的“内心之洁净”，但又总觉得自己是分裂的。这一点他也算在了父亲账上，当然还有后者所展现出来的宗教信仰：“他使我的童年时代悲惨无比，使我几乎对基督教产生了由衷的反感，只是出于对它的尊敬，我决定对此缄口不言，不说给任何一个人听，并且出于对我父亲的爱，我要尽可能把基督教表现得真实可靠。不过我父亲仍是最有爱的父亲。”[34]他既想讨好父亲，又想反抗父亲；米凯尔·彼泽森·克尔凯郭尔对儿子们的爱也很混乱，因为如果说他的本心是好的，他也展现出消极破坏性的一面。这种混乱加深了克尔凯郭尔的不安和矛盾心理：

"我获得了这种对基督教的忧惧，但我又觉得被它深深地吸引了。"[35]事后看来，这似乎不光是父亲的遗产，更是一种宿命，而且宿命的力量更加强大——他如今意识到，正是这种力量阻止他与雷吉娜结婚。"有时候偶尔会有襁褓里的孩子被约定与某个最终会成为他的妻子或她的丈夫的人结婚；在宗教层面，我早在幼儿时期就已经有了终身的归属。啊！因为那一次误解了自己的人生和忘记自己早已缘定三生，我付出了多么沉重的代价！"

70 或许他遮遮掩掩的习惯反而使父亲与基督教之间严厉又可怕的关系更深地扎根于他的内心，而且变得更加强大有力。"我还是个小孩子时，就被尽可能严肃地告知，虽然基督代表的是真理，但'众人'曾向他吐口水。我一直把这一点牢记在心，为了把它隐藏得更好，我甚至一直在隐瞒我把它深深地藏在灵魂中的事实，反而在表面上做出相反的举动……我总是回想起这一点，它是我最初的想法。"

然而他又是如此口是心非，就连他想要隐瞒的冲动也会被通过写作敞开心扉的相反的倾向所困扰。1842 年，就在他以《非此即彼》开启写作生涯之前不久，他开始撰写一部哲学讽刺作品，讲的是一个名叫约翰尼斯·克里马库斯（Johannes Climacus）的年轻哲学家的故事，这个名字后来成为克尔凯郭尔的众多假名之一。在那部未完成的半自传性作品中，克尔凯郭尔描述了约翰尼斯孩童时期常常与年迈的父亲一起玩的游戏，说那位父亲是个"很严厉的人，外表冷漠而平庸"：

> 然而在他“土气”的外表下，隐藏着一种炽烈的想象力，就算他年事已高，也未曾减损。有时候 J. C.（指约翰尼斯·克里马库斯）请父亲允许他出去玩，往往都会遭到拒绝；不过偶尔有一次，父亲也提出了一种补偿方式，说儿子可以拉着他的手，在屋子里来回走一会儿。乍一看去这是个糟糕的替代方案，不过就像那种“土气”的外表一样，表面的背后大有深意。
>
> 这个建议被采纳了，J. C. 完全可以自行选择他们应该往哪里走。于是他们走出城门，来到了附近的一个乡村城堡，或者走到海滨，或者在街上逛，总之 J. C. 想去哪儿都行，因为一切都在父亲的掌握之中。他们在房间里来回走的时候，父亲会描述他们看到的一切。他们跟过路的行人打招呼；马车嗒嗒地从他们身边驶过，盖过了父亲说话的声音；卖蛋糕的女人的餐具比以往任何时候都更加诱人……如果这条路 J. C. 不熟，他会提出自己的建议，而父亲强大的想象力能够建构一切，利用每一个童真的幻想作为正在上演的这场戏剧的元素。对 J. C. 来说，仿佛世界就在他们谈话期间被创造出来；仿佛父亲是上帝，而他是上帝宠爱的孩子，得到许可，尽可能欢快地插入他 71
> 那点儿可怜的别出心裁的点子。[36]

在放弃写作这本关于约翰尼斯·克里马库斯和他半神的父亲的书之后，克尔凯郭尔曾想过写一部名为《神秘之家》（*The Mysterious Family*）的中篇小说，来再现他儿时的“悲剧”。[37]“它将以一种完全是古老的田园诗般的方式开头，因而谁也不必对任何事物显出敬意，直到语词突然响起，对一切给出了一种令人恐惧的解释……那种我被赋予的令人恐惧地对宗教的秘密解释，我有一种可怕的预感，那就是我的想象力要被定型了。”

他未曾写作这本书，也未曾透露自己家庭的秘密。父亲曾经对他说起过自己过去的一个秘密：一个克尔凯郭尔有时会在自己的作品中暗示却从未透露的错误。“肯定有一种深重的罪孽压在我们全家身上了，”他在学生时代写道，那时他只有一个哥哥还活着，其他的哥哥姐姐全都死了，“一定是上帝的惩罚降临了：我们全家将化为乌有，被上帝大能的手扫到一边去，被剔除、被扫掉，好像做错了一次实验似的。”[38]由于对幸福的未来丝毫不抱希望，他又写道：“我在绝望当中抓住了人的理智，紧紧地依附于它，竟至于那从我可观的天赋中流溢出来的思想成了我唯一的慰藉，我的各种观点成了我唯一的快乐，这是何等奇妙的事情！”那时，他孩童时期养成的自我隐瞒的习惯（在部分程度上是为了反抗父亲严厉的管教）又有了另一个完全相反的动机：出于对父亲的忠诚，他不能讲出自己的秘密。

自米凯尔·彼泽森·克尔凯郭尔1838年去世之后——距此时已有十年了，他的心中一直持续着这一冲突。他在痛苦的回忆中挣扎之时，总会在每天的祈祷中恭顺地纪念父亲。在前一年，即1847年出版的关于爱邻人的基督教理想的讲演集《爱的作为》中，他指出爱死去的人是最纯粹的爱，因为它不求任何回报。然而出于同样的原因，为死去的父亲生气也令人痛苦；他的愤怒也不可能得到任何回应，只能自己左右互搏。

他总算从窗边转过身：就算睡不着觉，也该休息一会儿了。像 72
这样俯瞰新广场、再越过广场看向教堂尖塔南侧的夜晚已经屈指可数。房间里，月光照拂着放在高桌子上的钢笔、那些宝贵的铁盒、放满书的包装箱，还有存放着他的作品的高大的红木壁橱。克尔凯郭尔认为“学会爱”是人最重要的任务，也是最难的——他在这里开始跟随母亲和父亲学习这一课，二人都已在这所房子里去世了。他孩提时代就亲眼看见了死亡和悲伤：他 6 岁时，哥哥索伦·米凯尔在学校操场上的一次意外之后夭折了；三年后的 1822 年，他的大姐马伦度过了体弱多病的数年后，24 岁便香消玉殒。事实上，爱与焦虑和伤痛不可分割。他虽然无数次尝试逃离焦虑，用防御的机制逃避它，或自己的纸笔摧毁它，他却深知，更真实也更饱含人性的做法是让自己真切地体验它——因为学会爱就意味着“学会面对焦虑”。

五年前即 1843 年，他在《畏惧与颤栗》中写道，人人都必须重新承担起爱的任务：科学知识可以一代代积累，但我们无法在前人进步的基础上学会爱。虽说如此，我们最初还是从父母那里学会了爱——无论是充满信任还是充满焦虑，是持之以恒还是反复无常，是亲密温暖还是冷漠疏远——我们也把他们持久的遗产深藏于内心。[39]克尔凯郭尔还是个孩子时，他调解纷争的母亲安妮能够中和父亲的严厉而复杂，正如《新约全书》中充满爱的上帝据说取代了更古老的律法的上帝。父亲象征着让他焦虑、教会他斗争的基督教，而母亲则象征着他如今在上帝那里寻求的内心深处的安宁。他学会了炽烈地、坚韧地热爱他生命中的第一个女人，寻求安慰、充满渴望却又带着一个聪明孩子的傲慢，对自己的价值充满自信。他充满恐惧、敬畏、抗拒和妒忌地爱着他生命中的第一个男人，带着一个聪明孩子渴望讨好的心思。当然那时他还不懂得，那两种爱的原始形式是一种形态，其后全是重复；那些孩童时期的爱的方式辟出一条路径，在离家之后多年，他会沿着这条路回到最初的起点。

第六章

“到我这里来”

1848 年的复活节来得比往年晚，在 4 月的第四周，克尔凯郭尔在圣母教堂做完复活节礼拜往家走，感觉天气几乎暖和起来了。街市繁忙，气氛欢快：人群兴奋地从教堂涌向四面八方，至少不用再受四月斋期间的约束了，他们沐浴在阳光下，盼望着一顿丰盛的晚餐。他住在新广场时，只需不到两分钟就能走到圣母教堂；如今他搬到了罗森堡街，走路回家的距离稍长一些：要绕过教堂的北侧，经过大学，沿街走到三一教堂的圆塔；然后向左拐进肉贩街（Købmagergade），路过瓷器厂、赖策尔书店和《祖国》杂志编辑部，再穿过库尔特沃广场（Kultorvet）。

克尔凯郭尔一路都走在有树荫的那一侧街道上，急匆匆地赶回家写作。这些日子，他在教堂里听到的布道往往会激发他写出新的宗教讲演稿。住在紧邻圣母教堂的主教寓所里养尊处优的丹麦国教领袖明斯特主教所讲的那些宽慰人心的教义必须加以反驳，要不遗余力地强调基督教生活的艰难。一个新的段落已经在他的头脑里诉诸笔端了。他已经写完了关于耶稣登山宝训的三篇“百合与飞鸟”的讲演稿，正在写另一本书，是尚未出版的《致死的疾病》的续篇。那部作品诊断出了人类深受其苦的各种不同的绝望——许多人甚至没有意识到他们的精神疾病，而这一套新的讲演集提出了唯一的疗愈方法：追随基督。他必须证明这是一个难以企及的理想，甚至是不可能完成的任务；耶稣呼唤门徒走出自己舒适的常规生活，
74 踏上一条危险而充满未知的道路。在这部暂定名为《到我这里来》（*Come Unto Me*，选自《马太福音》11:28）的新作品中，克尔凯郭尔更直接地反对基督教体制——尤其以明斯特主教和圣母教堂为代表，这座教堂作为哥本哈根的主教座堂，为整个丹麦的基督教崇拜确立了榜样。

他一生都住在这个教区，尽管圣母教堂本身在他出生时已经被毁。1807 年拿破仑战争期间，英国海军轰炸了这座城市，把它夷为平地。因此 1813 年 6 月父母带他受洗时去的是圣灵教堂（Church of the Holy Spirit），位于被毁的教区教堂以东几个街区。那天，索伦·奥比·克尔凯郭尔成为丹麦公民的同时也成为丹麦国教的一分子——因为路德宗基督教与公民生活密不可分，所以洗礼既是加入国教也是授予公民权的仪式。在印刷品上否认上帝的存在是违法的，处罚就是被逐出丹麦。克尔凯郭尔绝非无神论者，但他的整个作家生涯都在质疑自己受洗一事：他一遍遍地追问道，这个路德宗国家是否有任何人变成了真正的基督徒。

他位于罗森堡街的新家距离圣母教堂远了一些，但他却通过写作而离它更近了——这是一个典型的克尔凯郭尔式混乱行为，仿佛空间距离拉近会让他内心紧张，加重他长期以来对于自己不仅因为父亲，也因为祖国而与生俱来的对宗教的矛盾情绪。或许他将目光

转向教堂就是为了从内部攻击它。他的新书对明斯特主教提出了尖锐的批判，且不光是通过一种更坚定地与主教背道而驰的对基督教的诠释。明斯特最著名的作品是他1833年问世的用于礼拜的著作《论基督教义》（*Observations on Christian Teachings*），克尔凯郭尔将通过抨击基督徒应该是对耶稣满怀崇拜的“奉行者”的观念，把明斯特作为明确的批判对象。不，基督徒的任务是追随耶稣，效法他——而这就意味着像他一样受尽苦难。[1]

他最终决定出版自己的《基督教讲演集》，与他少年时代在新广场2号读过的明斯特那部厚重的布道文集相比，这部包含有28篇布道词的文集至少在体量上不相上下。这本前一年写作的《基督教讲演集》将在三天后，即1848年4月25日，出现在哥本哈根的书店里。它将是他的最后一本书，“**基督教**”（*Christelige*）一词也 75
将首次出现在索伦·克尔凯郭尔作品的书名里。当然，他多年来的写作活动始终围绕着各种基督教主题。自1843年起，他已经写了几十篇“陶冶性的讲演稿”，均采用《新约》的诗行作为出发点；1844年，他出版了探讨道成肉身这一“绝对悖论”的《哲学片段》，以及对原罪说做出新诠释的《忧惧的概念》。但那些作品都是以虚构作者的名义写作的，他们以逻辑学家或心理学家的身份回答宗教问题，拒绝自称基督徒。在这些假名的掩盖下，克尔凯郭尔得以间接地、试探性地、隐秘地探讨基督教。几个月前的1847年秋天，他在《爱的作为》中使用了自己的名字，那是关于“你要爱你的邻人如己”的诫命的一系列“基督教讨论”。如今他要直接面对基督这个人物了，那个从年轻时便开始呼唤他，令他害怕、令他不解的人物。

他关于如何做一个人的问题与追随这个强大的、谜一样人物的任务终于会合了。这条狭窄的小路会把他进一步引入教会，还是会让他远离那里？这是那个一直不断困扰他的问题的一种新的、更严格的形式：他如何才能在世界所能提供的现成生活模式中做一个更充实也更真实的人？教会是这个世界的一部分还是它的替代场所——一个神圣的港湾、精神的堡垒、圣洁的要塞？他走向教堂时，究竟是*去往*哪里？与剧院、课堂或集市相比，他能在那里找到更多的真理吗，还是教堂已经变成了基督教世界最不真实的所在？

在这个古老的路德宗国家，克尔凯郭尔与路德本人的斗争留下的遗产纠缠在一起。1520 年代，路德还是个僧侣和罗马天主教徒时便指出，真正的教堂是无形的，是一种只能通过信仰建立起来的精神家园，而基督教世界一切有形的建筑和主教都是腐败堕落的标记，象征着他所在的教会对福音书的歪曲。然而路德宗信仰很快也变得可见了——在装饰着路德画像的印刷册上，在烧毁书籍和木质圣像的熊熊大火中。路德的精神教会夺取了整个北欧的实体教会的
76 控制权，包括哥本哈根的圣母教堂。三百年后，这个教堂在克尔凯郭尔眼中是个模棱两可的所在：它是耶和华的殿，还是幻觉之家？

克尔凯郭尔被自己的精神任务深深吸引，认为它有着无与伦比的重要性和紧迫性，因而也在追问，如何在一个本该满足内在需求，却似乎往往在贬低它、偏离它或歪曲它的教会表达自己对上帝的内在需求。这个问题可以一直回溯至耶稣，耶稣的教义就违反了他所在宗教社区的风俗习惯和等级制度。它也像是一条贯穿基督教

传统的精神脉络，从内部给它注入活力，也从内部打断它的发展。在路德宗教会内部，这个问题推动了虔信派的复兴，他们在路德死后的二百年里一直在突破官方教会的边界。虔信派认为虔诚高于教条、精神觉醒重于正统信仰；这是一种心灵的宗教，强调虔诚的情感和行为而非信条公式。虽说他们的教会获得了政治权力，在世界上的地位得到巩固，但许多虔信派教徒却利用了中世纪天主教那些注重隐修和神秘派别的观点，总说要摒弃世俗的一切。在其他人看来，耶稣的教义启迪了一种前瞻性的平等主义：这些虔信派教徒是积极的反教会的社会主义者，他们将激进的观念付诸实践的方式，就是住在自己的社区内，在很大程度上独立于教会和国家。虔信派反路德宗正统的运动与丹麦的官方宗教纠缠在一起，构成了克尔凯郭尔的宗教背景，因为他的父亲就是哥本哈根虔信派教会的一员，也按时去教堂做礼拜。这些宗教压力影响了他的灵魂，正如它们影响了新教徒的基督教世界：他自己的精神遗产正是持续三个世纪的宗教改革历史的一个缩影。

米凯尔·彼泽森·克尔凯郭尔生长于斯的西日德兰是18世纪摩拉维亚（Moravian）虔信派在丹麦站稳脚跟的几个区域之一。米凯尔·彼泽森移居城市之后，仍然忠于自己日德兰家族的虔信派，他传给孩子们的基督教信仰中充斥着那一派的教义。和其他虔信派教徒一样，摩拉维亚人也渴望追随基督过上神圣的生活：他们试图 77
模仿耶稣对上帝发自内心的信仰、对他纯粹的遵从以及谦卑和贫困。当然，谁也无法践行这样一个高标准的理想，而且为此所做的每一个努力都更清楚地证明了人类是罪人，需要神的宽恕和救赎。

米凯尔·彼泽森1760年代到达哥本哈根时，摩拉维亚人已经在那里稳定立足有大约30年了，他们的弟兄会十分兴旺。米凯尔·彼泽森成了一个成功的商人，也帮忙指导弟兄会的财务：1816年，他建议他们买下了风暴街（Stormgade）上一个较大的集会厅，他这人虽并不因慷慨散财而闻名，却被认为是该团体最忠诚的成员之一。[2] 在克尔凯郭尔的童年时代，哥本哈根的教友们在J. C. 罗伊斯（J. C. Reuss）的带领下繁荣发展，此人来自克里斯蒂安斯费尔德（Christiansfeld），那是位于东日德兰的一个平等主义摩拉维亚社区，社区中心有着一座极其朴素的教堂和其他公共建筑。罗伊斯的讲道吸引了大量会众：每个星期日傍晚，数百哥本哈根人聚集在风暴街的集会厅里共同祈祷、唱圣歌、倾听“令人觉醒的讲演”。每个星期，罗伊斯都会提醒会众注意他们的道德弱点和他们对上帝的深切需要，敦促他们追随基督：“我们知道我们是罪人，我们那么不完美，充满弱点，常常一次再次地犯错……我们的救主怜悯我们，他知道我们的心灵，知道我们是有罪之身，知道我们需要帮助、安慰、力量和鼓励，才能遵从他的训导和指引为他而谦卑有爱地活着。他也会随时给予我们宝贵的福佑，用恩典的礼物满足我们饥渴的灵魂。亲爱的弟兄们，他一定会看到我们的心向他敞开。”[3]

米凯尔·彼泽森把这样的信条带回了家，1820年代，索伦·克尔凯郭尔开始跟着父亲和哥哥们一起前往摩拉维亚集会厅。但米凯尔·彼泽森除了是个虔诚的人之外，还是个可靠的公民和精明的商人，因而绝对不可能放弃自己辛苦挣来的资产阶级体面地位，去支持更激进的反体制的摩拉维亚人的事业。他对虔信派的同情并没有影响他对丹麦国教的忠诚：他会在每个星期日上午去自己的教区教堂，而在星期日的傍晚去风暴街。

圣母教堂虽得以重建，但对它的整修却因 1813 年危机之后丹 78
麦的经济困境而延缓了，全体牧师和大多数教区居民都在附近的三一教堂礼拜。这座 17 世纪的教堂既是宗教场所，又把科学和学习结合进来：它的楼上是大学图书馆，被楼下教堂巨大的内柱支撑着，旁边还有作为天文台的圆塔。1820 年代，克尔凯郭尔的父亲在这个巨大的大学教堂里参加集会，像他的许多邻居一样，被圣母教区充满人格魅力的主任牧师雅各布·彼得·明斯特（Jakob Peter Mynster）所吸引。明斯特的气场“令人心生敬畏”：见过他的人不仅仰慕他“善良的心地和正直的人格”，还被他所代表的“效仿神圣的基督而长成的一个纯粹美好的灵魂”打动，觉得自己得到了升华。[4] 米凯尔·彼泽森·克尔凯郭尔去明斯特那里忏悔和领圣餐，也带他的家人去参加周日的礼拜，因为明斯特常常在那时布道。[5] 因此，1828 年 4 月，在克尔凯郭尔 15 岁生日前夕，是明斯特在三一教堂为他施了坚信礼，也是明斯特主持了他的首个圣餐仪式。[6]

明斯特不光在形式上引领克尔凯郭尔加入了丹麦国教：在他成长的那些年，这位牧师也是对他影响最大的基督教老师和榜样。他是听着明斯特雄辩激昂的布道长大的，他们常常在新广场 2 号诵读那些布道词，也常常在三一教堂倾听。克尔凯郭尔记得自己还是个孩子时，父亲答应如果他能把这些布道词大声朗读给父亲听，就给

1749 年的三一教堂与圆塔

79 他一枚银币①；如果他能把明斯特那个周日在教堂宣讲的布道整理成文，就给他四枚银币。[7] 他记得他拒绝了，但又想要钱，就对父亲说父亲不该以那种方式诱惑他。米凯尔·彼泽森对本堂牧师的极大尊敬仿佛给了明斯特一种替代性的父权，这使得克尔凯郭尔内心对他也像对父亲一样，表面上是十分诚恳的尊敬，却又在内心深处隐藏着逆反情绪。

① rix-dollar，是旧时在荷兰、丹麦、德国等国通用的银币。

康斯坦丁·汉森作品：雅各布·彼得·明斯特肖像

明斯特生于1775年，比米凯尔·彼泽森·克尔凯郭尔小将近20岁。他童年时期便失去了双亲，虔信派的继父所奉行的那种严厉苛责的基督教信仰伤害了他天生的宗教情感。即便在西兰岛（Zealand）南部当上教区牧师之后，明斯特仍然对自己的职业没有把握。但这一切在1803年发生了改变，那年他经历了一场深刻的精神觉醒，一切疑虑都平息了，他对自己的良心、对内心深处的上帝的声音有了极大的信任。他决心无条件地遵从这个内心深处的声音，在服从的过程中找到了持久的平静。从那时起，明斯特每周都劝说教众遵从自己的良心，向他们保证说，他们真诚的道德努力一定会被回报以平静和幸福。他开始出版自己的布道书。1811年，他来到哥本哈根，在被毁的圣母教堂任职，他在这个城市的影响力和知名度与日俱增。

80 和克尔凯郭尔一样，明斯特也是一位教养深厚、沉稳持重的思想家，既是天才的作家也是出色的布道者；他也一样为自己来自家庭宗教熏陶苦苦挣扎。然而与克尔凯郭尔不同的是，明斯特是个中庸大师。他能够沿着一条中庸之道前进的非凡能力不仅确保了他广泛的影响力，也使他在丹麦基督教避开极端的半个世纪里成为其代表人物。和当时仍然主导官方神学的启蒙时代的理性主义者一样，明斯特对人性也充满乐观：他对良心的呼唤就表达了他坚信人的理性判断。和虔信派信徒们一样，他也愿意探索人类经验的情感深度，关注精神生活。和浪漫主义者们一样，他也认为上帝与自然世界是和谐统一的。但他避免了理性主义的冷漠、虔信派的狂热倾向、浪漫主义的非正统观点。明斯特的布道在教众中受过良好教育和没受过教育的人中间一样受欢迎，因为他把理性的庄严与对朴素诚实信仰的热爱结合得很好。他熟知将自由理念作为自己哲学核心的现代德国思想家——他在担任第一个牧师职位之前曾经学习过康德和谢林的理论——但他天性保守。他支持秩序和传统（当然只是温和地支持），支持神学正统和君主专制，认为这些稳定的社会结构才最有益于个人的自由。

1828 年，当明斯特主持克尔凯郭尔的首个圣餐礼时，他在丹麦国教体制内早已平步青云，而且眼看就要进入最高等级了。克尔凯郭尔童年时期，明斯特在教会体制内的影响力与日俱增：他成为牧师学院（Pastoral Seminary）的院长和丹麦圣经公会（Danish Bible Society）主席，还是哥本哈根大学的董事之一；他为路德的《小问答》写了一个新版本，在整个丹麦的中小学使用，还参与修订了《新约全书》的丹麦语译文。他娶了国教领袖西兰主教的女儿为妻。1826 年，他被任命为王室宫廷传教士，那以后不久便被提升到王宫教堂牧师的显赫职位，那是“哥本哈根最时髦的礼拜场所”。[8]1834
年，岳父去世后，明斯特继任西兰主教，成为丹麦可见的路德宗教 81
会最引人注目的代表人物。[9] 这一高阶职位要穿戴有天鹅绒前胸的丝质长袍。国王也授予他丹麦国旗勋章骑士称号，所以他又必须在脖颈周围戴一个纯金十字架，左胸前还要戴一个更大的饰有银色光线、看上去像一颗星星的十字架。

明斯特在圣母教堂 1829 年夏天终于重新开放之前就离开教区，前往王室宫廷任职了。但与明斯特的讲道一样，新教堂也为教区居民提供了一个根植于圣经传统的现代开明基督教的范本。它的建筑师是因其新古典主义风格而闻名的克里斯蒂安·弗雷德里克·汉森

（Christian Frederik Hansen）：他此前已经设计的风格庄严的法院大楼和市政厅，都位于新广场，就在克尔凯郭尔家宅隔壁。汉森用六根石柱重建了教堂的柱廊，看上去很像是法院门廊。这两座建筑都强调了古罗马的人文主义理想——如今被新教的基督教世界赞美为启蒙运动理性主义的基石，也是一种道德普遍性和稳定公民生活的基础。

C. F. 汉森设计的圣母教堂

C. F. 汉森设计的法院和市政厅，1850 年
（克尔凯郭尔在新广场 2 号的第一个家，就位于图片的最右侧）

1829 年 6 月 12 日，克尔凯郭尔首次进入圣母教堂时刚满 16 82
岁，五天前，这里刚刚举行过重新奉献给上帝的庄严仪式。那是个
星期五的上午，他跟着父亲穿过外面的大石柱来到宽敞明亮的室
内，仰头看着十二使徒的巨大塑像，塑像排列在中殿的两侧，一侧
六个。这座圣母教堂里既没有圣母马利亚也没有其孩子耶稣。斯堪
的纳维亚半岛最著名的雕塑家贝特尔·托瓦尔森（Bertel
Thorvaldsen）铸出 12 个体格健壮的使徒，进一步强化了汉森的古
典主义主题：他们比真人尺寸更夸张，大得放不进汉森专门为他们
建造的凹室，且个个摆出罗马将军的姿势，傲然俯视着会众。然而 83

这些肩宽膀阔的男人手持殉道的象征物的样子，让克尔凯郭尔想起了耶稣可怕的警示，即他的门徒或许不得不为自己的信仰受苦受难，献出生命。

哥本哈根圣母教堂内部

他随后就在正前方看到了耶稣本人的塑像，高高地立在圣坛后面。这座塑像更是巨大而又庄严，比十二使徒还要大，但与他们不同的是，耶稣散发出温柔和慈悲的气质。他低下头，伸出双臂，张开双手，向前迈出一步，仿佛用他宽大的怀抱来迎接信众。不知为何，这些姿态传递出一种深深的静谧感。他安静的力量是惊人的：他吸引你走进，又让你停下脚步。在他脚下的大理石垫座上，有一行金色浮雕的文字：KOMMER TIL MIG。克尔凯郭尔当然知道那是

《马太福音》中的诗行：“凡劳苦担重担的人，可以到我这里来，我就使你们得安息。”

贝特尔·托瓦尔森的《基督》

84 从那天到如今，近20年过去了，他曾无数次穿过圣母教堂的大门。他也有着许多常去教堂的丹麦人的习惯：会参加每周日上午的礼拜；每年领一两次圣餐，但领圣餐是在星期五，那时教堂安静，会众较少。每次他走进圣母教堂，像这个复活节早晨一样在十二使徒高高在上的凝视下行走时，那句热切的诱人话语总是一遍遍在他脑中盘旋："凡劳苦担重担的人，可以到我这里来，我就使你们得安息。"

这句话听起来那么稳妥可靠，那么把握十足：那是一句命令，是一个承诺。对路德而言，正是像这样的话语表达了所有信仰之人都能获得救赎的必然性，这也是他对《福音书》的新诠释的重要特征。[10]然而在克尔凯郭尔看来，它们包含着无数的问题，也就是无数次追问的同样的问题。[11]为什么单单是存在就如此沉重乏味，他担着不曾放下的重担到底是什么？为什么做人对他来说如此困难，对别人却看似很容易？他要寻求的是什么样的安息，为何他自己无法得到安息？在这个世界上，追随基督到底意味着什么，为何大多数追随的路径看似没有把人引向真理和平静，反而让人们误入歧途？为什么基督教已经流传了1800年，基督看起来仍然那么遥不可及？这一切讲道、祈祷、教义的提炼、《圣经》的诠释和教会政治——简言之，基督教世界的构成——让人们离上帝更近了，还是更加远离了上帝？如果追随基督并非易事——看看那些受尽苦难的使徒吧！——那么谁还会选择这条狭窄的充满荆棘的路，而不去享受舒适得多的生活？

克尔凯郭尔认为明斯特主教对这些问题的回答太简单了，因而几乎根本没有回答。三百多年来，路德充满激情的确信已经逐渐冷却为自满：明斯特讲道时提供了一种“温文尔雅的慰藉”，它低估了无数层不断变化的两重性——自我逃避、自我欺骗、自我毁灭，正是这些蒙蔽了人心，让它固执地远离上帝。明斯特强调说：“神治的真理环绕着这世界上发生的一切，这条真理是可以为每一个人所理解，为每一颗心所感知的。”[12]这位主教知道，虽然《福音书》一再保证，但就像他自己在精神觉醒之前也是一样，人 85
们总是对上帝充满焦虑和疑惑，但他认为，基督承诺原谅他们，可以缓解他们心头的这一重担。明斯特在那本 1823 年的厚厚的讲道书中关于《马太福音》11：28 的布道（克尔凯郭尔家人常常诵读，耳熟能详）对这一点给出了明确的解释：当耶稣说“凡劳苦担重担的人，可以到我这里来，我就使你们得安息”时，他是在“给怀疑者信心，给挣扎者力量，给苦难者慰藉”。[13]如果人们足够诚实和谦卑，他在布道中继续说，他们定将理解基督的意思，得到“快乐和福祉”。[14]

明斯特安慰的话语自是诱人，然而正是这诱人的特质让克尔凯郭尔觉得它们是错误的，他始终觉得基督教既是诱人的，又是扰人的。他当然也丝毫不具备明斯特的中庸特质：让他着迷的，是一个同时处于两个相反极端的真理，而人类经验的真理常常如此。在同一天，甚至在同一个时刻，一个人可以同时感受到痛苦和快乐、绝望和忠诚、极度的焦虑和极深的安宁。

克尔凯郭尔在基督教中发现的真理正是如此：他不认为基督教教义中包含可以在现代世界得到历史学家或科学家的确认的那种事

实。他在耶稣这位榜样身上看到了人类存在的两个极端，而他认为那正是他内心深处的真实。“他拥有福祉，但对每一个走近他的人，他却像一个祸端……仿佛他总要折磨那少数几个爱他的人，从而逼他们做出最可怕的决定，因此对他母亲而言，他就是那把刺穿她的心的利剑，对使徒而言，他就是钉在十字架上的爱。”克尔凯郭尔在他前一年出版的一篇“陶冶性的讲演”中如此写道。[15]耶稣是一个矛盾人物：他敦促信徒们力求完美，但他自己却与罪人和收税官相处；他教授一种纯净心灵的理想，要求永不止息的努力和缜密的判断，但与此同时，他却展示出一种慈悲，用同样的爱接纳一切。克尔凯郭尔认为做人既是福气也是祸患——我们距离上帝越近，就越是如此——而耶稣比任何人都更加明确地示范了这一点。

因此，虽说明斯特的布道里也不乏智慧，它能把握住人情，也
86 真挚地渴望精神生活，但这远远不够。今时今日，克尔凯郭尔作为一名作家的目标，就是“内向性地深化基督教”。他必须加深邻人对上帝的需要，从而使得满足这一需要的恩典变得更强大、更深邃：“基督教已经被滥用，变成了一团和气，以至于人们早已忘记了何为恩典。基督教越是严峻，恩典就越明显地表现为恩典而不是某种人类的同情心。”[16]当主教把《福音书》变成纯粹的慰藉之时，克尔凯郭尔认为他把它变得虚假了，把基督教变得太容易、太舒服，而在这个盲目乐观的时代，人们需要的是往相反的地方看上一眼。在圣母教堂，托瓦尔森那个张开双臂迎接会众的耶稣像呼应了明斯特的神学：这个安详却又强大的人物与路德宗虔信派信仰的那位体现了中世纪的献身精神，那位面容憔悴、鲜血淋漓、极度痛苦

的基督全然不同。然而，克尔凯郭尔在他的话语里听到了虔信派强调的追随基督，因为他没有说“仰慕我”或“遵从我”甚或“崇拜我”，他说的是“到我这里来”。

三天后，当他的《基督教讲演集》面世之时，哥本哈根人将会“觉醒”，不再相信他们那座坚固的主教座堂和他们主教温和的布道词所代表的“抚慰人心的安全感”。书中收入了28篇讲演稿，其中有些就是以圣母教堂为背景的，而且其中一篇论述了《传道书》中的一句经文，“你到神的殿要谨慎脚步”。这一篇开头提到托瓦尔森尽心雕刻的塑像和布道坛上精美编织的丝绒所象征的平和宁静，然后又喊出：“多么令人安神，多么令人宁心——唉，在这种安全感之中有着多大的危险啊！”[17]在宗教上，我们都需要“觉醒”，但在这座教堂里布道会“想要让我们入眠”。的确，这里的一切似乎都意在让人“平安稳妥”。《基督教讲演集》则恰恰相反，它是一场“突袭”，是对读者的精神感官的一次袭击。那些走向基督的人会得到安息，但他们首先必须觉醒、行动，改变心意。在应许的安息到来之前，谁知道那条追随基督的路会通向哪里？

从1843年起，克尔凯郭尔就定期出版自己的布道集，两篇、三篇或四篇结成一集，但他把它们统称为“陶冶性的讲演”。这些讲演是一种部分灵感来源于摩拉维亚布道的灵性写作文类：它们与读者展开私密的对话，否定任何教会权威。然而他还是给他的新布道集取名《基督教讲演集》，在理论上把许多篇目的背景设置在圣 87
母教堂之内，这是克尔凯郭尔占据明斯特主教地盘的大胆举动。这本书中的最后七篇讲演似乎是为星期五圣餐礼仪式所写，在圣餐礼上，分发面包和红酒之前，总要有一个短小的布道。圣餐讲演已成为克尔凯郭尔最喜欢的文类：他每隔一段日子就会写一篇，每写一篇新的圣餐讲演就把自己的写作活动进一步推向了这座教堂的实质，对那些有意接近上帝的基督徒开启讲话。

这不仅仅是停留在想象层面的行为。前一年夏天，克尔凯郭尔在圣母教堂进行了两次周五圣餐仪式上的讲演。第一次他讲的就是《马太福音》11：28，就是托瓦尔森刻在圣坛后面的耶稣像底座的那句诗，他在讲话中，提请听众注意这个人物："看，他张开双臂说'凡劳苦担重担的人，到这里来，到*我*这里来'。"[18]那天早上，在教堂里领圣餐的有三十多人，包括一个因年龄大而歇业的屠夫、一个值夜者、一名神学生、一名水手和他的妻子、一个铁匠、一名议员，还有一个酒馆老板的遗孀和女儿。克尔凯郭尔对他们解释说，耶稣所说的"重担"，是指让他们走进教堂的"对上帝的渴望"。后来他又谈到痛苦而不被人理解是多么艰难。他说，这是人类担负的重担之一，只有耶稣能够减轻它："我不知道，那特别地让你负重的事情是什么，我的听者，也许我也无法明白你的悲哀，并且无法知道怎样带着洞见去谈论它。但是耶稣体验过比任何人更沉重的悲哀……他不仅仅比你自己更好地理解这悲哀，而且想要从你这里拿走担子并且给予你灵魂的安息。"①[19]

虽然这是克尔凯郭尔第一次对教堂会众发表讲演，但他的声音

---

① 译文引自〔丹〕索伦·克尔凯郭尔《克尔凯郭尔讲演集（1848—1855）》，京不特译，北京：中国社会科学出版社，2020 年。下同。

听来像训练过一样：他在写作时会大声朗读自己的句子，往往会反复朗读多次，试探出它们的节奏和韵律。他会一连好几个小时这么做，“就像一位长笛乐手喜欢吹笛子”，那几个小时里，他也会“爱上语言的声音——我是指孕育着思想的共鸣声”。[20]有一刻，那 88
三十多个聚集在圣母教堂领周五圣餐的哥本哈根人觉得自己进入了这个私密的世界。一个听过克尔凯郭尔讲道的男人被克尔凯郭尔“极其微弱却有着令人惊叹的表现力的声音”所吸引；他从未听过“如此抑扬顿挫的声音，哪怕最微妙的细节也能精准表达”，他觉得自己永远也忘不了那个声音。[21]

几个星期后的 1847 年 8 月，克尔凯郭尔在圣母教堂做了第二次讲道。他再次说起让他的听众们走进教堂的那种对上帝“发自内心的渴望”；他认为做弥撒不会平息这种渴望，而只会让它变得更深切、更强烈。在那次布道中，他回顾了星期五圣餐这一仪式，这也是他自 1828 年从明斯特那里首次领了圣餐之后，从未更改的习惯。过去，星期五是哥本哈根的一个安静的日子，一个祷告的日子，但世俗的日常生活逐渐取代了传统的宗教仪式，如今在周五领圣餐与街上的车水马龙相悖，像一周的其他日子一样，人们在街上工作、售卖和购物。这些星期五的宗教仪式比周日弥撒规模小得多，也私密得多，克尔凯郭尔总是在圣餐仪式开始之前就离开了。星期日，他和众人一起走进教堂礼拜；而在星期五，他走进圣母教堂却可以“毫不隐瞒地出现在每个人的面前，却作为一个陌生人要隐蔽在许多人之间”。在教堂里，“外面，日常活动的喧嚣嘈杂，在这些穹隆建筑的里面几乎也能够听得见，恰恰因此，更凸显了建筑里面的神圣宁静”。[22]

克尔凯郭尔参加圣餐仪式的方式，在每个人的眼前，却又像特工一样隐蔽，也正是他如何做一个基督徒的写照。在这条半隐秘的小径上，他努力保持着自己对上帝的“内在需求”，使之不致沦为常规地遵守习俗和义务。在俗世所建立的宗教机构中始终做一个“单个的人”是如此精细和复杂的需要平衡的行为，做到这样看似根本不可能。前一年，他曾想过把一部周五圣餐式上的讲演集题献给明斯特主教——“因为心中铭记着父亲，我非常愿意这么做”——但最终，他对主教的态度徘徊在尊敬和鄙视之间，他的结论是“我的生命历程充满疑虑，以至于我不能把自己的作品题献给
89 任何一个仍然在世的人”。[23]那时他已经不确定自己的作品会带给他“荣耀和尊敬，还是侮辱和迫害”。如今，1848 年复活节，《基督教讲演集》即将出版之时，他“前所未有地几乎彻底停止了写作”。[24]

“让我们歌颂明斯特主教吧，”克尔凯郭尔在前一年的日记中写道，“除了明斯特主教，我从没有崇拜过任何人，任何在世的人，凡是能让我想起父亲的人和事，总是令我感到快乐。他的地位如此显赫，以至于我清楚地看到他的谬误，比曾经攻击他的任何人看得更清楚……他生命中有一种矛盾无法回避，因为‘国教’本来就是一种矛盾的存在。”[25]当然，克尔凯郭尔对主教的崇拜也隐含着深刻的矛盾，后者常常会让他联想起自己的父亲。

随着他越来越觉得丹麦教会那种安逸的世俗气质令人难以忍受，他关于如何在世界上做一个人的问题就和他与丹麦教会的关系、与明斯特的关系更加紧密地纠缠在一起。摩拉维亚虔信派是靠

脱离世俗寻求神圣的：他们创造出类似克里斯蒂安斯费尔德这样的飞地，与四面围墙的修道院没有太大的差别，并组织成了他们自己游离于国教之外的会众，当然，很多丹麦人，像克尔凯郭尔的父亲一样，能够在摩拉维亚集会厅和他们的教区教堂之间自由走动。克尔凯郭尔听到过牧师为其教会的世俗性辩护，他们声称耶稣本人也没有进修道院，或者远离世俗，住在沙漠。但他认为对耶稣而言，成为僧侣或隐士是一个诱惑——因为远离这些怀疑的、不解的众人该是多大的解脱啊！——而留在俗世是一种克己的行为。耶稣留在俗世不是"为了变成一位司法委员、勋章骑士、这个或那个协会的名誉成员，而是为了受苦"。[26]

克尔凯郭尔也渐渐开始以这种方式理解自己的生活。成为一名作家在一定程度上让他可以远离市民生活：这是他 1841 年，放弃与雷吉娜结婚和进入职场的明确的备选道路。然而，他的作品必须面对世界，获得它的关注。他惹人注目地走在哥本哈根的大街上，出现在当地的报纸上、出现在这个城市的文坛和知识分子圈里，这是把自己的人生和作品全都放置在他们审视的目光之下。如此成为 90
一名作家绝非远离世俗；这就是他为什么总是忍不住想要停止写作，或许也是为什么他觉得自己现在无法停止写作的原因。做隐士太容易了，他一面赶回家奔向自己的笔、墨和纸，一面对自己说。此刻他在想是否应该让自己在教会里更出名、在那里获得更大的影响，以便从内部刺激它，让它去接近真理？

正如他觉得自己的存在在受苦和充实这两个更大的极端撕扯，几乎将他拉至崩溃，他也试图把基督教向这两个方向拉扯，为的是让它变得更深邃。与他过去在风暴街的集会厅里听到的摩拉维亚讲道的牧师一样，他也强调耶稣所受的苦。但他想得更多的不是那血淋淋的十字架，而是生活在众人之中，试图教他们去面对上帝而不被任何人理解的内心的折磨。他觉得他自己也在一个误解他的世界里受苦；克尔凯郭尔好奇耶稣是否想让其信徒“在安慰到来之前，像他一样悲惨”。[27]

而他的确相信安慰终将到来，但安慰只会到达痛苦和考验的那一侧。他坚信信仰既不应该回避受苦，也不该沉溺其中，而应该穿过苦难去寻找快乐。就算现在，在这个充满幸福的复活节日，在他经历了这么多之后，他仍然认为自己是个“极其不幸的人，然而在上帝的帮助下，他拥有无可名状的祝福”。[28]

第七章

美学教育

又一个在罗森堡街的不眠之夜：进入 7 月，夏至已过，夜晚总算越来越长，但再过一会儿，黎明仍将如约而至。公寓里静悄悄的，仆人们熟睡着。窗外的街道空无一人。房间内，无数的想法在头脑中飞旋，让他无法入眠。最近这段日子，他度过了很多个这样的夜晚：白天他很忙，和朋友一起出门散步或在家里写他那关于效法基督的书，而到了夜晚，写完要写的东西，他的思绪就会回到《危机和一位女演员生活中的一次危机》（The Crisis and a Crisis in the Life of an Actress）。开始写这篇文章已经是好几个月前的事了，在一般读者看来，那也许是一篇微不足道的文章，但这个夏天，他已经在焦躁不安中度过了大量时间，考虑要不要把它作为他自己这出文学剧的最后一幕。

现在一切都结束了：今天，他把文章给了哥本哈根自由派日报《祖国》的编辑之一、他的好友延斯·芬森·乔德瓦德（Jens Finsen Giødvad）。很快，从 7 月 24 日起，他的文章会分四次连载（用的笔名是因特·艾·因特［Inter et Inter］，意为“往返”）。这篇新闻稿将终结他的写作活动，使他的整个文学创作形成一个完美的对称。他一开始是在1843年出版了《非此即彼》，那是一部厚厚的“美学”书，其中充满了关于希腊悲剧、莎士比亚戏剧和法国闹剧（French farce）的反思，三个月后紧接着出版的是一本薄薄的基督教讲演集；如今1848年，一部厚厚的基督教书籍《基督教讲演集》为他的**作品集**画上了句号，三个月后紧随其出版的则是一篇短短的关于一个女演员的“美学”文章。如今回想起来，过去这写作的五年堪称一部完整的艺术作品——精美而热情、复杂而深邃，却又始终在阐述同一个真理。

92 经过连续几周焦虑的反复思量之后，已经没有回头路了。他希望在《祖国》上发表《危机和一位女演员生活中的一次危机》能让他的思想轻松一些，夜晚可以入眠。但困扰了他这么久的作品发表的问题仍然让他举棋不定，坐立难安——“啊，我宁愿写一沓，也不愿发表一页。”[1] 这个问题，出版还是不出版，发表还是不发表，与他是谁、他在世上应该选择哪条路的问题密不可分：要不要做一个写作者？

他无疑会被怀疑是这篇文章的作者，而且虽然文中的主要人物也没有名姓，但读者一眼就能认出那是丹麦最著名的女演员约翰妮·路易丝·海贝尔。克尔凯郭尔在文章中回顾了她的演艺事业，几乎追溯至20年前他自己的写作生涯之初——因为他仅比路易丝·海贝尔小不到半岁，两人的职业生涯有着古怪的平行。1829年，路易丝·佩特姬丝（Luise Pätges，那时她还没嫁给海贝尔）17岁时，就在哥本哈根皇家剧院出演了《罗密欧与朱丽叶》——而前一年，也就是1847年，她以34岁的年纪再度扮演了朱丽叶。这样的对称也映照出他本人的写作活动的起始和终结。克尔凯郭尔一贯对重复的重要性十分敏感，他把海贝尔夫人重演自己当年演过的少女角色看作追问一系列问题的良机：一位艺术家当如何从年轻转向成熟，如何使自己作品中的不严肃和深刻的元素共存，如何表达他的经验的特殊性和人类存在的普遍真理，以及如何把这些问题搬上舞台，暴露在众目睽睽的强光下。

克尔凯郭尔写道，在她两次扮演朱丽叶之间的那些年，这位“深受崇拜的”女演员意识到名声是“空虚的”，一切荣誉都是“负担”。[2] 如今，她达到了自己艺术生涯的巅峰，便“已有流言说她老了”。大众就是这样善变：“同样狂热而永无休止地在箫鼓上敲响赞美她的陈词滥调、在铙钹上打出颂扬她的不绝之声，同样的庸众如今已经厌倦了他们曾经宠爱的艺术家；庸众想要抛弃她，不想再看见她——她或许还要感谢上帝他们没有想要除掉她。同样的庸众得到了一个新的 16 岁的偶像，为了欢迎她的诞生，前偶像不得不经历宿命的失宠——因为作为一个偶像所必须经历的巨大困境就是，任何人几乎都不可能从这个职位上光荣卸任。”大众喜好的 93
“宿命”对女人们尤其“残忍”，因为她们被评判的标准就是肤浅的美：“谈到女人，大多数人的艺术批评的分类范畴和思维模式与屠夫的儿子、国民自卫军士兵店员没有差别，全都热情洋溢地去谈论一个漂亮得要死要活的 18 岁小丫头。另一方面，在从审美层面上真正的兴趣开始的节点，当内心丰富美好且富有意义的一面开始在这场变形过程中展示出来之时，大众便消失不见了。”[3]

克尔凯郭尔的文章指出，第二次扮演朱丽叶让海贝尔夫人真正

约翰妮·路易丝·海贝尔

的才能得以闪光：她已届中年，但她的每一句台词和每一个动作都
表现出了朱丽叶的青春活力。虽说他自己的艺术与之不同（他绝不
是什么偶像），但他也同样要面对关于自己的创造力发展和公共形
象的关键问题。如今，1848 年，他也会回望那个 17 岁的自己，那 94
时的他刚刚步入新世界，正启程迈向终成作家的那条道路。

1829 年首次扮演朱丽叶彻底改变了路易丝·佩特姬丝的人生。[4]她有一半犹太人血统，父母都是穷苦的德意志移民，但她在戏剧上的成功为她打开了进入上流社会的方便之门。1831 年，她嫁给了比她年长一倍的人脉深广的作家约翰·卢兹维·海贝尔。海贝尔夫人还不到 20 岁就进入了哥本哈根的文化精英圈子。而克尔凯郭尔步入这个贵族和艺术家世界的路途可没那么顺利，的确，他根本未曾进入过海贝尔的密友圈。不过 1830 年在哥本哈根大学入学之后，他的眼界一下子打开了，视野变得开阔起来。

如今他可以在教室和斯楚格街的沿街咖啡馆里消磨时光，那是从东向西横穿市中心的四条繁忙线路。与古老的客栈不同，这些现代咖啡馆都有很大的玻璃门面，顾客的一举一动都可以被路人和其他顾客看到。学生和教授们聚集在有着意大利名字的精致茶室里，或者哥本哈根最时髦的咖啡屋普莱什*法式糕点*店（Pleisch's *Konditorier*）或米妮之店（Mini's）。他们常常会涌入大学的学生会，在这个审查严格的城市，那里还有一点点自由可以朗读文学作品、进行哲学讨论或政治辩论。

克尔凯郭尔急切而奢华地跳入这个刚刚揭开面纱的城市的怀

抱，反正有父亲替他付账单：他在外就餐、喝了太多的咖啡、抽昂贵的雪茄、买新衣服，积极社交。他成了肉贩街上赖策尔书店的熟悉身影，[5] 那是丹麦最有名的作家们常常光临的地方，他买下平装本的新书后，径直前往城里最好的 N. C. 默勒装订所，为它们包上金色浮雕的真皮。[6]他已经习惯于在傍晚与童年好友埃米尔·伯森一起散步，后者的父亲是司法委员，和米凯尔·彼泽森·克尔凯郭尔一
95 样，也是摩拉维亚社区的资深成员。但如今他发现哥本哈根的大街小巷上到处都是年轻人，他们想跟他谈谈刚刚在课堂上听到或在报纸上读到的一切。虽说他只对埃米尔·伯森一人倾诉情感——即便那也是经过了自我审查之后的情感，但他还是愿意把自己的意见告诉给每个人。

他在大学接触到的新的人群和观念让他了解到与他在新广场的家中全然不同的生命观，他的家人把节俭农民的习惯与资产阶级的体面风尚古怪地混杂在一起。当然，那时他受的教育已经超过了父亲：他 8 岁就跟着哥哥们去公德学校（School of Civic Virtue）上学了，在那里接受拉丁语和希腊语训练。校长米凯尔·尼尔森（Michael Nielsen）奉行严格的纪律，他觉得年纪最小的克尔凯郭尔“非常淘气，一点儿也不严肃，喜欢自由和独立，这让他无法深入地钻研任何课题”。但尼尔森一直记得索伦善于接受新事物的聪明头脑、出色的语言天赋和活泼的性格，直到 17 岁“仍然一派坦率天真”。克尔凯郭尔离开学校时，已经读过贺拉斯、维吉尔和西塞罗、荷马、柏拉图和希罗多德，还有色诺芬的《回忆苏格拉底》。他能翻译希伯来文的《创世记》，以及希腊文的《约翰福音》。

在公德学校的岁月对他 1830 年秋季开始的神学学位课程很有帮助。这一次克尔凯郭尔还是跟随大哥彼得的足迹，那时大哥已经以第一名的成绩从哥本哈根大学的神学系毕业，在柏林游学一年，在哥廷根（Göttingen）进行了论文答辩——那次答辩为他赢得了“来自北方的大魔王辩手”的美誉，七月革命如火如荼时，他正好就在巴黎。[7] 但克尔凯郭尔与他那雄心勃勃的哥哥不同，他不是个特别勤奋的神学学生。基督教教条、圣经诠释和教会历史对他的吸引力，远不如他在大学里发现的新文学。

19 世纪初，耶拿①和柏林的第一代德国浪漫主义者打破了艺术、宗教、道德、哲学和科学的一切旧规矩：在他们笔下，人类的
创造力不再受限，所受的重视超过了以往任何时候。这些年轻作家 96
唤起了一个日新月异、突飞猛进的新世界，这个新世界注定要经历变革，不仅要有新的美学理想，还要有新的生活方式。那个时代毫无争议的诗歌天才歌德被当成人类的最高典范，但诗人诺瓦利斯（Novalis）在 1798 年激励说，每个人都“应该成为艺术家”。[8] 在克尔凯郭尔进入这个世界时，无法预见的问题正在等待着他：他能成为一个诗人吗？诗意地生活是何种感觉？他如何才能把自己的生活变成一件艺术品？

各种观念很快从德意志各个城市涌向哥本哈根，新世纪之初，浪漫主义启迪了一代新兴的丹麦知识分子。1802 年，亨里克·斯特芬斯（Henrik Steffens）回到哥本哈根，此前他在德意志各个地区

① 耶拿（Jena），德国中部萨勒河畔一城市。

学习地质学，在那里成为才华横溢的年轻哲学家弗里德里希·威廉·冯·谢林的门生。斯特芬斯希望在哥本哈根大学哲学系获得教授席位，就为一大群学者、学生和其他文化人士举办了一系列公开讲座。他对他们说，现代生活已经变得“毫无诗意”且“没有信仰”了，需要人类的才能重新为它注入活力：“我们内在的神性；与一切和谐统一的，我们真正的本质。”[9]散文应该让位于诗歌，这不光是韵律问题，更是在有限的世界里追求“永恒的印记”的问题。“我会开启一种更有意义的生命和存在视野，那是局限于有限需求的普通存在和日常生活所无法给予我们的。”斯特芬斯在阐述他在德意志学到的泛神论哲学时，向听众做出了这样的承诺。

在耶拿大学城，斯特芬斯进入了一个年轻的知识分子圈子，这个圈子的核心是奥古斯特·威廉·冯·施莱格尔和弗里德里希·冯·施莱格尔两兄弟，以及奥古斯特·威廉的妻子卡罗琳，她在圈中大多数年轻人心里燃起了一种激发创造力的性爱激情。这个人才济济的亲密小圈子中包括弗里德里希·冯·哈登贝格（Friedrich von Hardenberg，以诺瓦利斯为笔名写作）、神学家弗里德里希·施莱尔马赫和谢林，卡罗琳后来与奥古斯特·威廉离婚之后，嫁给了谢林。他们与歌德、席勒和费希特都是知交密友。法国大革命带来的新的曙光仍然闪耀着，这个群体的人全都对精神自由和政治自由充满希望。

97 1798年，施莱格尔兄弟创办了期刊《雅典娜神殿》（*Athenaeum*），受席勒出版于1795年的《审美教育书简》（*Letters on the Aesthetic Education of Man*）的启发，两人和朋友们在这本期刊上发展了一种风格独特的浪漫主义文学。席勒在自己的书中竭力主张“培养感受能力是时代最为迫切的需要”，并指出我们在欣赏美好的艺术作品时会成为“充分的人”，会拥有“安心恬荡和焦灼不安”的体验。[10] 弗里德里希·冯·施莱格尔解释说，新的浪漫主义文学凭借人类想象力的广博资源，产生“一种无关肉欲，而纯粹是精神的情感。爱是这种情感的来源和灵魂，爱的精神必须以可见和不可见的方式，通过浪漫主义诗歌播撒到世界各地”。[11]施莱格尔认为人类的创造力与大自然无限的生产能力不可分割：附和了谢林的新的自然哲学——对科学和玄学的生命理论都产生了深远影响——他描述了那种“无意识的诗歌，它们在植物中流动、在光波中前行、在孩童的笑声中绽放、在初开的蓓蕾中酝酿、在女人充满爱意的乳房中发光”。[12]这样的诗歌是真正的上帝的话语，在整个大自然中回响。

当时，弗里德里希·冯·施莱格尔与施莱尔马赫在柏林居住在一起：施莱尔马赫受到好友的鼓励开始写作，为《雅典娜神殿》贡献了十多个作品片段，后来在 1799 年出版了《论宗教——对蔑视宗教的有教养者讲话》（*On Religion: Talks to the Cultured among its Despisers*）。这本以反传统的方式捍卫基督教的书，是写给那些像谢林和施莱格尔一样崇拜哲学和艺术之人的。施莱尔马赫敦促这些读者在看向外在宇宙的同时反观自己的内心，以唤醒一种“对那远在世界彼岸的永恒和神圣的东西的情感”。[13]他描写了当人最直观地理解自然、把它看作一个无限而秩序井然的整体时，就会生发出谦卑和消融的感情：那时就能拥有“自身的整个存在都无声地消失在无限中”的美妙体验。[14]施莱尔马赫直接以他的浪漫主义友人为听众，认为艺术是“神圣的”，而诗人是“更高的教牧，他出自上帝之国，宣告了一切灵性奥秘的核心”。他写道，艺术家和诗人“力求唤醒还在潜伏的更好人性的萌芽，点燃对至高无上者的爱火，让平庸的生命变成崇高的生命”。①[15]

98 施莱尔马赫曾在一所摩拉维亚学校和神学院接受教育，谢林和施莱格尔兄弟都是路德宗牧师之子；哈登贝格的父亲是严格的摩拉维亚虔信派教徒。这些人对父辈的宗教信仰不再抱有幻想，心中渴望另一种精神性。然而，他们的哲学诗歌和诗化哲学全都起源于他们共同的基督教遗产，同时又想挣脱它的束缚。和虔信派一样，他们也避开 18 世纪的理性化思潮，通过人心深处的情感为他们自己，也为整个社会寻求精神“觉醒”。他们也回归启蒙运动留下的中世纪传统：正如虔信派复兴了前宗教改革时代的神秘和虔诚文学，这些早期浪漫主义者回溯到骑士精神与魔法的时代，重读关于爱与冒险的中古故事。在这些骑士文学和民间故事中所描写的狂热追寻中，他们为那种已经被虔信派探索过的自我发现和自我发展的内在精神之旅找到了新的模式。

但虔信派只是在这些情感和体验中寻求能够让他们更接近完美神圣的真正的自我，而浪漫主义者探索的却是不受道德主义或宗教正统制约的全部的人类情感。他们都在读斯宾诺莎，这位 17 世纪的哲学家在自己的杰作《伦理学》（*Ethics*）中强调一切“都在上

---

① 译文引自〔德〕弗里德里希·施莱尔马赫《论宗教——对蔑视宗教的有教养者讲话》，邓安庆译，北京：人民出版社，2011 年，第 8 页。有改动。

帝之中”。[16]他们信奉斯宾诺莎的泛神论神学（当时仍被广泛谴责为异端邪说），把这一信条与最近的艺术和创作理念相结合。对浪漫主义者来说，泛神论带来了前所未有的自由：如果没有什么存在于上帝之外，那么就没有什么是不可逾越的。虔信派试图培养谦逊和服从，而浪漫主义者却信奉人类浩瀚无边的想象力。他们的最高典范不是（或者至少不仅仅是）耶稣基督，而是任何能够传递自然中固有神力的艺术天才。虔信派秉持着正统基督教的信仰，即上帝创造了世界；而浪漫主义者认为是伟大的艺术家一次又一次地创造了新世界。

亨里克·斯特芬斯在体验过让他振奋的耶拿之旅之后，于 1802 年回到哥本哈根，他的一群朋友在这个城市等待着他：年轻牧师和未来主教 J. P. 明斯特，那个时代最优秀的诗人亚当·厄伦施拉格尔（Adam Oehlenschläger），法理学家和法学学者、后来当选丹麦 99
首相的 A. S. 奥斯特（A. S. Ørsted）和他的弟弟、那时刚刚开启自己杰出的科学事业的 H. C. 奥斯特。他们常常聚集在作家 K. L. 拉贝克（K. L. Rahbek）和他的妻子卡玛（Kamma）的家中，两人主持着哥本哈根最有影响力的文学沙龙。和耶拿那个小圈子一样，这一群人之间也有着亲密的家族纽带：明斯特的继父是斯特芬斯的叔叔；厄伦施拉格尔娶了卡玛·拉贝克的小姨子；A. S. 奥斯特娶了厄伦施拉格尔的妹妹。

斯特芬斯的朋友们接受了新的浪漫主义哲学。1802 年夏，厄伦施拉格尔出版了一部诗集，对那个“古老的、古老的消逝的过去，斯堪的纳维亚闪耀着光芒的昔日”充满怀旧，他将北欧神话与基督教意象融为一体，呼唤那个充满“神秘的神圣性”的自然世界。从诺瓦利斯身上获取灵感的厄伦施拉格尔在他 1805 年的抒情诗《耶稣基督的生命在自然的四时循环中周而复始》（The Life of Jesus Christ Repeated in the Annual Cycle of Nature）中对这一泛神论想象进一步加以发挥。与此同时，H. C. 奥斯特深入研究了“自然中的精神”，最终发现电和磁本是同一动力的两个方面——谢林预言过这一点，但未曾证明。[17]这一科学突破让人们更清楚地看到了浪漫主义者们相信隐藏在诸多自然和文化现象之下的精神的统一性。

明斯特也受到了浪漫主义的影响，但他 1803 年的宗教觉醒强化了他的基督教正统思想。1805 年，厄伦施拉格尔、卡玛·拉贝克和 H. C. 奥斯特都敦促他为厄伦施拉格尔的耶稣-自然诗辩护，该诗受到了当时丹麦国教领袖巴勒主教的谴责。明斯特本人也为这首诗中的异端神学所困扰，他在良心上左右为难。最后，在数月的深思熟虑和朋友们与日俱增的压力下，他以韵文的形式写了一篇赞同厄伦施拉格尔的诗歌的评论文章。另一方面，斯特芬斯没有如愿获得哲学教授席位，回到了德意志。

在丹麦文化“黄金时代”早期的那些年，一波又一波浪漫主义浪潮冲击着哥本哈根。厄伦施拉格尔在 1805 年出版了自己的第二
100 部诗集，又前往欧洲游历了一番，还在魏玛与歌德相处了几个月，作为堪称典范的神圣天才，他傲然挺立于浪漫主义运动的最高峰。厄伦施拉格尔 1810 年回到丹麦在哥本哈根大学担任美学教授时，已经与柏林、巴黎、罗马和瑞士的一群浪漫主义作家和思想家建立了良好的关系。当克尔凯郭尔 1830 年进入大学时，厄伦施拉格尔

还在那里讲授莎士比亚和歌德；他被公认为“斯堪的纳维亚的诗歌之王”，1831 年成为大学校长。克尔凯郭尔买过厄伦施拉格尔的书，在其中看到了实验性诗歌、各种文类的混用，以及浪漫主义文学读者们已经十分熟悉的各种情绪的对比。

然而到 1830 年代时，约翰·卢兹维·海贝尔已经对厄伦施拉格尔高高在上的文学地位构成了威胁。海贝尔自幼在孕育过丹麦浪漫主义的精英沙龙里长大：他的父母都是很有才华的作家，在他父亲因政治激进主义而被驱逐出丹麦之后，父母离婚了，他们离婚以及母亲托马辛再婚之后，年轻的海贝尔都与拉贝克夫妇住在一起。1824 年去德意志地区旅行归来之后，他刚刚转为支持黑格尔哲学，就写了一连串戏剧，那些剧目在哥本哈根的皇家剧院上演后大受好评。他很快就成为丹麦最优秀的文学评论家：1827 年他创办了期刊《哥本哈根疾飞邮报》（*Copenhagen's Flying Post*），在其上匿名发表他母亲的短篇小说，宣传自己的美学理论，批判厄伦施拉格尔的诗歌。1831 年，他娶了倾国倾城的年轻女演员路易丝·佩特姬丝。

在海贝尔的影响下，克尔凯郭尔那一代人学着将浪漫主义看成一个昙花一现的阶段，尽管当时浪漫主义关于诗歌与哲学的力量能够改变世界的理念仍在盛行。1833 年海贝尔发出了他自己的宣言：《论哲学在当今时代的重要意义》（*On the Significance of Philosophy for the Present Age*）。[18]他在书中强调只有黑格尔的而非谢林的哲学，才能疗愈浪漫主义者们为世界诊断出的精神疾病；他还提出，浪漫主义者的相对主义世界观只能加速世界的衰落。黑格尔和歌德“无疑是现代世界最伟大的两个人……他们的著作中包含着我们这个时代的全部精神生命”；在两人互补的哲学和艺术领域里，这两位**时代精神**的巨人将共同把欧洲文化从深渊中拯救出来。

101 克尔凯郭尔的美学教育还受到了他的哲学教授波尔·默勒（Poul Møller）和弗雷德里克·克里斯蒂安·西伯恩的影响，这两位都同时是文学创作者和学者。[19]西伯恩对现代哲学很感兴趣：年轻时他曾在德意志游历过两年，在那里见到了斯特芬斯、费希特、施莱尔马赫和歌德。克尔凯郭尔初见西伯恩时，后者刚刚模仿歌德的《少年维特之烦恼》出版了书信体小说《加布里埃尔的天堂来信》（*Posthumous Letters of Gabriel*），而且他也常常会在自己的美学课堂上（克尔凯郭尔 1833 年时听过这门课）讨论歌德。默勒是才华横溢的诗人，也曾采纳浪漫主义的格言式、片段式风格。他是古希腊文学和哲学领域的学者，是启发克尔凯郭尔爱上苏格拉底的一位“难忘的”老师。[20]当其他丹麦文人沿着熟悉的学术贸易路线在德意志各个大学城里四处游历时，默勒在对浪漫主义大失所望之后，乘船前往中国，后又回到故国。他是克尔凯郭尔最喜欢的老师。

厄伦施拉格尔和海贝尔、西伯恩和默勒这些人教会了克尔凯郭尔谈论现当代，并将其与古典时代的往昔加以对比；教会了他崇拜塞万提斯、莎士比亚和歌德；教会了他了解艺术作品的精神力量，欣赏传说、神话和民间故事，以及通过文学评论进行理性思考。他们还代表着他刚进大学那几个月里发现的那种存在的可能性。这些人都是职业诗人和哲学家：他们通过自己的理念、想象力和对语言的出色运用谋生；他们的著述被阅读、被品评、被谈论。他们在著述中塑造自己的灵魂、培养自己的性情，甚或锤炼自己的才华——并向世界展示这些诗性的自我。

这些典范人物逐渐进入克尔凯郭尔的生活中；他们的生命与他自己的生命丝丝缕缕地交织在一起。他与西伯恩成了熟人，两人在哥本哈根四处散步或在西伯恩的起居室围炉而坐时，都在谈论哲学。西伯恩对这位侃侃而谈的学生十分了解，看得出他是“一个内心非常复杂的人”，“十分好辩”，“几乎始终只能谈论他发自内心感兴趣的话题”。然而，西伯恩也注意到“他想关注那些公众不重视的人”。克 102
尔凯郭尔与雷吉娜订婚期间，这位哲学教授与这对年轻的恋人相处过一段时间，于是两人分手后他就不得不担起了劝慰雷吉娜的任务。当雷吉娜向他倾诉自己对克尔凯郭尔如此“羞辱她的灵魂”感到“极端愤慨”时，西伯恩对她说，如果他们结婚了，情况会变得更糟，因为“他的精神始终只会沉浸在它自己的世界里”。[21]

波尔·默勒成了克尔凯郭尔的导师；他对苏格拉底的兴趣和他自己不成体系的反传统风格对克尔凯郭尔的哲学事业产生了持久的影响。1838 年，他四十多岁就英年早逝了。但如果没有默勒，克尔凯郭尔就不会写关于反讽的博士论文，也不会立志成为基督教世界的苏格拉底。在默勒去世六年后，克尔凯郭尔把《忧惧的概念》一书题献给他：“我的青春的热情；我的觉醒的强有力的喇叭声；我的心境的思念的对象；我的初始的私交；我的失去的朋友；我所想念的读者。”[22]

就连没有那么亲近的厄伦施拉格尔也在克尔凯郭尔的**成长故事**中扮演了一个角色。在与雷吉娜订婚期间写给她的信中，他引用了厄伦施拉格尔的童话剧《阿拉丁》（*Aladdin*）中的话，而且两人分手之后，他赴柏林旅行期间也随身带着这本书。“如果你需要我，召唤我/我一定会来，快如闪电。”在乘船前往柏林的途中，过度疲惫的他将这句话抄写在自己的笔记本上。他给雷吉娜写的信中提到自己内心深处住着一个“指环的魔仆”：“我用整个灵魂渴望着你，难道不是我送给了你那枚我俯首听命的指环?”[23]当轮船向前行驶，距离她越来越远，他想到“你我是一体的，我们都是指环的魔仆”。

当然还有海贝尔，虽然他一直高高在上，却也身不由己地与克尔凯郭尔产生了复杂的联系。1834 年，正是海贝尔在《哥本哈根疾飞邮报》上发表了克尔凯郭尔的第一篇文章；十年后，海贝尔就《非此即彼》发表评论之后，克尔凯郭尔受到刺激，与他的前主编展开了辩论，也更加坚定了他自己的作家风格；他仍然在表达自己对于文学“小圈子”的鄙视。1846 年，他以评论海贝尔的母亲托马辛·居伦堡的一部小说的方式，重复了海贝尔为“当代”做出哲学诊断的努力。而此刻在 1848 年，克尔凯郭尔又决定以一篇关于海贝尔妻子的文章结束自己的写作生涯。

103 早在 1830 年代初期，克尔凯郭尔就发现了一种新的文学，并学会以新的方式阅读和评论那种文学。他还学会了以不同的方式阅读和评论自己：虽说他一直保持着基督教徒自省的习惯——扪心自问、前去忏悔、反思自己的职业——但他也接纳了浪漫主义的诗性理想并用它们来衡量自己的生活。或许根本不足为奇的是，浪漫主义的丰盈和过激在他自己的灵魂深处进一步放大。在大学里，他那与生俱来的过度反思的倾向受到了一种专注唯心主义哲学和文学反讽三十年的知识分子文化的滋养；他的经历和情感被包裹在一层又一层的反思中，充满了诗化的意义，也弥漫着对存在的疑虑。

这些学生时代的记忆对他来说也充满了悲伤。他仅剩的两个姐姐尼古琳（Nicolene）和彼得雷亚（Petrea）分别死于1832年和1834年，她们生前嫁给了一对前途似锦的兄弟约翰·克里斯蒂安·伦（Johan Christian Lund）和亨里克·费迪南·伦（Henrik Ferdinand Lund），两人去世后各留下了四个孩子。与他最亲近的哥哥尼尔斯（Niels）横跨大西洋去寻找商机，1833年在新泽西的一间旅馆里孤独死去；尼尔斯也想像他们的大哥彼得那样进大学，但父亲让他经商。克尔凯郭尔的母亲安妮死于1834年，她63岁的人生没有留下多少印记。丧母后的那段日子，他去看望了哲学导师马滕森的母亲，马滕森当时到欧洲旅行去了。马滕森夫人被他深深的悲伤打动了，她后来常常对儿子说，"她一生从未曾见过有人像索伦·克尔凯郭尔那样难过，母亲的去世令他悲痛欲绝"，她觉得他一定有着"非同寻常的深刻的情感"。"她没说错，"马滕森承认道，"谁都无法否认他的这一特性。"[24]

1834年秋，在母亲去世三个月后，克尔凯郭尔开始把自己的想法写在日记里。他也效仿中古文学的时尚，常常会写到民间故事和传说中的人物，被那些以某种方式与整个世界作对、反对或颠覆它的传统、否定它的道德的人物深深吸引。"真了不起啊，"他写道，
"德国有浮士德，意大利和西班牙有唐璜，犹太人有流浪的犹太人， 104
丹麦和德国北部有捣蛋鬼提尔①。"这些人物都是反英雄的典范：

① "捣蛋鬼提尔"（Till Eulenspiegel）是德国14世纪一个喜欢恶作剧的传说中的人物，最早在1510年出版的一部低地德语故事集中作为主角出现。

一个是把灵魂出卖给魔鬼的怀疑论学者；一个是一生致力于寻欢作乐的惯犯诱惑者；一个是被流放的绝望漂泊者；一个是暴露受害者的虚伪和愚蠢的魔术师。对于一个在公德学校接受教育、听着明斯特和罗伊斯的布道长大的年轻人来说，他们揭示了生活在世上的种种危险而诱人的方式。

他的第一篇日记写的就是“贼王大盗”——捣蛋鬼提尔和罗宾汉之类的破坏分子，他们固然奸诈狡猾，却也坚持原则、心地善良。[25]贼王大盗用自己的犯罪活动来有意识地反抗既有的秩序或报复社会的不公；他有自己的伦理，选择做一个局外人。一天，克尔凯郭尔在与父亲的谈话中尝试了“贼王大盗那种年轻的浪漫主义的热情”，却遭到了严厉的批评，老人一字一顿地说：“有些罪行只有在上帝持续不断的帮助下才能与之斗争。”[26]克尔凯郭尔根深蒂固的对自己有罪的恐惧翻涌上来，他跑回自己的房间，看着镜中的自己。在他那双明亮而焦虑的双眸上方，他的头发被高高地梳成夸张的额发，将近 6 英寸高：21 岁的他原本那种教徒的忧郁，发生了明显的浪漫主义的转变。这一凝视着自己的镜中映像、在道德焦虑与反叛之间撕扯的自我形象，让他想起了弗里德里希·冯·施莱格尔讲述的魔法师梅林①的传说，其中就有一个年轻姑娘在揽镜自照之后开始对自己的身体充满恐惧。

1834 年 12 月的这段时间，他的第一篇文章发表在海贝尔的

① 魔法师梅林（Merlin the Magician），或译魔灵、密林、默林、墨林、穆林或玛林，是英格兰及威尔士神话中的传奇魔法师，他法力强大、睿智、能预知未来和变形，还因为扶助亚瑟王登位而闻名并留下种种事迹。

《哥本哈根疾飞邮报》上。那是对一位大学好友关于女性解放的居高临下的文章发出的充满尖刻讽刺的回应——克尔凯郭尔在《再一次为女人的非凡才干辩护》（Another Defence of Woman's Great Abilities）中写道："她们是从时尚杂志中学习时代精神的。"1835年夏天，他的写作势头强劲，在父亲的资助下，他前往吉勒莱厄①旅行了几周。在日记中，克尔凯郭尔以浪漫主义的方式对自己在西兰岛北部乡间的旅行进行了"诗化的描写"：他参观了丹麦民间故事和传说中的古老遗址，描写了阴暗的森林、宁静的湖泊、汹涌的海水。他写道："人们还没有厌倦去那些浪漫场景中四处游荡。" 105

7月8日去埃斯鲁姆湖（Lake Esrom）远足期间，天色暗了下来，克尔凯郭尔做好了心理准备，迎接那肃穆的天气。"我看到过海水变成蓝灰色，不安地翻滚，我看到过那宣告风暴即将到来的阵阵狂风卷起岸边的绿草和黄沙，但我从没看到过整个森林被狂风（这些号角声宣告着审判）搅动的表演场面，"他写道，"然而最终不过是一场雨。"[27]但那天晚些时候，他还是等到了自己的风暴：不久便"在格里布森林（Grib forest）深处的电闪雷鸣中被瓢泼大雨淋得全身湿透，［马车上］坐在我身边的男孩被闪电吓得发抖"。他们到一个农民的房舍里躲雨，克尔凯郭尔请求农民给他一点面包喂马，为此付给了农民的妻子很多钱，她说她不该收那么多——"因为我给得起，而她需要钱"。[28]

---

① 吉勒莱厄（Gilleleje），丹麦首都大区格里布斯考自治市一城镇，位于西兰岛最北端。

从埃斯鲁姆湖经希勒勒①向南，克尔凯郭尔发现了一处充满神秘之美的景观：一座遍布山毛榉林的静谧山谷，还有一个小小的湖泊，湖里长满了睡莲，在晨光下闪耀着夺目的光芒。在这双受过泛神论诗歌的影响、能在自然中发现神圣的慧眼看来，这是一个有灵性的地方。他暗自沉思道，这里“有召唤祈祷的教堂钟声，只不过不是在庙宇中由人敲响——如果飞鸟不需要提醒就能赞美上帝，那么人类难道不该在教堂之外、在上帝真正的屋宇下因感动而祈祷，在那里，苍穹便是教堂的屋顶，风暴的呼啸和斜风细雨取代了风琴的低音和高音，鸟儿的歌唱是会众的赞歌……一切融化在无尽的吟唱中——有了这一切，怎么还会有人需要有组织的宗教?”[29]

骨子里仍然是浪漫主义诗人的克尔凯郭尔那天傍晚沿着吉勒莱厄海岸最北端的悬崖散步，在那里眺望辽阔的海面。[30]海洋感觉②应当是一个丹麦人自然而然的情感；听着“大海那深沉又透着一股安静的热切的歌唱”和飞鸟的“晚祷”，他想象着自己“被赋予了以别样的眼光洞察一切的能力”。他想起了母亲，想起了哥哥尼尔斯
106 和小索伦·米凯尔、姐姐马伦、尼古琳和彼得雷亚。这些“离世的亲人”从坟墓中走到他面前，他感受到了待在他们身旁的轻松：“我停靠在他们的怀抱里，仿佛灵魂从我的身体中出逃，和他们一

① 希勒勒（Hillerød），丹麦首都大区一城市，是首都大区的行政中心所在地。

② 海洋感觉（Oceanic feelings），是一个源自罗曼·罗兰，后来被西格蒙德·弗洛伊德广泛使用的心理学词语，主要用来形容一种“感到无界限，犹如海洋的感觉”，在宗教信仰中特别适用。罗兰提出，“海洋感觉”是所有宗教信仰的原动力，让人们感觉到外在与内在无间断的联结。

起飘浮在高空。”这样的幻梦被一只尖叫的海鸥打断了——飞鸟的祈祷不过如此——他“带着沉重的心情往回走，再度融入人群”。然而在这样福至心灵的时刻，他写道：

> 我常常站在那里，思考我过去的生活和我所接受到的各种重要影响，那些在生命中常常令人憎恶的琐碎狭隘就在我眼前消失了。当我站在这样的视角观看世界——整体显示出更广博、更生动的轮廓——我便不再像素常那样迷失在细节中，而是看到了全部整体，被赋予了以别样的眼光洞察一切、了解自己也常常犯错以及原谅他人的能力。我站在那里，摆脱了那常常让我觉得孤立于周围人群的抑郁和悲伤，摆脱了让我自以为是一个小圈子的构成远离的傲慢。我独自一人孤独地站在那里，大海的残暴和与自然的战斗让我感觉到自己的渺小；另一方面，群鸟方向明确的飞翔又让我想起耶稣的话：“若是你们的父不许，一个麻雀也不能掉在地上。”我就在同一时刻感觉到自己既伟大又渺小。[31]

他最后说，这是一个要学会真正的谦卑的问题。正如耶稣在人们想要宣告他为他们的王时回到了山上，“一个人退出世俗的喧嚣［，回归自然的怀抱，在那里‘屈服于’更高的力量］也是有益的”。克尔凯郭尔下定决心采取向内的行动，甚至决定三年沉默不语。当然，那个誓言可不能当真：回到哥本哈根，他就恢复了社交散步和咖啡馆里密集的谈话，秋季学期开始几周后，他还在学生会发表了关于言论自由的讲演。

那个“独自一人孤独地”站在吉尔比约角（Gilbjerg）的悬崖上，思考着自己“既伟大又渺小”的人是谁？他的思绪中有多少是
107 在这翻滚的海面上生起，又有多少是从文学日志、那堆积如山的诗歌或美学课堂上借鉴而来的？他的哪些部分来自新广场、肉贩街和圣母教堂？他是否在这次吉勒莱厄之行中探察了自己的内心，还是他远离城市，就是为了按照他在城市的高墙内看到的某个形象来塑造自己的灵魂？他有没有“在那里”，与山谷的百合和天上的飞鸟一起发现自己、改变自己或创造自己？他的旅途终于何方，又始于何处？

当然，那时他已经知道自我认知不仅仅是照镜子就行了——因为那个反观自身的人根本不是全然不同的、纯粹的自我。“我们常常会自我欺骗，”他坦承道，“我们会把自己在某个时刻读书时鲜活地跳出，抑或保留在整个时代的意识中的许多观点和评论错认为是自己的。”如果我们的内在生命始终能够反映外在世界，那么我们如何在那个世界中辨认出自我？“是的，即便在我写下这段话的此刻，”克尔凯郭尔反思道，“或许这也是时代经验的成果。”而在每一层反思之内，都有为假装和欺骗留出的小小的空间。

他的游记的高潮是一个长段落，更像是一篇文学杂记而非日记，但题目是“吉勒莱厄，1835 年 8 月 1 日”。他在这篇文章中反思了学术生活，决心“过一种完满的、人的生活而不仅仅是认知的生活”。这不仅是个人的远大抱负，也是一篇哲学宣言：

我自己真正需要搞清楚的是，我要做什么，而不是我要知道什么，除非知识必须先于行动。重要的是要找到一个目标，我要看上帝真正要我做什么；问题的关键在于寻找一种为我而在的真理，寻找一种我将为之生、为之死的观念。而且，这些对我何用之有呢，如果我找到了所谓客观真理，如果我遍检哲学体系并且在被要求时能够对其进行检视；这些对我何用之有呢，如果我能够发展出一种国家理论，并且把各处撷取的细节连缀成一个整体，建构一个我并不在其中生活而只是捧给他人观看的世界；如果我能够阐述基督教的意义，能够解释很多具体的现象，若是它们对于我自己和我的生活并无深刻意义，它 108
们对我何用之有呢？我当然不会否认，我仍然会接受知识的必要性，我也不会否认通过它是有可能对他人发生作用的，但是随后，它必须以鲜活的方式被我所吸收，这是我目前认定的主要问题。这是我灵魂的渴望，就像非洲的沙漠渴望着水一样。过一种完满的、人的生活而不仅仅是认知的生活，这正是我所缺乏的，因此我不想我的思想发展以某种人们称之为客观性的东西——某种无论如何都不是我自己的东西——为基础，而要以某种与我生存的根基紧密结合的东西为依据，可以说就是通过这个根基，我才进入并在神性中成长，紧紧依附于它，哪怕整个世界将要崩塌。看，这就是我所缺乏的，而且是我所要努力的。怀着喜悦和内心的振奋，我观察那些伟人，他们已经找到了那个珍宝，为此他们出卖一切甚至自己的性命，不管我看到的是他们强势卷入生活，以稳健的步伐，毫不犹豫地，在他

> 们已然选定的道路上前行；还是看到他们偏离了主路，沉浸在自身之中，沉浸在其为崇高目标的工作之中。……这正是我缺乏的，也是我一直寻求的东西。在认识其他事物之前，人首先要学会认识自己。因此，只有当人首先内在地理解了自身，并且看到了他所踏上的道路向前延伸的轨迹之时，他的人生才获得了安宁和意义；只有这时，他才能摆脱那个麻烦的、致命的旅伴——那种生活的反讽，它显现于认知领域，并且要求真正的认知始于无知。①[32]

此时克尔凯郭尔已经在大学里读了五年书，似乎距离获得神学学位还遥遥无期：他怀疑理论知识的价值之时，正是在追问自己存在的意义。然而，他一面经历这些问题的困扰，一面抽离自身把它们写下来——还没有用假名，但已经在尝试使用一个诗人形象了。

和吉勒莱厄之旅以前和以后的许多日记一样，在这篇日记中，克尔凯郭尔也探索了源于古老的浮士德——持怀疑论的学者——传说的那些主题。[33]1830 年代，每个人都在谈论浮士德，这个关于反抗上帝之人的中世纪故事抓住了浪漫主义的想象力，歌德最终总算在他 1832 年去世前不久完成了诗剧《浮士德》的第二部。传统的传说以浮士德下地狱告终，而歌德却让这个故事有了一个新的结

① 译文引自〔丹〕索伦·克尔凯郭尔《克尔凯郭尔日记选（1842—1846）》，王齐译，北京：中国社会科学出版社，2020 年。有改动。

局。他的浮士德在最后一刻皈依了，有点像圣保罗在前往大马士革的路上经历的一切：突然失明，堕入黑暗，然后被一群天使从魔鬼手中解救了出来。歌德给这部备受期待的《浮士德》这样一个出乎意料的结局，似乎是向他即将离开的世界道出的一句离别赠言。这 109
位伟大诗人有生之年亲眼看到德意志的大学越来越专业化，满是力图通过学术研究实现启蒙的人——然而浮士德突然失明的情节则暗示，人类的灵魂要经过漫漫长夜，方能日渐成熟、广博、深邃，并在自己的内心深处找到上帝。

克尔凯郭尔对精神生活也有着类似的观点，他的灵魂也承受了许多黑暗的不眠之夜。然而 1830 年代中期时，他并不赞成歌德的结局，因为他想用浮士德的故事做出自己关于现代世界的判断。他认为浮士德象征着怀疑，那是这个时代的首要特征，而歌德在临死之前让浮士德皈依，显然违背了他的人物的本质特性。他，克尔凯郭尔，将对浮士德提出新的解读，像海贝尔和弗里德里希·冯·施莱格尔的文章一样，那也将是一篇才藻艳逸的当代文化分析，集文学评论、哲学和诗歌于一体。

1836 年，诗人尼古劳斯·莱瑙（Nikolaus Lenau）出版了另一个版本的《浮士德》。莱瑙曾经从德意志幻灭而归，后又去宾夕法尼亚的一个激进的虔信派社区小住了几个月。他的《浮士德》是虚无主义的，因为他自己的浪漫主义的多愁善感逐渐变成了深深的悲观情绪。莱瑙的诗歌也让克尔凯郭尔十分痛苦。“哦，我太难过了！马滕森发表了一篇关于莱瑙的《浮士德》的文章！”1837 年，他在海贝尔新办的期刊《珀耳修斯》（*Perseus*）中读到马滕森的文章后，在日记中如此写道。马滕森指出，浮士德象征着现代世俗知识傲慢自大、漠视宗教的倾向。那天的日记当然是以他自己的独特风格写的。

让他年迈的父亲越来越沮丧的是，他继续推迟参加神学考试，把大部分时间用于思考、讨论和撰写文学和哲学文章了。他做了不少关于幽默和反讽、基督教和浪漫主义的笔记，而且常常有人看到他与波尔·默勒倾心长谈，他满脑子想的都是这些话题。1837 年 5 月，他年满 24 周岁时，首次见到了雷吉娜·奥尔森。那年夏天，他因为“一切事物中蕴含的不幸的相对性、关于**我是什么**、关于我的快乐以及他人眼中的我和我的所作所为的永无穷尽的追问”[34]而深感压抑。然而，无穷无尽的追问至少好过不动脑筋的自满：他可
110 不想像“**小资产阶级**”那样，把道德看得比才智重要，“从未对某种未知的、遥远的东西有过一丝怀旧，从未体验过了解自身之渺小，以及口袋里带着四个先令、手拿一根手杖走出北城门（Nørreport）的深文奥义”。

那时，位于新广场的家宅里只剩下三个克尔凯郭尔了。索伦、哥哥彼得·克里斯蒂安（他的第一任妻子刚刚死于伤寒，两人结婚才几个月）以及他们年迈的父亲，这位老人整日在大房子里不高兴地嘟嘟囔囔。1837 年前，他们每年两次一起去参加每周五的圣餐礼；如今哥哥和父亲分开去，他则根本不再去了。“这些日子，索伦大概比以往任何时候都为思考所累，几乎超出了他的身体所能承受的界限，但那只会让他痛苦、忧郁，几乎要把他逼疯了。”那年 8 月彼得·克里斯蒂安在日记中如此写道。[35]

是的，大学岁月引诱他，也让他做好了成为作家的准备，他的思考更厚重、悲伤更深重、焦虑更严重了。十多年过去了，早年间的失望如今仍然散发出苦涩的味道——因为这种失望也随着岁月不断加深，把他的心灵包裹在沉重的痛苦中。在《危机和一位女演员生活中的一次危机》中，他提到随着约翰妮·路易丝·海贝尔人老珠黄，“众人”不似以往那样崇拜和喜爱她，这种轻浮的残忍也同样被施予作家，也就是不（像那位女演员的丈夫那样）迎合公众的浅薄品味的作家：

> 如果一位作家既缺乏丰富的思想，也不是十分勤奋，因而隔很长时间才出版一部辞藻特别华丽、还有很多花里胡哨的插图的漂亮书籍的话，公众一定会带着惊喜和艳羡的目光观察这一雅致的现象，认为如果他花了这么长时间写这么一本书，而书页上又没多少文字，那一定是一本了不起的书。另一方面，如果一位思想丰富的作家除了典雅华丽和靠假象赚钱之外还有别的追求，越来越勤奋地工作，能够以非同寻常的速度创作的 111
> 话，那么公众不久就会习惯这一点，认为那一定是凌乱的东西。公众当然无法判断作品的好坏；它所依附的只是——假象。[36]

他每天都要与自己的失望做斗争，事实一次又一次地证明，藐视是他最好的防御武器：虽说《基督教讲演集》还没有得到多少关注——被马滕森教授和明斯特主教无视——他仍然小心翼翼地进行着自己的写作活动。现在必须结束这一切了，不过这一切会有一个完美的结局——正如他所愿。随着灰色的晨光一点点照亮罗森堡街，他不打算睡觉了。已经将近 5 点了，另一个黎明将至。

第八章

没有生命观地活着

他在罗森堡街和托纳布斯克街的拐角处与拉斯穆斯·尼尔森 112
（Rasmus Nielsen）告别后，走进家门，逃离8月耀眼的阳光，上楼来到他阴凉的房间。在这一片城区，沿罗森堡街的制革厂发出的恶臭盖过了随风飘过城市的其他气味和排水沟里的气味——臭鱼烂肉、海草腥气，当然还有污水。从他的房东格拉姆先生名下制革厂飘出的臭气在炎热的夏天简直让人无法忍受，他吩咐仆人在他散步回来之前把已经变黑的窗户全都关上。他筋疲力尽，但又躁动不安；他本能地伸手抓过笔，在房间里来回踱着步子。过去这几周，自从《危机和一位女演员生活中的一次危机》在《祖国》上发表以来，他一直十分苦恼。这篇“微不足道的美学文章”真的适合做他文学创作的终曲吗？它将会被如何解读，或误读？1848年的这个夏天，他在日记里写满了关于到底应不应该发表这篇文章的疑虑和纠结。他充满焦虑，同时又坚信自己很快就要死了，担心这篇文章会歪曲他的全部创作。

他不想被看作轻浮之人，或者去减弱他最近的宗教作品的影响力，但他也不想让人以为他当年以一篇大胆的美学文章横空出世，却仅仅因为年岁渐长，就变成了一位宗教作家。[1] 许多早期浪漫主义者都有过这样的转变，年轻时充满叛逆精神的泛神论在中年之后回归了基督教正统——亨里克·斯特芬斯成了保守的路德宗教徒，而弗里德里希·冯·施莱格尔皈依了天主教——克尔凯郭尔当然不想被看作浪漫主义的老古板。不，就连令人愤慨的《非此即彼》也意
113 在加深读者与上帝的关系；他的美学兴趣和宗教热忱从来都是一体的；这篇最近写作的关于海贝尔夫人的报道文章就证明了这一点。

然而，人们会那样看待它吗？哪怕是间接地让人们看到他倾注全部心血表达这种做人的挣扎，追问和回答这些他自己如此心力俱疲地经历的问题，最终却又被误解地面目全非，那该多难过啊！因为饱受关于写作的这些焦虑的折磨，他试图安慰自己说他总算还拥有拉斯穆斯·尼尔森的友谊和忠诚。[2] 他曾经从未看重哥本哈根大学哲学教授尼尔森，的确，他常常嘲笑尼尔森资质平庸，但最近几个月他们走得很近，每周一起散步，尼尔森非常欣赏他的作品，希望对他的哲学观点有更多的了解。克尔凯郭尔开始希望在自己死后，尼尔森能捍卫他的声誉，妥善保管他的文学遗产。不过，这又引发了新的焦虑：尼尔森是否充分理解他的工作，他真的可靠，值得信赖吗？

> 然而最糟糕的一点就是，我已经在头脑中把此事搅得如此混乱，以至于我几乎不知道自己在做什么。因此，即便没有理由这么做，我仍然必须有所行动。没有什么比否定性的决定更让我筋疲力尽了：本来已经准备好做什么，也就是说，本来觉

> 得那么做完全是正确的、适宜的，等等；继而突然间，各种想法成堆地潮涌而来，我简直要被它们淹没了。如果事情本身无关紧要，却在刹那间竟然获得了一种可怕的现实性，这根本是不该发生的。这表明思想病了。一旦发生了这种事，就必须为保全生命而有所行动。那时懒惰会继续让人认为那条否定的道路无论如何都是最好的，但那是纯粹的谎言。唯一正确的做法是到上帝那里寻求庇护——立即行动。[3]

不知为何，在他充斥着咖啡因、尼古丁和关于速朽以及永恒的日复一日的焦虑中，他会看一看这些关于写作的反复思量有多少是因自大和自负而起的。他过于在乎世人的看法，又（同样是因为他的骄
傲）不愿承认这一点。这种情况已经不是第一次了，他觉得自己饱 114
受折磨的原因就是缺乏信仰："是反思让我变得与众不同，而不是信任上帝和坚定地做自己。"[4] 然而，这种反思的习惯还是再三让他失控。

而他是在何时成为那个"坚定的自己"的呢？这个人格与他的写作密不可分：如今看来，他开始写作之前的那些年似乎也是在为他的文学生活做准备。然而，他的写作活动有好几个失败的开端和失败的结局。的确，因为开头难、结束也难，他的生活也像他的某些书一样越写越长。

1830 年代中期，他首篇发表在《哥本哈根疾飞邮报》上的新闻稿——以《再一次为女人的非凡才干辩护》为题的文章，轻率地

否定了女性解放——发表之后，他又在海贝尔的杂志上发表了三篇文章。他的文章抨击新闻自由，借着这个话题展示自己的辩才，对手是推进自由进程的另外两个雄心勃勃的年轻作家奥尔拉·莱曼（Orla Lehmann）和约翰纳斯·哈格（Johannes Hage）。[5] 而这些文章妙语连珠、议论纵横，风格与海贝尔的极为相似，以至于读者们猜测海贝尔才是它们真正的作者——克尔凯郭尔很开心地听埃米尔·伯森说，波尔·默勒认为那是海贝尔一段时间以来写得最好的东西。这次成功之后，克尔凯郭尔又花了几个月时间规划第一部主要作品，关于浮士德的杂文，不料却被马滕森抢先了一步。

再次开始绝非易事。1837 年的整个夏天他都在愠怒中度过，那年 9 月他搬离了新广场，在几条街之外的狮子街（Løvstræde）租了一处公寓。他的新家就在马滕森居住的广场的一角：克尔凯郭尔从自己的窗口就能清楚地看到对手的房子。父亲给了他一笔丰厚的年金，还付清了他因为购买书籍、写字纸、衣物、鞋子和烟草，以及去剧院、光临咖啡馆和餐馆而欠下的大额债务。为了获得一点独立空间，他在那个秋季学期回到了昔日的学校教授拉丁文。不久他就
115 开始对他要教给公德学校的男孩子们的基本原理进行哲学思考了。“现代哲学纯粹是虚拟的”，他在 9 月的日记中写道；到 10 月，他在自己身上发现了同样的缺点：“很遗憾，我的人生也太过于虚拟了；真希望我能有一点陈述的力量与上帝对话！”[6]

七年的学生生活让他觉得自己困在了可能性的泡沫里，飘浮在尘世之上，无法融入其中。学术研究教会他将自己的生活看成一个衰落时代的症状，然而他仍然不知道如何迈入世界，并在那里做一

番事业。他的头脑中全是各种理念，但它们多样、零散又粗略。如今既然不得不放弃撰写浮士德，他便开始寻找新的写作计划。[7] 一个想法是写“一部人类灵魂的历史”，它将通过审视不同时代的人们嘲笑的对象来探究“人性的发展”脉络。一个星期后他又想写一篇关于古罗马讽刺作品的博士论文。又有一日，他考虑写“一部中篇小说，其中的主要人物买了一副眼镜，眼镜的一块镜片能像氧气-乙炔助燃显微镜那样缩小影像，而另一块镜片又以同样的比例放大影像，所以他会非常相对主义地理解万事万物”。他，克尔凯郭尔，多像这个人啊，还常常把扭曲的目光转到自己身上。与此同时，黑夜渐短，季节更迭：“我之所以喜欢秋天远胜于春天，就是在秋天人总会抬头望向天空，而在春天我们会低头看着大地。”[8]

下一年，即 1838 年春天，他又搬回了新广场的家宅。4 月，他在日记中写到波尔·默勒去世了，并决心振作起来：“又过了这么长时间，而我无法振作起来做任何事情，我现在必须打起一点儿精神了。”[9] 他于是开始为汉斯·克里斯蒂安·安徒生新出版的小说《只不过是一个拉小提琴的》（*Only a Fiddler*）写评论，那篇小说讲的是一个天才的小提琴手因为受周遭环境的制约，无法在世界上实现自己的音乐天赋。[10]这篇评论使他得以深入研究一些他一直与默勒讨论的哲学思想，而且他希望它能像马滕森关于浮士德的文章一样，发表在海贝尔的杂志《珀耳修斯》上。但海贝尔阅读之后，很不喜欢它激烈而晦涩的文风。[11]那年 8 月，对这篇评论文章的修订版才几近完成，但那个月，《珀耳修斯》的第二辑（后来证明那也是最后一辑）问世了，并没有收录克尔凯郭尔的这篇文章。

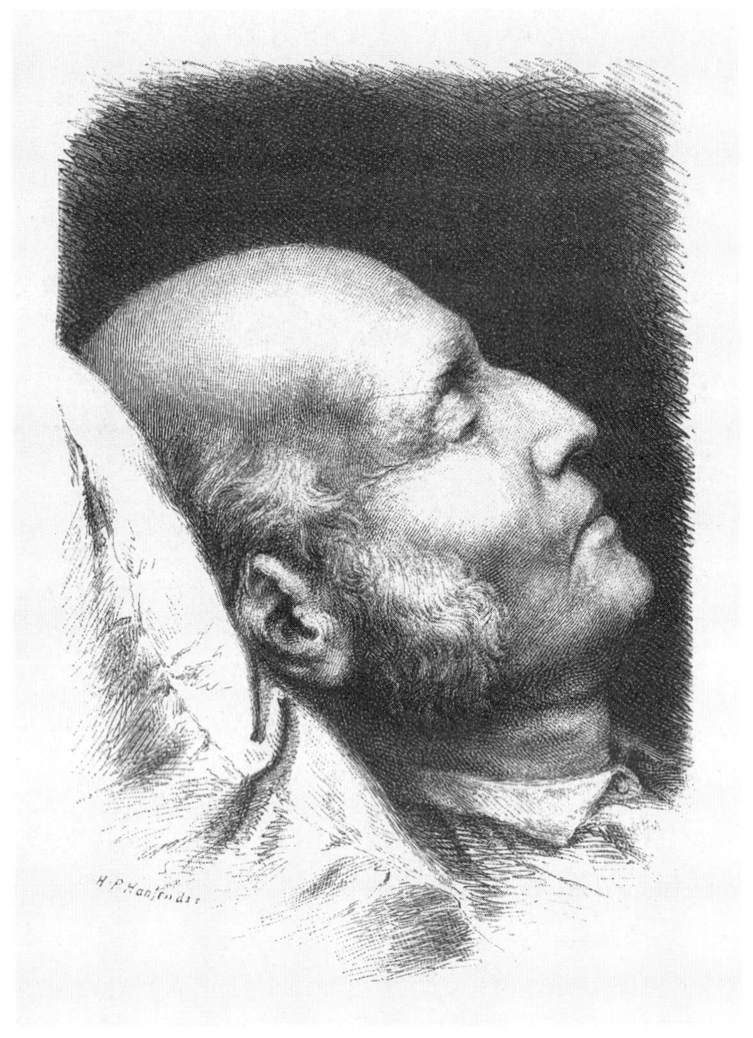

波尔·马丁·默勒去世之时

1838 年 8 月 8 日，米凯尔・彼泽森・克尔凯郭尔去世了。三天 116
后，克尔凯郭尔再度打开了日记本，在一页纸上画了一个小小的黑色十字架：

> †
>
> 8 日，星期三，凌晨 2 时，我的父亲去世了。我曾经那么深深地期望他能再多活几年，我将他的死视为他对我的最后一次爱的奉献，因为他不是离我而去，而是为我而死，以便可以在我身上产生某些后果。他留给我的，是对他的纪念、他的崇高的形象——这崇高不是通过我想象力的诗性发挥（就它而言是不需要什么想象力的），而是通过现在才了解到的许多点滴小事形成的。这种纪念对于我来说是最珍贵的，我将努力使其不为世人所知，因我确乎感到，此刻只有一个人（E. 伯森），是我能向他倾诉我父亲的。他是“一个极为可靠的朋友”。[12]

埃米尔・伯森，他从小到大的密友，或许会懂得为何克尔凯郭尔眼中的父亲是基督的形象：正如古老的虔信派赞歌里唱的耶稣那样，是“一个可靠的朋友”，为他人而死，且关于他的记忆被加以发挥。在他的朋友中，只有埃米尔知道一点他最深的背景，曾在孩童时期到他家里拜访，有过一些关于风暴街上的摩拉维亚集会厅的共同回忆。埃米尔知道从少年时代迈入一场讲演、小说和报纸，以及哲
学、艺术和文化批评的新世界意味着什么。克尔凯郭尔的哥哥彼 117
得・克里斯蒂安当然也了解那一切，但克尔凯郭尔宁愿不对他敞开

心扉。

没过几日，他又重新提笔撰写那篇关于汉斯·克里斯蒂安·安徒生的新小说的文章，1838 年 9 月，他把评论印成一部小书出版，标题是《出自一个仍然活着的人的文稿》（*From the Papers of One Still Living*）。如果说在自己的哲学导师和父亲先后去世之后，他总算有胆量把作品拿到世人面前了，不过出版却仍然是，借用西伯恩教授的话说，一件“内心复杂”的事。克尔凯郭尔根深蒂固的内省习惯产生于童年时期的内心冲突和两面性，又在他漫长的学生生涯得以滋养，让他感觉“总是，总是游离于自我之外”——如今他写了了不起的作品，却无法与之达成一致。“一个仍然活着的人”也算是一种假名，有“朋友”和“至交”之意，扉页上写道，他，S. 克尔凯郭尔，违背作者的意愿出版了这本书。

他写了一篇前言，署名是“出版商”，表达了他对身为作家的自己的矛盾情绪：

> 我们的意见总是相悖，我们永远无法达成一致，不过在这表面之下，我们有着最深厚、最神圣、最牢不可破的联系。是的，我们虽然常常会因磁斥力而分开，却仍然在最强烈的意义上无法分割，哪怕我们共同的朋友很少、或许从未见到我们在一起，尽管有人偶尔会感到惊讶，可他一旦离开了我们中的一个人，几乎同时会遇到另一个。因此，我们绝不能以那种诗人和演说家们用名垂千古的陈词滥调所表达的方式来为我们的友谊欢喜——他们说那种友谊仿佛一个灵魂住在两个身体里，因

> 为就我们而言，看起来倒像是两个灵魂住在同一个身体里。[13]

克尔凯郭尔继续写道，和全人类一样，这篇评论的作者也有一个经历了无数阶段的灵魂，它绕着自己的轴心转动，就像地球沿着黄道十二宫转动一样。繁乱的写作过程有这样一个周期：当他的灵魂进入“希望与渴望宫”时，他会退回到自身，然后“带着些羞愧”浮出水面，挣扎着努力写出他在自己的“内心圣所”里发现的某一个转瞬即逝的想法。

在灵魂经历了悲伤、焦虑、惊恐以及“福至心灵的时刻”数轮 118
转动之后，文章写完了，然后出版商（S. 克尔凯郭尔）——“他向世界表露心迹的媒介”——安排将它印制成书。然而，作者被“一种极高程度的在世上一事无成感”所困扰，倔强地反对这一安排：

> 他说，你非常清楚，我认为写书是一个人所做的最荒谬的事情。写书之人把自己全然交给命运和境遇的处置，他又如何能够逃脱阅读之人所携带的种种偏见，其令人烦恼的程度不亚于大多数在结识他人时携带的先入之见，以至于很少有人真正了解他人是什么样子的？当一个作者不得不落在随性的读者手中，他还有何希望可言？此外，我觉得文章最终获得的固定形式让我觉得束缚，为了再度感觉自由，我决定把它再带回到襁褓中，让它再次堕入来处的微光里。[14]

而且无论如何，作者还说，S. 克尔凯郭尔希望发表他的评论文章只是因为他被虚荣蒙蔽了双眼。“胡说八道，”出版商反驳道，“我不再听你多说一句！文章在我手里，我说了算。”

如此道出自己的内心挣扎的伤感与滑稽之后，克尔凯郭尔的评论列举了安徒生的《只不过是一个拉小提琴的》在风格、情节和人物塑造上的种种弱点。他尤其不喜欢小说中把天才（他自己内心深处认同的对象）描写成“一颗需要温度才能让好运受精的鸡蛋……就像海里的珍珠必须等待潜水者把它拿到阳光下，或者必须紧紧附着在贻贝或牡蛎上才得见天日，也就是恩主的高额奖金”。[15]和他小说中的音乐家一样，安徒生也出身于一个贫苦的外省家庭，但他在哥本哈根找到了有权有势的朋友，帮助他扬名立万。克尔凯郭尔不同意安徒生把天才描写成脆弱、被动、急需恩惠的人，他认为这低估了天才的力量。他也没那么看重来自文学资助人的物质帮助，毕
119 竟他和安徒生不同，向来把那些视作理所当然。被海贝尔拒绝让他十分不服：“因为天才不是吹一口气就会熄灭的灯芯草蜡烛，而是遇到风暴只会更加猛烈燃烧的一团火焰。”[16]

更本质的问题是，他批评安徒生缺乏“生命观”。这是他过去跟波尔·默勒讨论过的话题，后者坚持认为，思想家和艺术家应该从他们的作品中提炼出自己的生活经验，如果没有这样的经验锚定，那么知识和学识，乃至美妙的散文、诗歌和音乐，都是浮而不实的。“生命观不仅仅是经验，经验本身就始终充满碎片，”克尔凯郭尔解释说，“它是经验的转物质；它是一种从全部经验中获取的对自身不可动摇的确信不疑。”[17]他还对比了人本主义生命观（如斯

多葛派哲学）和源于“深层经验”的“宗教的”生命观：当一个人对自身有着**宗教性**确信不疑——一种信任、一种自信、一种信仰——时，他的生命就会获得一种既“朝向天国”又“深入尘世”的方向。他还呼应了自己吸收的浪漫主义文学理论，指出真正的诗人必须克服自己的日常存在，将他的人格“转化”为某种理想的、永远年轻的东西，“一种不朽的精神”。他说：“只有这个死去的、被转化的人格［才能］［诗意地］创作，而不是那个多角度的、世俗的、可触知的人格。”[18]很容易从安徒生的作品中认出那个“可触知的”安徒生，因为这个人没有生命观，克尔凯郭尔总结道：“他本人在生活里进行的那些无趣的战斗在他的诗歌中毫无惊喜地重复着。”

汉斯·克里斯蒂安·安徒生

120 安徒生一直焦急地等待着这篇评论，他可是出了名的敏感多疑之人。克尔凯郭尔偶尔会在学生会里或外出散步时遇到他，《只不过是一个拉小提琴的》出版后不久，他对安徒生说他觉得那篇小说不错，打算写一篇评论。1838 年 9 月，《出自一个仍然活着的人的文稿》一经出版，安徒生就收到了一册：他觉得“那种浓烈的黑格尔式文风佶屈聱牙”，但其苛刻刺耳的评价倒是一目了然。[19]他报复克尔凯郭尔的手段是在自己的《杂耍独幕剧》（Vaudeville in One Act）中把后者讽刺性地描画成了一位黑格尔派理发师，因为那时克尔凯郭尔还是把头发高高地梳在头顶，显出很滑稽的样子，这部戏剧于 1840 年在哥本哈根的皇家剧院上演。这名理发师装腔作势、滔滔不绝地说出很多哲学行话，其中还插入了不少选自克尔凯郭尔对《只不过是一个拉小提琴的》的评论文章中的词语，并自称“一个对世俗深感沮丧的人”。[20]

虽然克尔凯郭尔在哲学剖析中讨论的对象是安徒生，但这也反映了他对现代文化更广义的批评，后者继而反映出他对自己的批判性反思。波尔·默勒生前曾指出，在当代很难获得一种宗教的生命观，而克尔凯郭尔对这种困难性就有着直接的体验。他在以“一个仍然活着的人”为假名写作之时，他暗示自己也和安徒生一样，活得仍然太过肤浅，暗示他还没有死去，也还没有像一个真正的诗人一样自我转化，变得不朽。虽说他的精神生活在 1838 年已经加深了不少——5 月的一天，他有了“难以名状的愉悦”的非凡体验，但 7 月又开始厌恶“为获得一种远比现在更富有内心性的与基督教的关系而付出的艰深努力”——他写作的动力仍然是急不可待地给他人留下深刻印象，他的写作也还没有触及他曾经瞥见的那个深度。

在父亲去世和《出自一个仍然活着的人的文稿》出版之后，他总算要集中精力完成自己的神学学位学习了。1840 年，他再度搬离新广场，在北街租了一间公寓，从那里只需几分钟就能步行到圣母教堂的另一侧。那个夏天，在他进入大学学习近十年之后，他通过了所有的考试。那年 9 月他向雷吉娜求婚，短短几周后便进入王室牧师学院学习，那里的学生必须评价同学的布道词。克尔凯郭尔的布道被评价为思想丰富、逻辑缜密，他的讲演也威严庄重、充满激情，但他的同学们抱怨说他总是在思考“沉默祷告的至福、冥想的 121
至乐、上帝存在于我们的内心”，因而“转入了太过神秘的境界”。[21]

那年秋天，他开始撰写自己的博士论文《论反讽概念——以苏格拉底为主线》。这是他的第一部长篇哲学文稿，也是他的思想发展的一个重要阶段。和《出自一个仍然活着的人的文稿》一样，这篇博士论文也显示出波尔·默勒的影响：它批评了浪漫主义反讽横扫一切的虚无主义，指出苏格拉底的反讽要比它所质疑的当代价值观更加敏锐而富于洞察。他以弗里德里希·冯·施莱格尔的实验小说《卢琴德》为对象展开自己对浪漫主义的批判，那部小说高歌自由而热烈的爱情，把婚姻描述为资产阶级道德观的工具，使天然的欲望沦为一项合同义务。[22]

克尔凯郭尔在与雷吉娜的婚约持续期间就这一素材进行研究，是巧合吗？他对于《卢琴德》的哲学分析有没有受到他自己的爱情现状的影响，或者反之，写作有没有影响到他的爱情？我们很难确切地了解经验和思考对彼此的映照；的确，“理想性”与“实在性”、理论与实践之间到底是何关系，这本身就是他日思夜想的问题。和每个人一样，他也总是从人群、场所和事物的可触知的现实中想象出理念和意义，他该如何从中辨出真理呢？

早年间，他认为这是一个智识问题；如今，1848 年，他觉得这更应被视作一个神圣的奥秘，这种难以理解的神秘感在他的整个文学创作活动中逐渐凸显。他认为，神治与他的个人生活和哲学工作密切地交织在一起：所有这一切都是上帝让他关注那些问题和转折点的方式，他的灵魂需要经历它们才能成长，才能成为他想要成为的那个自我。因为人类虽然不是预制而成的，但他们也不是自己的创造者。他的生命并非全然由上帝决定，但他现在觉得，只有服从神治，他才有可能找到那条穿越世俗的真正道路。

而在 1841 年，他更感兴趣的是控制和掌握，而非服从和忠顺。在《论反讽概念——以苏格拉底为主线》的结尾，他提倡要“有节制地”使用反讽。他指出，在艺术领域，莎士比亚和歌德，乃至
122 海贝尔，都是“反讽的大师”，因为这些伟大作家都为了倡导某种特定的世界观而有选择、有技巧地利用了反讽的批判力。那么，他问道，在生活中掌握反讽又会如何呢？这要比对反讽予以限制更加重要，因为反讽之于存在，就像怀疑之于科学：“恰如科学家们声称，没有怀疑就不可能有真正的科学，那么我们可以同样声称，没有反讽就不可能有真正的人生。”[23]受过训练、洞察分毫的怀疑主义是科学方法的必要组成部分，但如果对一切都持怀疑态度，

那么科学也就无从谈起了。同样，苏格拉底宣称未经审视的生活是不值得过的，但他比任何人都清楚，生活必须被明智和仔细地审视。克尔凯郭尔的结论是，正如最伟大的诗人都是艺术上的反讽大师，浪漫主义“诗意地生活”的理想应该被重新解读为在生活中掌握反讽。

他在1841年春天完成了博士论文，那年9月底通过了答辩。西伯恩教授负责组织了一个考官委员会，其中包括H. C. 奥斯特，当时他因在1820年发现了电磁而备受赞誉，在职业生涯的最后几年担任哥本哈根大学校长。克尔凯郭尔的考官们欣赏他的哲学洞见和原创性，但认为他充满讽刺的文风不够得体。[24]奥斯特报告说，《论反讽概念——以苏格拉底为主线》虽然有着很强的思想性，但给他留下了“整体上很不愉快的印象”，因其“啰唆而做作”。尽管如此，就博士学位的授予而言，这部博士论文被认定为合格。[25]

成为博士之后还不到两周，克尔凯郭尔就声名狼藉了。10月，他最终与雷吉娜解除了婚约，不久便离家前往柏林。到达柏林后，他先是住在豪华的萨克斯旅馆（Hotel de Saxe），后来又搬到了中心市集广场——御林广场——的一间公寓。御林广场的正中央就是皇家剧院，是二十年前按照希腊寺庙风格建造的，根据浪漫主义的想象进行了改造，作为普鲁士最开明城市的高雅文化的纪念碑。剧院位于两座18世纪教堂之间，一座是德意志归正教会的教堂，另一座属于法国加尔文教派。就在他所住公寓的窗外，如此将受到古典
主义启迪的艺术与新教神学——美学与宗教——并置起来，以木石 123
建筑的形态总结了他的灵魂的构成。

柏林，御林广场：德意志大教堂（Deutscher Dom）与皇家剧院

那时，写作已经成了他的日常习惯；在柏林，那也是他与国内的人们交流的唯一方式。他与埃米尔·伯森一起长时间的散步被长信所取代：他每两周或三周给埃米尔写一封信，询问雷吉娜的现状，向他倾诉自己灵魂的躁动，报告他写作的进展——他总是催促好友回信，并嘱咐他“绝对保密”。哥本哈根的人们当然还在对他议论纷纷；他想象着他们会说他什么，然后对这些批评做出回应，他在自己的头脑中回应的次数远远多于在任何客厅、咖啡馆或城里的大街小巷里回应的。“我能说自己偶尔想念的唯一一件事就是我们的交谈，”他在写给埃米尔的信中说，“偶尔倾诉自己的内心感觉真是太好了，但正如你所知，虽然我说话很快，但交谈还是会占去我很长时间。尽管如此，信件始终十分重要，当它成为唯一的交流方式的时候，尤其如此。”[26]

与大多数人不同，埃米尔不会对他评头品足，但克尔凯郭尔还是会写连篇累牍的长信，为自己与雷吉娜分手的决定进行辩护。他解释说，这场危机的震荡把他甩出了美学领域——这对另一个人或 124
许是个简单的小事，却打破了他长期飘浮其中的迷人却无用的可能性的泡沫。“我不会把她变成一个诗意的主题，我不会想起她，却总是斥责自己，”1841 年 11 月，他对埃米尔说，“我觉得我可以把任何事物变成一个诗意的主题，但一旦涉及本分、义务、责任、债务等，我不能、也不愿意把这些变成诗意的主题。”[27] 当时他对雷吉娜还没有那种怨恨，而到他 1843 年回到柏林时，那种怨恨已经在他心里生了根。如果是她解除了婚约，他说，她也就“帮了他的忙”，但结果却是，他必须帮她的忙。“即便她有能力在我周围布满警觉的哨兵，让他们永远提醒着我她的存在，她仍然无法像现在这样，让我如此清晰地记得她的正直、她的美丽、她的痛苦。”

尽管如此，在这封信中，他的痛悔却带着凯旋的口吻，他觉得自己拒绝服从世俗的要求，便在与世界的战斗中获得了胜利。“最近发生的这些事让我的灵魂接受了一场它所欠缺的洗礼，但那洗礼当然不是洒落几滴水，因为我已经沉入了水底；眼前是一片黑暗，但我现在又浮上来了。再没有什么比按计划违抗整个世界更有利于人格发展了。”[28] 他当然知道，这也是在考验埃米尔的耐心。“亲爱的埃米尔，如果你生气了，请千万不要对我隐瞒，”他在这封信的结尾恳求好友，“我不知道是因为我的灵魂太骄傲，还是它太伟大，因而无法被这类小事所困扰，但它的确没有困扰我……我对你别无所求，只有衷心的祝愿，愿你与自己的灵魂同在……在这个世界上，我已经失去了那么多，或剥夺了自己那么多，但我不想失去你。”[29]

在柏林的那几个月，他的灵魂不但在各种不同的情绪间循环，还在他通过信件召唤出的各个不同的自我之间往复。12 月初，他连着三天写了三封信：分别写给他 12 岁的外甥女亨丽特·伦、埃米尔和西伯恩教授。他在“一种［装饰着柏林庄严的新古典主义博物馆、剧院和歌剧院图案的］特殊纸张”上写了一封温柔而有趣的信，祝亨丽特生日快乐。[30]第二天他又恢复了那个无所不能的浪漫主义诗人的角色，在给埃米尔的信中报告了他“过于充满创意的大
125 脑”部署的各种新“战术”——“她的家人恨我倒是不错。那正是我的计划，正如如果可能的话，她也恨我，也是我的计划”[31]，还就埃米尔本人的爱情困境给出了不可信的建议，并写了一段气势汹汹的附言，谈及在《唐璜》中扮演爱尔薇拉的漂亮的维也纳歌唱家：她长得很像雷吉娜。在写给西伯恩的信中，他变成了恭敬而勤勉的学生，报告他听过的斯特芬斯、菲利普·马海内克①、卡尔·韦尔德②和谢林的哲学讲座。[32]

索伦舅舅的角色无疑显露出他性情中最美好的一面。他从柏林定期写信给他在哥本哈根的所有外甥女和外甥——他已经去世的姐

① 菲利普·康拉德·马海内克（Philip Konrad Marheineke，1780—1846），普鲁士圣公会的新教领袖。

② 卡尔·弗雷德里克·韦尔德（Karl Friedrich Werder，1806—1893），德国哲学家，诗人。

姐彼得雷亚和尼古琳的孩子——而且他写给他们的信中也满溢着体贴和喜爱。14 岁的索菲给舅舅写了一封令她兴奋的信，她提到自己去参加舞会，他在回信中善意地取笑了她。他写信给 11 岁的卡尔说起拉着车从乡下运送牛奶的大狗，在蒂尔加滕四处乱窜的吵闹的松鼠、运河里“无数的金鱼”。[33] 10 岁的威廉收到了一封典雅简洁的信，这位舅舅表扬他整齐而清楚的字迹，还纠正了几个拼写错误。[34]1841 年 12 月底，克尔凯郭尔给卡尔和他的哥哥米凯尔写信谈起柏林的圣诞节，他在圣诞期间与“所有丹麦人”一同在观景楼（Belvedere）共进晚餐：“我们尤其要努力让自己高兴起来，吃着苹果布丁，让我们想念起家乡。我们还布置了一棵圣诞树。”[35]卡尔的上一封信短得可笑，克尔凯郭尔鼓励他再写一封：“想到什么就写什么好了，不要害羞……下次请告诉我你得到了什么圣诞礼物，其他人的，还有我的礼物……我猜想哥本哈根的严寒已经持续了很长时间，你一定已经在冰上玩过好几次了。我对那一切都感兴趣。你得一一告诉我。”[36]圣诞节过后，“可怕的寒冷的”日子被“美丽的冬日”所取代，1842 年 1 月中旬，卡尔和米凯尔收到了关于溜冰、马车，以及用马车改造的雪橇在柏林下雪的街道上横穿的故事。那是“令人愉快的”景象，但克尔凯郭尔太怕冷了，不敢以这种方式出行。

他全部的社会关系，他全部的自我，无一能够逃脱他关于雷吉 126
娜的焦虑。他知道西伯恩教授跟她有联系，也知道他的外甥女和外甥们会去拜访她。圣诞节后，他写给埃米尔的信更长了，更是充满了不知所云的矛盾和困惑。他对埃米尔说（他也曾对自己这样说），他能够把控局面："我诗意地把握着自己的生活……我的生活分为不同的章节，我可以为每一个章节起一个准确的标题，并说出它的格言。当前它宣称：'她必须恨我。'"[37]他解释说，一切都要为这一目的服务：

> 在这里，有居住在柏林的丹麦人在场时，我总是很开心、很欢乐、很愉快，享受"生命中的美好时光"，等等。尽管我的内心如潮水翻涌，乃至于我的情感有时也会像潮水一样冲破我用于掩盖自己的那层冰面，即便我的内心偶尔会有一声呻吟，但一旦有别人在场，每一声呻吟都会立刻变成一句讽刺、一句俏皮话，等等……［因为］我的计划要求我必须如此。这里的一声呻吟可能会传入一个丹麦人的耳朵，他或许会在家信中提到，她或许会听到，那就有可能会破坏整个过渡进程。

又过了几周，柏林的寒冬变得越来越让人难以忍受。东风凛冽，他在 1842 年 2 月写给埃米尔的信中抱怨说，他已经有几天几夜无法让自己暖和起来。每个逆境都会加重他的精神磨炼；他一次又一次地回想起雷吉娜：

> 寒冷、偶尔失眠、神经紧张、对谢林的期待落空，我自己的哲学理念的困惑，没有娱乐消遣，没有反对的声音让我激动——那真是对我的严峻考验。人要学会认识自己……我解除婚约是为了她好。那成了我的安慰。在我最难过的时候，在我

> 最最孤寂凄凉的时候，我会在灵魂深处大声呼喊：“那不好吗？你可以设法解除婚约，难道不是意外的好运吗？如果婚约继续，那么你就会变成她一生一世的折磨。”[38]

然而在这封信的最后几页，他又幻想起回到雷吉娜身边的场景。他已经无法在想起她的时候不考虑全城人的看法：他想象自己会被“憎恨和厌恶”，他会“变成笑料”，甚至人们会说他总算还保留了 127
一点体面，他坚信，那是最让他担心的。“在柏林度过的这个冬天将始终对我意义重大，”他最后说，“我做了很多工作。我每天去听三个到四个小时的讲座，每天上语言课，还写了很多东西，读了很多东西，我没什么可抱怨的。我还受了那么多苦，道出了那么多独白！”

2 月底他从外乡给埃米尔寄去了最后一封信。他的灵魂进入了一个新的阶段，如今他坚定、清晰而快乐：

> 我亲爱的埃米尔：
>
> 谢林没完没了地胡说八道……我准备离开柏林赶回哥本哈根了，不过你知道，这次我不会被什么新的联系束缚，哦不，我比以往任何时候都更加强烈地需要自由。一个像我这样性格乖僻的人应该拥有自由，直到他遭遇生命中能够束缚他的某种力量。我回哥本哈根是为了完成《非此即彼》。这是我最喜欢的理念，我就存在于其中……[39]

几次错误的开头之后，他的写作活动总算在初访柏林的那次旅行中开始了——他开始变成了他自己所谓的“真正的我”。他的灵魂不再只是周而复始地循环：他在订婚危机的推动下，迈向了一个新的、宗教的存在领域。开启他与上帝的关系并让他沉浸其中的不是神学、不是哲学，也不是艺术，而是与雷吉娜的分手。他把自己的写作生涯开始的时候确定在1843年初《非此即彼》的出版，也就不再理会早期的作品，因为那些都没有表达宗教的生命观，都是从他在《出自一个仍然活着的人的文稿》中描述的那种深刻的个人体验中提取出来的。那篇评论的作者能够推论出一种“对自身不可动摇的确信不疑”，但他尚未真正拥有那种确信不疑。

正如与雷吉娜分手和他开始写作活动密不可分，而她与他写作活动的结束也纠缠在一起。在1848年这个难熬的夏日，他的思绪一次又一次地回到她的身上；他关于结束写作活动的焦虑似乎包括
128 他过去十年感受到的关于雷吉娜的大量焦虑。在那一切之下是渴望，渴望那始终让他求之不得的东西。短短几天前，他乘马车穿过乡间小道驶向了弗雷登斯堡（Fredensborg），他知道奥尔森全家正在那里度假。“一种不可名状的预感攫住了我，我很开心，几乎确信能在那里遇到那一家人，”果然，他偶遇了雷吉娜的父亲，“我走上前去，对他说：‘日安，奥尔森议员，我们谈谈吧。’他摘下帽子对我点头致意，但随后就把我推到一边，说：‘我不想跟你说话。’哦，他的眼睛里含着泪水，说出这话让他痛苦万分。我走向他，但他跑了起来，快得即便我想追，也根本追不上他。”[40]

人怎么可能追得上过去，去把握它、改变它，把它塑造成新的模样。他所能做的只是回忆过去，把它写下来，试图分辨出它的意义。“有朝一日，”他决定，“我必须对作为作家的自己、对我口中的自我，对我何以认为自己从一开始就是一个宗教作家给出一个清晰的解释。”[41]8 月过去的这三周，在他堆满杂物的罗森堡街的公寓里无数次来回踱步之后，他比以往更清楚地理解了他一直以来都是被自己的写作“教育”的。从学生时代开始，他就对人格发展和精神成长感兴趣，将虔信派强调的“陶冶”和“觉醒”与浪漫主义关于艺术是自我修养之途径的信仰结合起来。如今他理解了自己何以成为一个作家，何以通过自己的写作活动变得越来越虔诚：“我在自己工作的过程中日渐成长和发展，就个人生活而言，我越来越坚信基督教了。”[42]而在用一篇关于海贝尔夫人和她两次扮演朱丽叶的文章结束自己的写作活动之后，他需要世人理解，他的写作从一开始就是与宗教有关的，是一场宗教危机为《非此即彼》，也为他自己的“开始”铺平了道路。“我带着最深刻的宗教印记踏上了这条道路——啊，在我写作之初，我背负着另一个人的生命的全部职责，我认为那是上帝对我的惩罚……在一种生死攸关的意义上，我承受了那些压力，它们让我转身背离了开始写作《非此即彼》之前的世界。”

关于作家生涯的反复思量让他精疲力竭，但新的开始——新的 129
思绪、新的篇章——又让他感到狂喜。“我有多长时间没有经历过刚刚又一次经历的那种美妙感觉了？然后我又陷入了忧郁症带来的极度痛苦；一两个想法纠缠在一起，我无法厘清，又因为它与我自己的存在有关，我的痛苦无可名状。继而，过了一小段时间，仿佛某个疖子破了——里面是最美妙最高产的创造力，那正是我当时急需的东西。”[43]目前尚不清楚他对自己创作生涯的叙述是为了结束它、为它写一篇最后的附言，还是为了给过去五年的写作时期画一个句号，接着就此开启新的篇章。

第九章

基督教世界的苏格拉底

时间是 1848 年 9 月 1 日，克尔凯郭尔第三次在圣母教堂周五 130
圣餐礼仪式上布道。一个又小又弱的身影站在托瓦尔森那个巨大的基督雕像前面，他这次讲演的题目是《约翰福音》里的一句“从至高他将把一切吸引向自己”，并向人数不多的会众解释说，跟随基督能让他们超越世俗忧虑。他用自己轻柔而富有表现力的声音对他们说道：“如果一个人的一生不欲被消耗殆尽，为那些当时只是虚荣、过后尽成虚空的东西空洞地辛苦，为那些在当下吵闹喧哗、在永恒里没有回声的东西忙碌地劳作，那么一定有什么更高的东西将它吸引。”

在安静的教堂外面，街道和报纸都在对选举议论纷纷：10 月 5 日，所有男人，甚至包括农民在内，都将投票选举起草丹麦新宪法的议会成员。但克尔凯郭尔唯一挂怀的只是“那个单个的人”的精神生活。他认为这“与政治是截然对立的”，因为它与“世俗的回报、权势和荣誉”无关。[1] 公众关于这些事情的喧哗声越大，他越坚定地站在他们的对立面：在他看来，从宗教意义上讲真正重要的事，是每一个人的“内在性”，“而不是在外在世界寻求权力”。

他是听着勇敢地扬帆前往格陵兰的摩拉维亚传教士的故事长大的，如今也把自己看成某种追随着神圣召唤的传教士。然而，他的特殊使命却不在遥远的丹麦殖民地，而在哥本哈根的一座教堂里，他必须在那里向那些打出生起便是基督教徒的人介绍基督教。“在基督教世界做一名传教士看起来总是与在异教徒的世界里传教不
131 同。如果他面对的就是基督徒，那么让他们成为基督徒又意味着什么呢?”年复一年，他已经通过自己的作品与他的邻人们对话，但作为人，他们与上帝的关系仍是一个没有答案的问题，是一个亟待完成的任务。他坚信，他与众不同的文学天赋、哲学才智和过人的想象力全都是上帝赋予的，不是为了让他成为大名鼎鼎的教授或赢得同侪的赞赏，而是为了“凸显出基督教世界的虚幻，就何为基督徒提出一个愿景”。他必须日复一日地调动自己的全部资源，去履行这一宗教使命。

和往常一样，他的焦虑都是通过写作消解的。如今他结束了自己的写作活动，这一消解方式比以往更加微妙了；他最新的焦虑是关于他的写作活动将如何被解读，而唯一摆脱它的办法就是再写一本关于他写作的书。他那些假名作品的出版商赖策尔从 1846 年起一直说要印刷《非此即彼》的第二版，那年第一版的 525 册全部售罄，如果该书被再版，他将不得不说明那本书的非道德论和唯美主义始终是为一种宗教目的服务的。“如今我觉得有可能就我此前的写作活动写一个短小而尽可能真诚的解释”：他迄今为止出版的一切都是关于基督教的“间接交流”，到如今这种写作活动已经终止，

他才总算能够直接表达自己的宗教信仰了。“正是出于这一原因，我现在能够解释和诠释那些间接交流了。先前我总是不够清楚。人必须超越自己想要诠释的东西。”[2]

《就我的作家生涯所写的观点》（*The Point of View for My Work as An Author*）是否会出版，是另一个问题，当然也伴随着新的焦虑，但他在写的时候，尚无须为那事担心。他确信自己不久就会死去；或许拉斯穆斯·尼尔森会帮忙保管他的文学遗产，但不能把一切都交由尼尔森处理。他的作品要被一代又一代的人阅读，为了不让人们误解他的作品、误解他的生活，他必须做出自己“对历史的报告”。在数年的文学托词之后，他会从《非此即彼》开始，解释自己奇怪的使命感和古怪的方法。终有一日，就算他无法活着看到那一天，人们也会明白那个在 1848 年站在圣母教堂里安静地布道 132
的男人，他的灵魂与 1842 年在柏林创作“诱惑者日记”的男人没有差别，他们担负着同样的使命。

他作为写作者的任务不是阐述一种神学，教授某种教条，或纠正那些异端邪说。“基督教不是一种教条，而是一种关于存在的交流。（作为教条它会埋下正统的祸根，会引发这样那样的争论，而人们的生活完全没有改观。）基督教是一种关于存在的交流，因而只能通过存在得以传扬。”几个星期前，他在自己的日记中如此写道。[3] 然而，他绝不会声称自己为他人立下了效仿的榜样，因为他像摩拉维亚人一样坚信“每个人与上帝的距离都一样近”——耶稣是唯一的榜样。[4]“强迫一个人接受某个观点、某个信念、某个关于永恒的信仰，我做不到。但有一件事我可以做到，那就是我可以强迫他有所意识。”[5]

《非此即彼》是一系列“美学”作品中的第一部，是为那种“自以为是个基督徒，却生活在纯粹的审美范畴”[6] 的读者而写的。这是广泛存在于基督教世界的一种“错觉”：在 19 世纪丹麦那样基督教根深蒂固的文化中，人们符合对基督徒的一切期待，却从未着手完成需要投入一生（或许比一生更长）才能完成的信仰的任务，这是完全有可能的。

在克尔凯郭尔开始写作活动之前，他就已经从苏格拉底那里学到，“没有什么比消除错觉更需要温柔相待了”[7]——因为直接对峙只会让人们变得更加戒备和对抗，强化他们的自欺欺人。纠正事关个人整个存在的错误并非易事。作为苏格拉底的信徒，他一直试图教读者“不要理解基督教，而要理解他们无法理解基督教这件事”。[8] 如此一来，他为了让他们摆脱错觉而进入了他们的错觉：“我们无法一开始就直接表达自己希望表达的东西，而应该以字面意义采纳他人的错觉。因此我们一开始不说：我要宣扬的是基督教，而你们生活在一个纯粹的审美范畴。不，我们要这么开头：让我们谈谈审美吧。”[9]

133 他如今承认，这是一个“骗术”，因为他之所以进入审美领域，只是“为了到达宗教领域”。然而，这一骗术是为最高的真理，也就是基督教的真理服务的。“我们可以欺骗他人，让他不信真理，不过——想想老苏格拉底吧——我们也可以欺骗他人，让他了解何为真理。是的，只有用这种欺骗的方法，一个被骗的人才能真正了解何为真。"[10]一名基督教世界的传教士必须像个特务那样，"秘密地"在俗世中穿行，因为如果他表现得笃信宗教，"这个世界有一千种遁词和错觉可以防范他和除掉他"。[11]

在柏林开始写《非此即彼》时，他就已经在尝试一种写作形式，它表明自身的局限性，指向某种无法通过哲学或艺术获得的东西。他在《非此即彼》的前言中写道："生活不是浪漫小说。"[12]这本书对浪漫主义的批判早在他关于反讽的博士论文中就已初见端倪，但这里的批判有了一个新的走向：他的博士论文以理论的方式考察了浪漫主义反讽的缺陷，而《非此即彼》却证明了将这种反讽作为生命观会导致怎样的结果。如今这种"审美的"生命观中不仅包括浪漫主义，还包括人们追求世俗欲望——物质享受、感官快乐还有智力刺激——这一普遍倾向，同时逃避伦理生活的要求和他们自身对上帝的需要。

克尔凯郭尔当然清楚他自己也有审美倾向。与《出自一个仍然活着的人的文稿》的序言一样，《非此即彼》也上演了一场他的两部分灵魂之间的辩论：这一次，辩论延续了好几百页，讨论的不是出版一本书，而是结婚。这个辩题的一方是个审美家，即所谓的"A"，此人是个机敏而忧郁的知识分子、文学评论家和实验派诗人：他写杂文、评论、片段和格言警句，他不拘一格的作品构成了《非此即彼》的上部。其中就包括"诱惑者日记"，作者是精明却魅力难挡的约翰纳斯——这个人物本该说服雷吉娜相信，离开克尔凯郭尔对她更好。

和约翰纳斯一样，审美家"A"也把他遇到的一切都变成了智

识思考的主题或诗歌灵感的来源。他活在可能性的泡沫中，飘浮在
134 一切（甚至他自己的存在）之上；世界是在他面前展开的无际风景，他带着不断波动的兴趣或冷漠、愉悦或无聊、欣慰或恼怒远观着那一派风景。他没有活在这个世界上的支柱：没有承诺、没有投入、没有道德准则，也没有约束他的宗教。他的行为在他自己看来无足轻重；他做什么或不做什么都无关紧要。他很容易感到无聊，于是从无长性，频繁更换——改一个主意、变一种情绪、换一个女人。和弗雷德里希·冯·施莱格尔的小说《卢琴德》一样，他的作品也嘲讽整个资产阶级道德观，特别是婚姻制度："结婚或者不结婚，两者你都会后悔……去为世界的各种荒唐而笑或者而哭，两者你都会后悔……吊死你自己或者不吊死你自己，两者你都会后悔。我的先生们，这个道理，是所有生活智慧的精粹。"[13]

辩论的另一方是威尔海姆法官，这个男人年纪大一些，也更有责任心，已婚有子女，是公德的模范人物。他代表着伦理领域，人可以在那里为自己在俗世找到一席之地：建造一所结实的房舍，用有意义的决定、持久的承诺和忠诚的关系塑造一个稳定的自我。在写给"A"的两封信（每封信的篇幅都够得上一部短篇读物）中，他高歌婚姻生活的责任和乐趣。威尔海姆法官看到了"A"身上巨大的潜力，但这种潜力却被他的生命观所困扰：他告诉"A"，他像爱一个儿子、一个兄弟、一个朋友那样爱他；虽然"A"有种种"古怪习性"，但他仍然爱他的热烈、他的各种激情、他的各种弱点。他写道，他爱他，"以一种宗教式爱心的畏惧和战栗爱着你，因为我看见了各种对正途的偏离"。

虽然这两个文学形象都拥有乏味的斯堪的纳维亚灵魂，但它们决然不同。“对于你，”威尔海姆法官写信给他这位年轻的朋友说，“汹涌翻腾的大海才是生活的比喻，而对于我而言宁静的深水才是生活。”威尔海姆的内在自我就像和风丽日下的培布陵湖（Peblinge Lake），他觉得自己的婚姻就像注入这面湖水的河流，宁静、长久却充满生命力：

> 我曾常常坐在一条小溪旁。它总是那老样子，同样轻声的旋律、底部同样的绿色在平静的水下随流屈身摇动，同样的小动物在下面游动，一条蹿进鲜花掩映处的小鱼对着水流的涌动 135
> 张开自己的鳍，躲到了一块石头之下。多么单调，而却又多么富于变化！婚姻性的家庭生活也是如此，宁静、适度、低吟曼语；没有很多变化，然而又像水在潺潺流动，却只有着水流的旋律，对于那认识它的人是甜蜜的，对于他是甜蜜的恰恰因为他认识它；这一切都没有炫耀的光彩，然而偶尔一道光泽铺洒向这一切，却不打断那习惯性的进程，正如在月亮的光线洒落在那水面上并且展示出它用来演奏其旋律的乐器。[14]

法官劝说年轻的审美家要有“精神的严肃”，否则，他警告说：“会错过那最高的、那唯一真正赋予生命意义的东西，也许你会赢得全世界，却丧失了你自己。”[15]

两种生命观之间的这种冗长对话不仅仅是一种反讽的自我审视的练习，它唯一的甚至主要的目的也不是愈合雷吉娜破碎的心。在这段古怪的作品纲要的字里行间，是对整个时代的一段尖刻批评。马滕森和海贝尔都拥护黑格尔的哲学，认为它能够解决他们那个世纪的精神危机，他们认为，浪漫主义暴露并加重了那种危机。但《非此即彼》以婉转地方式表明，黑格尔思想同样是虚无主义的，和浪漫主义一样，同样属于审美领域。当然，许多人不知道什么浪漫主义文学或黑格尔哲学，却也一样审美地活着，缺乏伦理或宗教的生命观。然而，克尔凯郭尔认为这种文化趋势正是那个时代的标志，是精神空虚的症状。

浪漫主义曾经在其诗歌、科学和形而上学中寻求一种更深的统一性作为这个世界无限多样性的基础，黑格尔的哲学为这种对统一性的泛神论式追求提供了一种逻辑结构。人类通常是通过辨认出事物——日夜、生死、男女、主仆、黑白——之间的差别来为世界赋予意义和秩序的。在这些差别之下存在着一种“非此即彼”的隐含逻辑：它必须是白天或者黑夜；动物要么是雄性要么是雌性；一个人要么活着要么死去，要么是主人要么是奴仆。这种逻辑原则最早由亚里士多德固定下来，为其后数世纪的哲学推理奠定了基石。然而黑格尔强调，这些差别不仅将事物区隔开来，也将它们统一在一
136 起，因为对立物彼此依赖。所谓白天就是黑夜的反面；奴隶只有在拥有主人的时候才是奴隶，而主人也只有在拥有奴隶时才是主人；男人意识到自己相对于女人的阳刚性，而女人也意识到自己相对于男人的阴柔性。生命的进程与死亡不可分割。任何两个人的差别也包含在他们每个人之中，由内而外构成他们各自的身份。

黑格尔用一种动态的辩证逻辑取代常识思维中的二元逻辑，为

一种大胆的新历史理论奠定了基础。1804 年，海地漫长的革命斗争终于结束了，那块法国殖民地上的奴隶宣布他们从拿破仑的政权下获得了独立，在其后那几年写作的黑格尔指出，诸如主人和奴隶这样的范畴在此前一直被认为是一成不变的自然秩序，实际却是随着时间的流逝而变化的。[16]不公正的社会关系可能会转化为建立在相互认可和尊重基础上的平衡的文明形态。这就是进步的哲学：黑格尔指出，当我们从一个更高、更客观的事件观察现实时，如历史学家考察这个世界的各个阶段，或者科学家解释自然中所含的统一原则那样，那么我们就能理解日夜、生死、男女、主仆，都是连续进程中的不同时刻或阶段。黑格尔声称，这一过程的目标就是精神自由。正如人类始终不断地获得更多的知识，他们也会越来越像上帝，上帝之所以知晓一切，是因为他存在于空间和时间之外，一眼便能瞥见整个宇宙及其历史。

撰写《非此即彼》时，克尔凯郭尔已经认为，黑格尔哲学体系中的极大目标，正是马滕森在 1836 年那篇关于《浮士德》的文章中讨论的现代狂妄自大的症状。《非此即彼》的第一部分滑稽讽刺了这种普罗米修斯式的理想，克尔凯郭尔知道，他自己那一代人尤其为那种理想所累。在“诱惑者日记”中，约翰纳斯说自己俯视着他本身的存在，像上帝观望自己的创造物，或者像一位黑格尔派哲学家观望世界历史一样观望着自己的灵魂：

> 我的心灵就像翻腾的大海在激情的风暴中咆哮。如果另一个人能够在这样的状态中看见我的灵魂，这会让他感觉到，我

> 137 的灵魂就像一只小船，船尖朝下地钻向大海，仿佛它在自己可怕的冲力中会冲到深渊的底部。他看不见在桅杆上一名水手坐在那里瞭望。冲击吧、咆哮吧，你们这些狂野的力量，翻滚吧，激情的力量，哪怕你们的浪涛将泡沫甩上云霄，你们却无法通过堆积自身而盖过我的头；我像山上的主宰者一样平静地坐着。我几乎找不到落脚的地方，就像一只水鸟，我徒劳地想在我心灵中翻滚的大海里寻找降落的地方。[17]

或许在订婚危机之前，克尔凯郭尔本人的生活也像这样——总是游离于自我之外，在他的世界上方盘旋。然后，他在一个住在几条街之外的年轻姑娘那充满热血、无可辩驳的存在之海里触礁了，姑娘爱他，打算嫁给他，她的眼睛直直地注视着他，她的眼泪有他触手可及的温度。他从雷吉娜那里学到，没有什么哲学体系、没有哪一种纯粹智识的理解生活的方法能够帮助一个人活在尘世、做出决定、成为自己。

除了与他内心的混乱缠斗之外，他还想让黑格尔哲学彻底跌下神坛，尤其希望让马滕森泄气。通过塑造审美家“A”这个人物（这个人物刻画得十分生动，因为作者太了解他的灵魂），克尔凯郭尔证明了构成黑格尔思想且在黑格尔的百科全书式哲学的每个阶段不断繁衍的独特的辩证逻辑，一旦被用作一种生命观，就变得荒唐可笑了。审美家发现自己的选择无关痛痒，因为在他思考的每一个决定中，各种备选道路都会导出同样的结果：“结婚或者不结婚，两者你都会后悔。”无论是黑格尔还是马滕森，其本意都不是让自己的哲学逻辑以这种方式被用于伦理生活——但克尔凯郭尔的观点是，追随某种无助于他在尘世生活的哲学的人，其注意力恰恰背离了最为迫切的存在问题。

《非此即彼》中的审美文字一方面滑稽模仿了马滕森的黑格尔
主义以及浪漫主义者更含混不清的诗化理想，而另一方面，威尔海
姆法官的信件则表达了明斯特主教教授的那种伦理的生命观。事实
上，威尔海姆法官对审美家的责备呼应了明斯特对马滕森的神学的
批评。就在克尔凯郭尔撰写《非此即彼》之前，明斯特与马滕森就
黑格尔哲学的功绩展开了争论：两位神学家就哲学与信仰之间的关 138
系问题撰写了一系列学术性文章。其他学者纷纷在辩论中站队，
“非此即彼”这个词语就此成为将他们分隔开来的那个问题的口号。
马滕森用黑格尔的辩证法表明，对立的神学立场可以从某个哲学视
角加以调和或“调停”。明斯特则认为，最重要的问题是个人的宗
教信仰：他认为每个个人都应该申明自己的信仰——要么是“泛神
论”，要么是“超自然论”；要么是犹太教，要么是基督教；要么
信仰上帝，要么是无神论——并一生忠于那种信仰。

威尔海姆法官的信件表明，婚姻问题让明斯特的立场变得一目了然了。一个人要么结婚，要么不结婚，如果结婚，他也不可能同时拥有两个妻子。法官对女人的态度正像明斯特对基督教的态度：他选择了妻子，一生忠于这一个女人。克尔凯郭尔为自己的书取名《非此即彼》，就表明他也加入了马滕森和明斯特的争论。然而，他在为辩论做出贡献（他显然与明斯特持同一立场）的同时，也讽刺了整个事件；《非此即彼》是一部哲学喜剧，但在幽默中却蕴藏着

深刻的严肃性。通过把一套高雅的学术交流变成生命观的冲突，他指出，这种学术争论提出了一个非经历则无法回答的存在的问题。

虽说像明斯特主教一样，威尔海姆法官也严肃地对待这一存在问题，但克尔凯郭尔并没有让他发表最终意见。法官写给审美家的两封长信之后紧接着的一段布道，描述了人如果生活在对上帝的信仰中，会对自己有什么不同的理解。这段布道附有一个注释，解释说它的作者是威尔海姆法官的一位年长的朋友，如今在日德兰做乡村牧师——“他是一个矮小但壮实的人，快乐、充满生命喜悦，并且是非同寻常地活泼。尽管他的灵魂在其深处是严肃的，他外在的生活则看起来就好像是追随了那‘一切顺其自然’的教导”。他对法官说，他觉得日德兰的荒地“对一个牧师而言是个无与伦比的研究室”：“我每星期六去那里冥想我的布道讲演，并且，一切在我面前豁然而开；我忘却了每一个真正的听讲者并且赢得了一种理想的
139 东西，赢得了在我自身之中的完全专注，这样，我在走上讲道坛的时候，就仿佛我仍然是在荒野中，在那里我的眼睛看不见任何人，在那里我的声音带着它的全部力量向上升起以便去湮没那风暴的声音。”[18]

一位乡村牧师的布道看似无伤大雅，但事实上，把它纳入《非此即彼》却是一个颠覆性的行为。通过把马滕森归入审美领域而把明斯特归入伦理领域，克尔凯郭尔提出了一系列大胆的问题：这两位丹麦基督教世界的高阶神职人员，有没有一位是以**宗教的**方式对待生活的？他们的基督教徒品性中有没有任何真正与基督教有关的东西？如果神学教授和西兰主教都未曾到达存在的宗教领域，那么

哥本哈根**有谁能够**作为典范，教人们过上一种真正宗教的生活？在《非此即彼》的结尾，克尔凯郭尔提出了一种来自远在他的城墙之外的宗教领域的声音，仿佛在那些城墙之内，没有人知道如何生活在对上帝的信仰中。

明斯特和马滕森都是在克尔凯郭尔心目中占据重要地位的灵感来源和对手，但他们却不是 1840 年代哥本哈根仅有的两位有影响力的基督教导师。另一位大人物是自 1822 年就在大学里教授神学的亨里克·尼古拉·克劳森（Henrik Nicolai Clausen）：他是《新约》学者，也是追随 18 世纪启蒙运动一派的理性主义者。[19]克尔凯郭尔在整个 1830 年代都听过克劳森教授的课，后者训练学生们把《圣经》当作一门艰深的学科来阅读。1825 年，克劳森出版了《天主教义与新教教义：教会章程、信条和仪轨》（*Catholicism and Protestantism: Their Church Constitutions, Doctrines and Rites*），其中提出了人们耳熟能详的路德宗主张，即天主教徒认为教会是最高的精神权威，而新教徒信仰的基础则是《圣经》。更有争议的是（当然偏离了路德本人的教义），克劳森声称圣言不该仅在布道坛上宣讲：它应该在历史研究的指导下，通过理性加以诠释。这是像他一样熟读希伯来文和希腊文、精通神学和哲学的圣经学者们应该承担的任务。那一代的许多人都以这样或那样的方式反叛理性主义，但克劳森却始终坚信，人类理性能够让他们的信仰摆脱迷信和无知，在漫长的黑暗年代，正是迷信和无知被教条赋能，破坏了基督教世界的和平。在克劳森看来，专业的神学家是基督教真理的安静的守 140
护者，是路德宗的启蒙者。

在几乎每一个问题上反对克劳森的是 N. F. S. 格伦特维（N. F. S. Grundtvig），这位极端狂热的牧师、赞美诗作者和政治煽动者高调地成功挤入了丹麦国教的边缘。年轻时，格伦特维的民族主义在对北欧神话的浪漫怀旧中得以表达：受到厄伦施拉格尔的启迪，格伦特维的诗歌憧憬着恢复斯堪的纳维亚人作为“巨人族后代”旧日的荣光。但经历了一次个人精神危机之后，他又背离了异教，放弃了丹麦浪漫主义者的泛神论思想，既攻击厄伦施拉格尔，又攻击 H. C. 奥斯特。克尔凯郭尔出生后的那些年，丹麦一直受到拿破仑战争的军事和经济重创，格伦特维的民族主义狂热情绪在一场宣扬要唤醒“斯堪的纳维亚的英雄主义精神对基督教的功绩”的诗歌和布道运动中找到了用武之地。与古代以色列的先知一样，他也对自己的民族在精神上堕落了感到悲痛：自私自利变成了被广泛信仰的理念，金钱变成了国家的灵魂，不信教对丹麦的威胁远大于任何外国军队的枪炮。

1820 年代末，格伦特维转而把辩论的枪矛对准了克劳森教授，猛烈地抨击后者，以至于被以诽谤之名诉至法庭。惯于从圣经学者的手中抢夺精神权威的格伦特维鼓吹自己“无与伦比的发现”，即基督教的原始来源不是《圣经》，而是口头传统——包括主的祈祷、洗礼用语和使徒信经，它们直接由耶稣道出，代代以口相传。他认为，基督教真理应该到会众的这一“活的话语”中去寻找，而不该存在于学究们那些僵死的文字里。

格伦特维充满活力地四处传播他那民粹主义的社群神学，这种神学吸引了很多有异见者倾向的人，包括克尔凯郭尔的大哥彼得·

克里斯蒂安，使他们背离了哥本哈根历史悠久的虔信派会众。虽然摩拉维亚虔信派教徒在分立的社群实践他们的信仰，但格伦特维却煽动更改丹麦国教。他曾在 1830 年代初到访过英格兰，支持建立一个允许宗教自由、让正统基督教社群，即“活的话语”的持信 141
人，以自己的方式繁荣发展的自由公民国家。

明斯特主教对温和中庸的热衷通常会让他在争论中变得缓和，与克劳森和马滕森等人的辩论都是如此，但连他也无法容忍格伦特维过度的激进主义。明斯特试图通过禁止格伦特维主持圣礼来挫败后者，但并不成功，因为格伦特维是个老练的战略家，而且他的民粹主义理念让他变得很强大。明斯特又任命他为老弱病残的社区瓦托夫（Vartov）的牧师，试图以此来遏制他。然而到 1840 年代，格伦特维把瓦托夫教会变成了一场运动的中心，那场运动不但利用了虔信派的精神能量，还利用了农民阶层日益增长的社会动荡情绪。他在布道坛上运筹帷幄；他那些狂热的赞美诗全都歌唱丹麦人民真正的、鲜活的信仰的荣光。当时同为牧师的彼得·克里斯蒂安·克尔凯郭尔就是他最亲密的信徒之一。

克尔凯郭尔从学生时代起就不认同哥哥对格伦特维的看法。1835 年，他在日记中写道：“格伦特维不认为基督教认识的发展是沿着一条困难的道路行进，而把它看成一架在铁路上运行的蒸汽机车，由使徒们发动引擎，由此基督教认识就在那些封闭式机器中万事俱备了。”[20]他怀疑格伦特维对基督教体制的批评似乎与他的政治野心并行不悖：如今这位好辩的牧师正在利用 1848 年这波新的民主思潮，参与竞选丹麦制宪会议的席位。[21]克尔凯郭尔在强调自己作为作家的宗教宗旨的同时，也急于将自己的使命与格伦特维的竞选事业划清界限：“我一直反对这里的某一个正统党派，他们集结成一个小圈子，强化彼此的想法，认定只有他们才是基督徒。”这些直接的辩论或许在政治上很好用，但在基督教世界的基督徒们所需要的那种复杂而精妙的精神服务中却无法成功：“每隔一段时间就会出现一位宗教狂热分子。他对基督教世界展开攻击；他高声叫嚣，谴责几乎所有的人都不是基督徒——最终却一无所成。他没有考虑到，虚幻的错觉没那么容易消除。”[22]

142 在撰写《非此即彼》之前的那些年，克尔凯郭尔近距离观察着格伦特维的崛起，就像他观察着马滕森在大学里飞黄腾达。明斯特和克劳森当然已经位处职业生涯顶峰了。克尔凯郭尔听过这四个人——他们分别是他父亲的忏悔牧师、他的神学教授、他最亲近的对手和他哥哥的精神导师——因拥有世俗地位的背书而教授不同版本的基督教真理。就连他个人最为同情的明斯特，也因与政治制度不可分割的丹麦国教的领袖地位而受到损害。他在《非此即彼》中反对他们每个人，指出这些有权有势的基督教大人物中没有一个生活在宗教领域。

当然，克尔凯郭尔也未自称站在宗教领域的制高点。但《非此即彼》结尾的那段布道词却是借鉴了他自己被拖入伦理领域的刺眼强光之中、被世人之眼加以评判，不得不直面自己的道德缺失的经验。他指出，有了这一引发焦虑的经历，一个人就能够逐渐了解自己对上帝的需要。

他的布道词一开始是一句祈祷，“不安的心念、害怕的心灵在这样的行为之中并且通过这样的行为而找到安宁”。然后，他描述了明斯特宣讲的那种伦理式宗教所带来的焦虑和疑惑，明斯特劝说会众竭尽全力，尽可能诚实正直，同时又承认人类“是软弱而残缺的生物”。克尔凯郭尔这段布道指出，这种思维方式会导致一个认真的人无休止地算计自己在何种程度上是对的，在何种程度上是错的。当然每个人也都会像评判自己一样随时对他人评头品足：在伦理领域，人们靠观察邻人的品行来估量自己的行为，比较彼此的缺陷，占领自己的道德高地。这段布道解释说，要想逃离这种无休止的焦虑评判，只有信仰上帝，因为在他面前，每个人都毫无疑问是需要被原谅的罪人，它呼吁《非此即彼》的读者超越伦理领域。

布道词的最后一段看似是对牧师的乡村教区居民所说，却也是克尔凯郭尔间接对自己的都市读者发出的召唤：

> 也许我的声音没有足够的力量和真诚，我的嗓音无法渗透 143
> 进你最内在的思想中，哦，但是，问一下你自己，带着那庄严的不确定性（你会带着这种庄严的不确定性去问一个你知道他能够用一句话来决定你生活的幸福的人）问一下你自己，甚至更严肃地问一下你自己，因为这实实在在真的是一件“至福拯救”的事情。不要中止你的灵魂的翱翔，不要丢弃你身上那更好的东西，不要让你的精神因为半截子愿望和半截子思想而变得衰竭。问你自己，不断地问你自己，直到你获得答案，因为一个人能够多次认识一样东西，多次承认它；一个人能够多次想要一样东西，多次尝试它。然而，只有那深深的内在运动，

> 只有心灵的无法描述的感动，只有它使你确信：你所认识的东西属于你，没有任何力量能够将之从你这里拿走，因为只有那陶冶教化着的真相，对你才是真相。[23]

1842 年春天、夏天和秋天，克尔凯郭尔在哥本哈根完成了《非此即彼》；他请自己的好友、在《祖国》报社工作的延斯·芬森·乔德瓦德帮助他匿名出版了这部作品。自始至终，他一直相信乔德瓦德会帮他保守作者身份的秘密。校对手稿是个艰巨的任务，他很急躁：每天他都要带着新一摞稿纸走到位于肉贩街的《祖国》编辑部。他常常在那里一待就是一上午，在场的还有乔德瓦德的其他朋友，他们把编辑部当成“某种俱乐部”。报社总编卡尔·普洛乌（Carl Ploug）对此很反感，而克尔凯郭尔尤其让众人分心：“想想吧，人们必须在固定的时间点把报纸编好印出，那些年是在午后，因为要在警方巡查员检查当期报纸没有问题之后才能发行——在那么大的压力下，有个不切实际而且十分固执自恋的人坐在编辑部里，喋喋不休地高谈阔论，丝毫意识不到自己造成的不便。普洛乌哪怕被他吸引，常常觉得自己有必要坐下来听听他说什么，也不得不完成他……每天的任务啊，而乔德瓦德坐在那里，恭敬地拜倒在主人的膝下。”[24]

《非此即彼》总算在 1843 年 2 月出版了，成书的作者名是“维克托·埃雷米塔”，据说是此人在一张二手写字桌的一个秘密的抽
144 屉里发现了审美家“A”的散页文稿和威尔海姆法官的信件，然后编辑了此书。乔德瓦德已经足够谨慎了，但作者的真正身份很快就

变得众所周知。“最近这里出版了一本书，书名是《非此即彼》！”亨丽埃特·武尔夫（Henriette Wulff）在那年2月写给好友汉斯·克里斯蒂安·安徒生的信中说，“据说这本书十分古怪，上部充满了唐璜式放浪形骸、怀疑主义等，下部变得温和愉快一些了，最后的那个布道词据说很出色。整部书吸引了不少的关注。据说它事实上是一个名叫克尔凯郭尔的人写的，用的是笔名。你认识他吗？”

几周后，又一位朋友西格纳·莱梭（Signe Læssøe）向安徒生谈到了此书，说自己正在读“索伦·克尔凯郭尔的《非此即彼》”。她说这本书“可怕得像魔鬼”但又引人入胜。她给安徒生的信中写道：

> 你不知道它引发了多大的轰动，我觉得自从卢梭把他的《忏悔录》放到圣坛上以来，还没有哪本书在普通读者中引起过这么大的轰动。读过之后，你或许会觉得作者有些可憎，但一定会打心眼里信服他的智慧和才华。我们女人尤其觉得此人不堪忍受……他把我们归入了有限的领域，他认为我们的价值仅仅源于我们生下男人、娱乐他们、拯救他们。他在上部（全书共864页，8开本页面）是审美的，也就是邪恶的。到了下部他是伦理的，也就是说不那么邪恶了。大家都赞美下部，因为说话的人是他的第二自我，更好的那个部分。但下部让我更觉怒不可遏，他就是在那里把女人束缚在有限领域里的。事实上我只看懂了这本书的一小部分，它通篇都过于哲学。例如，他说：“只有在绝望中才有至福；去绝望吧，否则你不可能得

> 到幸福。”另一处他又说：“人的快乐仅仅在于选择自己。”那是什么意思？

可怜的安徒生还因为《出自一个活着的人的文稿》难受着呢，却感觉到他的这位评论者已经变成了他文学上的对手。“你寄来的关于克尔凯郭尔的书的信根本引不起我的兴趣，”他写信给西格纳说，“当一个人不顾谨慎周全，把自己的灵魂和一切神圣的东西撕成碎片，就很容易看上去像个天才！”[25]

另一方面，克尔凯郭尔对于同侪的评价也根本不比安徒生淡然
145 多少。无论他多么频繁地内省，寻找上帝，远离市廛，他仍然逃不开自己对于别人会如何看他的焦虑。的确，《非此即彼》虽然是以一个隐士的名义发表的，但这本书的丑闻使他获得了前所未有的巨大声名。伦理领域，那里仍然回响着他解除婚约之后备受羞辱和伤害的流言蜚语，如今它扩大了，里面的人更多，关注的目光也更强烈了。

这个星期五上午在圣母教堂，他受到了一种不同的关注。就让外面的人群为格伦特维欢呼去吧；只有屈指可数的几个人安静地聚集在这里，准备接受圣餐，而他的任务是帮助他们远离尘俗、观望内心。他为此祭出了自己的内在性，彻底地查看自己的灵魂。如果他有什么可以给予邻人的，那必定来自他长期以来强迫自己远离俗世纷扰的挣扎——他受挫的期待、破碎的希望、苦涩的回忆。

他对那一小群会众说：

> 如果基督从至高把基督徒吸引向自己，有许多必须被忘却，有许多必须被忽视，有许多必须被远离。如何才能做到？哦，如果你曾有过忧虑，忧虑过你的未来、你人生的成功，而且真诚地希望能够忘掉什么——有过受挫的期待、破碎的希望、苦涩而愈发愤懑的回忆；或者如果，啊，你曾忧虑自己的灵魂能否获救，你曾经那么深切地盼望能够忘却某事——那么你自己毫无疑问体验过，当世界对你说“试着忘掉它”时，这句建议有多么空洞。因为当你焦虑地追问“我该怎么忘记”的时候，得到的答案是“你必须试着忘记”，此话毫无意义，只能是一句空洞的嘲弄。不，如果你希望忘记什么东西，试着找到另外什么东西记住它，那样你就一定会成功。[26]

他们聚集在教堂里是为了铭记基督：为了再次聆听耶稣在被捕之前 146
的那个夜里所说的话，为了领圣餐的面包和红酒，如耶稣教导的那样，“纪念我”。

“他会把一切吸引向他；把他们吸引向他自己，他不会引诱任何人走向他自己。”耶稣不会用廉价的安慰或“权力、荣誉和荣耀”的承诺引诱信徒。耶稣践行的真理“被侮辱、嘲笑，如经文中所说，被吐口水”——但只去细想这些事也是不对的。基督徒应该既热爱虚弱、苦难和受辱的基督，也应该热爱荣耀的基督，“因为忧郁不会比浮夸距离基督教更近；它们都是凡尘俗务，都一样远离真理，都一样需要皈依”。的确，有许多方式可以走向基督，然而它们都汇聚于一处，对罪的清醒认识——每个人必须在自己的内心中经过这一处：

我的听者，在这里听我讲演的你们！今天，他的确与你同在，仿佛他走近了大地，仿佛他，这么说吧，伸手触摸了大地；他就在你们寻找他的圣坛那里；他就在那里，但只是为了再次从至高把你们吸引向他……哦，不是这样吗？就在今天，就因为你们觉得今天被吸引，就为了你们今天无疑愿意对自己也对他忏悔还有太多遗漏，你们距离他一直全身心地将你们吸引向他的真理还太远——从那至高处，远离那在身后拉着你们的卑劣和尘俗的一切。哦，我的听者，当然不是我或任何其他人此刻或即将或胆敢对你说出这一切；不，每个人都有足够的话要对他自己说——如果他曾经受到过足够的感动，对自己说出那一切，他都应该感谢上帝。我的听者，我不知道你们在哪里，他或许已经把你们向他吸引了多远，你们作为基督徒比我前进了多少，以及许多其他事，我都不知道，但上帝赐予了这个日子，无论你身在何处，无论你是谁，你今天来到这里都是为了参加这神圣的主的晚餐，今天将真正赐福与你。[27]

第十章

重复：一种新的生命哲学

季节更迭，政权易手，他望向街道的窗户也换新了，但夜空依然温柔。他能想象不远处的大海在这静夜下恬美地安眠。他试图在星空下向澄澈的深海敞开胸怀；他可以让自己在短短的几分钟里，如他在《致死的疾病》中所说，"透明地依据于上帝"。这是他最看重的想法之一。他在 1844 年写道："当大海倾尽全力翻滚，它就恰恰不可能去映照天空的影子，就连最小的水波也意味着那影像不十分清晰；而当海面平静而深邃，天空的影子就会沉入它无尽的虚空。"[1] "正如大海在平静、深邃、澄澈之时渴望着头顶的天空，变得纯净地渴望上帝的心灵也是如此。正如海面在最深的海底映照出苍穹，变得安静清澄的心灵也会在最深处映照出善的伟大庄严。"这是他在前一年，即 1847 年，写下的文字。他始终渴望这份安静，那种渴望触及了它所渴望之物，却对它更加向往。当他的灵魂中充盈着对上帝的渴望之时，一切外物都寂静无声了。

时间是 1848 年 10 月，这个月初，他在这一年里第二次更换了住址。他无法忍受楼下制革厂的臭气，就在同一条街，即罗森堡街上，租下了另一处"漂亮而昂贵的"公寓。[2] 哥本哈根人只在每年 4

月和 10 月的“搬家日”搬家，“那时全城的家具都在更换街区，街上全是稻草、羽毛、灰尘，以及一切令人厌恶的东西”。[3] 在某种
148 意义上，这种现实中的混乱对他很有好处，因为它迫使他不那么辛苦地写作：“同样，这也是上帝在帮助我，把我的错误变成了好事。如果有什么东西有助于我不那么多产，遏制我的势头，大体上对我有所限制的话，那就是有限世界的焦虑和不便。”[4] 他也开始担心财务。由于丹麦的政治局势不稳定，他用出售新广场 2 号所得的现金购买的债券很快就贬值了，他损失了好几百银币。“我及时注意到了这一点，”他反思道，“无疑是好的。它也有助于消除我和我的工作中还残存的自私念头。”

虽有这么多剧变和分心之事，他仍然在 10 月的选举喧嚣之中继续写作《就我的作家生涯所写的观点》。在解释了《非此即彼》的与精神有关的起因之后，他如今转而开始考虑 1843 年春天紧随其后的那本全然不同的著作——一本薄薄的小册子，其中包括两篇布道词。“最重要的东西往往看似无足轻重”：他的前两篇讲演是“被大森林覆盖的两朵小花”，没有受到什么关注。[5] 虽说他从未像《非此即彼》出版后的第二个和第三个月那样与“公众”保持着良好的关系，但他在那几个星期创作的文字却似乎没有在那些如饥似渴地阅读“诱惑者日记”的读者那里造成什么影响。然而，正是那些安静不招摇的文字引介了他最重要的哲学“范畴”：**那个单个的人**，其“浓缩了全部的生命观和世界观”，也就是在那一刻，他“与公众分道扬镳”了。[6] 这并不新鲜，而是一个古老的范畴：他是从“最古怪的人”苏格拉底那里借用来的。但在 1848 年，它比以

往任何时候都更加重要，因为“如果公众是邪恶的，如果混乱是危险的，那只有一件事能够拯救这一切，就是成为单个的个人”。

1843 年 5 月，在第二次前往柏林前不久，他安排由 P. G. 菲利普森（P. G. Philipsen）出版了自己的两篇布道词，菲利普森在肉贩街上经营着一家很新的书店和出版社，专门出版科普作品。[7] 其中一篇布道词是关于“信仰的期待”的，它后来也成为《畏惧与颤栗》的核心主题；另一篇是他最喜欢的《新约》文本，选自《雅各 149
书》：“各样美善的恩赐，和各样全备的赏赐，都是从上头来的。从众光之父那里降下来的。在他并没有改变，也没有转动的影儿。”[8]《两个陶冶性的讲演》是他出版的第一部关于圣经文本的文学布道词短集，后来随着他继续进行宗教讲演，又出版了好几部，这些文本都署他自己的真名，与赖策尔出版的假名作品区别开来。

他虽然把《两个陶冶性的讲演》题献给已故的父亲，但还是给“**我的**读者”写了一篇短小的前言，注明的日期是他的 30 岁生日，1843 年 5 月 5 日。他在这篇前言中解释了自己的讲演集为何不能叫作布道集，因为没有被授牧师之职，没有权力进行布道。他说自己的这本小书开始了一段漫游，“最终遇上了那个单个的人，我带着欣喜和感恩将之称作**我的**读者，那个单个的人，它所寻找的人，它就仿佛是向之伸展出自己的双臂”。[9]

克尔凯郭尔正是在那一个多产的时期从自己的个人经历中汲取了最深刻的哲学养分，这个时期始于他在生日当天首次提出“那个单个的个人”，延续至那年 5 月他在柏林的写作。然而无论在 1843

年，还是在此时的 1848 年，他都没有透露，他在为《两个陶冶性的讲演》写前言时，心里想的是雷吉娜："我的读者，因为书中有一个对她的小小提示。"他心中思念着雷吉娜，笔下便带上了一种充满爱意的亲密感，加之以对一个"单个的个人"的渴望，但他很快便意识到，他也可以同样以此来称呼许多不知姓名的读者。1843 年 4 月底，他与自己手稿的排字工有了一次意外的相遇：

> 这事真的不同寻常。我决定更改《两则布道词》中那篇简短的序言，因为在我看来它隐藏着某种精神性的爱欲，还因为它令我很难平和地投身其中，结果那个有争议性的矛盾没有清晰地呈现出来。我飞奔到印刷厂。排字工为那个序求情。我当然嘲笑了他，不过在我平静的心里我这样想：那么他是可以成为那个"单个的个人"的。我一高兴，当下决定只印两册，并且把其中一册送给他。看到他的激动真的是美好的。一个排字工，人们本以为定会像作家一样对一部书稿感到厌烦的！[10]

150 新近想到他的写作可能会影响到无数单个的个人令他感到鼓舞，他在这种心境下出发去了柏林，希望能重复第一次探访那座城市时的惊人创造力。但他一到那里，就被拽回到了那个原始的"单个的个人"。熟悉的风景和声音让他回想起 1841 年初来时与雷吉娜分手的苦涩滋味，也唤起了昔日的情感：失落与痛楚、内疚与羞愧、自我怀疑与焦虑、被从日常生活中放逐的感觉，而这一切又使他习惯性地陷入了自怜和防御性地自我辩解。"我到达后第一天情绪非常糟糕，几近崩溃的边缘。”1843年5月10日，他写信给埃米尔·伯森说。他从哥本哈根乘坐轮船到达施特拉尔松德后，“听到一位姑娘在钢琴上弹奏《韦伯的最后一支圆舞曲》，几乎陷入疯狂”，因为他上一次来柏林时，这也是他在蒂尔加滕①听到的第一支曲子，“是一个盲人在竖琴上弹奏的”。

整个城市的一花一草都让他回想起年轻时那个刚刚受伤的自己。同上一次一样，他到达后的前几夜是在施普雷河（River Spree）畔豪华的萨克斯旅馆度过的：“我在萨克斯旅馆的房间朝向
水面，河上停泊着船只。上帝啊，这让我想起了旧时光。——背景 151
是教堂，报时的钟声直入骨髓。”[11]随后他又回到了第一次来柏林时短住的位于御林广场一角的房子。那一次他住在二层，“但房东结婚了，所以我现在像个隐士一样住在房间里，连我的床都立在那里”，他写信给埃米尔说。[12]

旧日的习惯随即恢复了，仿佛这个城市一直为他完好地保存着它们，等待着他的归来。他再度开始每天沿着菩提树下大街（Unter den Linden）散步；仿佛“一切的本意就是勾起回忆”，因为就连那些自他上次旅行后改变了的事物，也唤起了昔日的情感。他刚刚结婚的房东在不到两年前还是“坚定的独身主义者”，向他解释了自己何以改变心意：“人只活一次；人应该有一个知音。这里蕴含着多少东西啊，尤其是不带任何矫饰地说出时，它狠狠地击中了我。”

① 蒂尔加滕（Tiergarten），柏林最有名的城市中心公园，位于同名的市区之内。

从柏林的萨克斯旅馆看到的施普雷河和卢斯特花园（Lustgarten）

离开雷吉娜一年半之后，他仍然试图为自己的变心寻找意义。他先是向她求婚，然后又深信自己不能结婚，不得不解除婚约忠于自己，忠于他头脑中浮现的关于他是谁、他应该过怎样的生活的感觉。然而，他的思绪总是回到雷吉娜那里；他戴着她那枚已被改制成钻石十字架的订婚戒指。自从他们分手以来，他每天都为她祈祷，常常一天两次。[13]因而这第二次柏林之行复苏了一系列哲学问题，它们与一直困扰着他的忠诚问题难解难分：他，索伦·克尔凯郭尔，到底是谁，要如何忍受这漫长的一生？那些将他与过去联系在一起的记忆的纽带是否足够坚硬，能在这不断变化的经验和遭遇中确保他的身份不变？他的肉体穿行于眼前这些变化的风景，内心有没有一颗不朽的灵魂？他只需要向后走就能找到自己，想起他曾经是谁吗？如果是这样，在这向前活的生命中，他是否应该与过去绑缚在一起？

当昔日的生活在蒂尔加滕、在御林广场、在菩提树下大街两旁的花树下向他袭来时，他思考着自己应该如何在重复中找到持久。忠诚的丈夫每晚回到妻子身边；虔诚的基督徒每天在祈祷中，每个 152
星期天在教堂里回到上帝身边；母亲总是挂念着自己的孩子。人们通过这一类重复遵守承诺，忍受着漫长的人生。他们通过向前行而非通过思考回到自身——这只是人类忠于自己所爱的方式。在前往摩利亚山的漫长跋涉中，亚伯拉罕迈出的每一步都是在重复信仰的脚步；他在回家的路上迈出的每一步，都再度为得到以撒而欢呼雀跃。每一个微不足道的动作，都让他重新燃起对上帝的信任。

然而，克尔凯郭尔越深入地考察重复，就越是为之困惑。严格地说，我们不可能重复任何事，因为第一次遇到的新事物，第二次遇到时就熟悉了，因此也就改变了；第三次还会强化第二次的记忆或习惯。重复的行为本身就产生了这些差异，仿佛重复一直在挫败自己！在柏林重复自己以前的经历把他与过去的自我联系在一起，但也让他意识到其间流过的岁月，以及他在那段时间发生了多大的变化。回到这个熟悉的地方让他直接触及不变与变化、同一与差异的深刻悖论，正是这悖论让重复如此难以捉摸。

受到自己的哲学发现的启迪，克尔凯郭尔那年春天在柏林奋笔疾书。每天早晨，他回到自己第一次探访这个城市时常去的咖啡馆，那里的“咖啡比哥本哈根的好喝，报纸更多，服务也很好”。[14]

然后他便开始了一天的工作。一旦从累人的长途旅行中恢复过来（连夜乘坐轮船、可怕的公共马车和奇迹般的火车），他就发现，环境的改变对他大有好处。“当一个人像我一样，生活中没有特定的生意要打理时，”5 月 15 日，他写信给埃米尔·伯森说，“就有必要偶尔来点变化。我头脑的机器再度全力运转，我的感情健康、和谐，等等。”那时他到达柏林还不到一周，但他已经能够对好友说“我已经实现了自己的愿望……此刻我正在攀登”。[15]

他很快就把自己重复和回忆的经历变成了一部哲学文本，《重复》的手稿占满了两个笔记本。在重新体验回忆之时，他参照随身
153 带到柏林的此前的笔记，开始对柏拉图的回忆说展开原创性的批判。1843 年前几个月，通过阅读柏拉图之前和之后的希腊哲学家——埃利亚学派、怀疑论者、犬儒主义者、斯多葛派和亚里士多德的著作，他对柏拉图有了更深的认识。他用一个标记为“哲学”的笔记本来记录希腊各种形而上学理论的细节，那些都是从一本德语的哲学史课本中抄录下来的。[16]这个笔记本里还记下了一连串没有答案的问题，每个问题都写在一张空白页的顶端：我能从经验中学到什么？人有何共性，有没有什么是人普遍具备的特征？当一个人失去了整个世界却没有丧失自我，那遗留下来的自我又是什么？[17]

最后一个问题让人想起他在 1837 年初遇雷吉娜那天的日记中写下的《马可福音》里的一个问题：“人就是赚得全世界，赔上自己的性命，有什么益处呢？”六年后，这个问题被反转过来：他至
154 少已经丧失了一个世界，但他希望赢得的自我又在哪里？他意识到

克尔凯郭尔在咖啡馆里阅读的素描，1843 年

这些深刻的哲学问题在他自己的灵魂中再度演绎了古希腊哲人们之间的辩论，他们在考察宇宙也考察自身，试图发现存在的秘密。

先是赫拉克利特①，他的教义是一切都在运动中。整个自然像一条河流一样流动，像一把火焰一样燃烧，没有实质、没有本质，这是他所知的唯一真理，因为这是他的亲身体验。反观内心，赫拉

① 赫拉克利特（Heraclitus，前 540—前 480），古希腊哲学家，以弗所学派的创始人。他爱用隐喻、悖论，其文章也只有片段留下，致使后世解释纷纭，被后人称作“晦涩者”。

克利特能感受到感觉的流动、情感的燃烧。然而，巴门尼德①却在数学里发现了永恒的真理：他相信这些固定的关系是真实的，一切他感官所能感觉到的变化的事物——疾风、大海和星辰——都只是错觉。他的追随者建立了埃利亚学派（其中有提出著名的芝诺悖论的芝诺②），他们指出运动和变化在逻辑上是不可能的。宇宙间怎么会有新的事物产生？要么无，要么有；在缺席与在场这两个相反的状态之间，时间会处在哪一个空间点？柏拉图的学生亚里士多德试图解决这一悖论，他把变化定义为从可能存在到实际存在的运动：随着一棵树生长成熟，新的特质——树枝、树叶、果实——会产生，但这些都是已经潜藏在种子里的特质，尽管那时还未曾实现。正如一棵树伸展树枝，让树叶向光生长，它也向人类展示了他自己的特质。克尔凯郭尔在笔记本中写道："一切存在的秘密：运动。"[18]

那些古希腊哲学的研究让他发现，柏拉图关于知识是回忆的学说是在回答这样一个古老的问题：运动与真理之间有何联系。柏拉图教导说，人的生命在时间和永恒之间，也就是在赫拉克利特那个变化和成长的世界与巴门尼德那些理想而永恒的真理之间伸展。柏拉图同意巴门尼德关于真理不变的学说，然而我们的具体的生命却

---

① 巴门尼德（Parmenides，约前515—前445），古希腊哲学家，是最重要的"前苏格拉底"哲学家之一。他认为真实变动不居，世间的一切变化都是幻象，因此人不可凭感官来认识真实。

② 芝诺（Zeno，约前490—前430），古希腊的前苏格拉底哲学家，以提出了四个关于运动不可能的悖论而知名。

在这不断变化的世界内部开始、展开和结束。这里就是我们学习的地方，我们的学园：在每个灵魂走向永恒的归途中，它要穿行于这成长的世界，这里让他回想起永恒的真理。看到一个美丽的女人，灵魂会回想起某种永恒而不可亵渎的美；被某个人类行为片面而相对的善感动时，灵魂会回想起完美无瑕、公正而绝对的善的理念。155
柏拉图指出，知识与不变的东西有关，但他也强调知识本身就是一个朝向永恒的运动和追求。受到苏格拉底的启迪，他教导说真正的人的生活就意味着要实现这一回忆的运动。

有了这些对初期欧洲哲学的洞察，克尔凯郭尔开始了《重复》的写作，该书对从古希腊到现代德国的整个哲学传统进行了艰深晦涩的批判，因为黑格尔也分析了知识的运动，论证了一个概念如何以辩证的方式在逻辑上产生于另一个概念，逐渐向一个绝对的真理前进。在《重复》中，克尔凯郭尔为了理解柏拉图的“回忆”一词，把它表述为思维将生活转化为理念的过程。回忆产生了知识形式的真理，但当一个人追问他自己如何才能忠实——忠于另一个人，或忠于上帝，或忠于自己时，他关心的不是可知的真理，而是可以践行的真理。这一真理是关于忠诚、坚定、正直、可靠的问题。克尔凯郭尔了解自己灵魂的波动起伏，在很大程度上仍然不知道自己是谁和将要成为谁，便要去考虑他如何能够承诺对他人忠诚，因为他知道自己终会变心。任何人，如果他的存在始终都在变化之中，又该如何固守对上帝的忠贞不移？

他在御林广场上的那个单人房间里用他那小小的斜体字写下了所有这些问题的答案，那就是重复。[19]一段关系，无论是对另一个人、

《重复》手稿的第一页

对上帝还是对自己，永远不可能是固定不变的。如果要经历时间的考验，就必须重复地更新。每个人的自我都是由这些关系组成的。克尔凯郭尔指出，重复这个“新的范畴”将最终使哲学能够就生命的真理做出有意义的解读。

另一方面，他也在奋力重建他自己生命的意义——因为《重
复》既是他的订婚危机的修订版本，也是一篇存在主义的宣言。他
把自己的形而上学的思考嵌入一个实验心理学叙事中，再度将自己
分裂为两个人物：一位两度到访柏林的名叫康斯坦丁·康斯坦提乌
斯的业余哲学家，以及他的朋友，一个想和未婚妻分手、成为作家 157
的年轻人。两个人都很愚蠢，只不过愚蠢的方式不同。他们演绎的
是根据克尔凯郭尔的生命插曲撰写的故事，随意地模仿了歌德的早
期书信体小说《少年维特之烦恼》。作为浪漫主义文学的创始文本，
这部小说也已经启迪克尔凯郭尔的前哲学教授 F. C. 西伯恩写了一
部类似的小说。

《重复》的叙述者康斯坦丁·康斯坦提乌斯提出了一种新的真理理论，但他虽然博学多识，却并未充分理解自己的理论。克尔凯郭尔以这个人物的叙述口吻写作，既能够作为哲学家提出自己的主张，同时也能够指出对存在问题提出一个纯粹学术的解答有其局限性。“这在现代哲学里会起到极其重大的作用，”康斯坦丁在随意地抛下一句莱布尼茨的形而上学之后，大胆地宣称，“因为‘重复’是一个决定性的表述，其意义正如‘回忆’之于希腊人的意义。正如希腊人以这样的方式弄明白了‘认识是一种回忆’，现代哲学也将以同样的方式认识到，全部的生活是一种重复。……重复是我们

要去发现的新范畴！”[20]

用几个意义含糊的段落概述了自己的重复理论之后，康斯坦丁·康斯坦提乌斯决定回到他游历过一次的柏林，验证一下自己的理论。其他富裕的丹麦人出国旅行是为了观赏名胜或乘坐火车，或者如果去伦敦，就是为了乘马车穿行在泰晤士河底的新隧道，但康斯坦丁的旅行则没有什么特别的目的，只是为了观察人群和哲学思考。[21]这将是他“为调查研究重复的可能性和意义而做的探险旅行”。[22]

在柏林，康斯坦丁回到了他先前位于御林广场的住处，以便确定“一次重复是不是可能”。他对这个地方有着愉快的回忆：

> 御林广场无疑是柏林最美丽的广场，剧院与两座教堂看起来很漂亮，尤其是从一个月光下的窗户里看过去。我之所以出发旅行，主要是因为这方面的回忆。你在一个以煤气灯照明的房子里沿阶梯走到第二层，你打开一扇小小的门，你站在门
> 158 口。在左边你有一扇玻璃门，通往一间最小的房间。你向前走，你在一间前厅中。在前厅里面是两间完全一样的房间，有着完全一样的家具摆设，以这样一种方式，你在镜子里看见房间成为双倍的空间。最里面的房间有着很有品味的灯光照明。工作台上有一个枝形大烛台，工作台旁是一张设计优雅的、套有红色绒布的单人沙发。前一间房间没有灯照。这里，月亮的苍白光色与里面的房间里的强光混在一起。你坐在窗边的一张椅子上，你向外观看那大广场，你看见许多影子匆匆滑过那些

> 墙，一切都转变成一种舞台装饰。一个梦中的世界在灵魂的背景中破晓而出。你感觉到一种想要扯起一件斗篷裹上自身、带着侦察兵的目光留意于每一个声响潜身行走于墙下的愿望。你没有这样做，你只是看见一个重返青春的自己这样做。你抽着自己的雪茄；你重新回到里面的房间，你开始工作。已过午夜。你灭掉灯火，你点亮一支夜烛。月光不加掺和地盖过烛光。单个的影子显得更暗，单个的步子需要很长时间才消失。天上无云的穹窿看上去是那么忧郁，仿佛沉思于梦中，仿佛世界的毁灭已经过去，天空不受干扰地沉湎于自身。你重新走出到前厅，进入小房间，你入睡——如果你属于那一类能够入睡的幸运者。[23]

唉，现实并不符合康斯坦丁对他的柏林寓所的美妙回忆，那回忆一部分是剧院、一部分是柏拉图洞穴，还有一部分是隐居写作之处，又在隐居处观察着世界。自他上一次来访之后，房东结婚了，所以只有一个房间可供出租。更多的失望接踵而至。康斯坦丁前往皇城剧院（Königstädter Theatre）去看他上一次很喜欢的同一群演员表演的同一出闹剧：他记得上次坐在安静的剧院里，独自一人占了一个包厢，笑了个痛快，但这第二次旅行期间，剧院拥挤，没有空包厢了，他坐得很不舒服，闹剧也没把他逗乐；他挨了半个小时就放弃了，离开了剧院。他回到房间，红天鹅绒沙发泛出的光泽仿佛是在嘲笑他拥挤的住处。灯光全都不对。那个晚上他睡得很不好。

第二天早晨，他试图工作，关于过去的思绪却妨碍了他的哲学思考：

> 159 我的想法枯竭，我所担忧的想象不断地被某种魔法转化为各种关于“这些想法在上一次是怎样冒出来”的回忆，这一回忆之稗把所有想法都扼杀在萌芽状态。我走出门，到一家糕点咖啡馆，上一次我来柏林的时候，几乎每天都到这咖啡馆来享用它的饮料，如果按诗人的规定，这饮料就是“纯粹而温暖而强烈而不被滥用”的，总是能够与被那诗人用来做比较的东西——友谊，并肩站立；至少我很欣赏这里的咖啡。也许咖啡就像上一次一样地好，你几乎会这样认为，但是对于我，它的味道并非如此。太阳在对咖啡馆的窗户的张望之中燃烧，房间有着窒息感，大致上就像烛锅中的热气，完全好像是在蒸煮着。[24]

每一个重新经历回忆的尝试都失败了，康斯坦丁变得“对重复感到丧气”。“我的发现并非意义重大，却是奇特的，”他写道，“因为我发现了，重复根本不存在，并且通过以各种方式重复了这一点而确证了这一点。”

另一方面，康斯坦丁的朋友却陷入了另一种回忆。这个年轻人“英俊的外表、深情的眼神，俏皮的神态”吸引了康斯坦丁，年轻人正“深深而真挚而美丽而谦卑地坠入爱河”。[25]但他又是忧郁的，他对未婚妻的爱很快就变成了渴望，甚至变成了哀痛，他已经开始“回忆自己的爱情”。在把爱人变成他可以随时召唤并叹息的固定理念之后，他与它的关系就不再是同活人的关系了。康斯坦丁观察到，他的朋友“从根本上已经完全了结了整个爱情事件”，尽管他自己还没有察觉：“他变得不幸，这是很明显的；而那女孩也变得如此，也在同样的程度上很明显，尽管我们不可能马上就能够预见这将以怎样的方式发生。……这些都无法将他带出沉郁的渴慕，在这渴慕之中他与其说是在接近那被爱者还不如说是在离开她。他的错误是无可救药的，他的错误是这个：他站在终结而不是站在初始。”[26]

年轻人逐渐意识到，他和未婚妻的关系是一种“误会”，而她“对于他几乎成了一种麻烦”，但康斯坦丁随之在他的朋友身上看到了“一种明显的变化”：“在他身上有一种诗意的创造性苏醒过来， 160
达到了一种我从来不相信会有可能的程度。现在，我很容易理解这一切。这个年轻的女孩不是他的所爱者，她是那唤醒他身上的诗意品质并且使得他成为诗人的机缘。因此，他只爱她一个，从不曾忘怀她，从不会想去爱任何别人，却持恒地思慕着她。她被牵入他的整个存在，关于她的回忆永远都是活生生的。她对于他意义重大，她使得他成为诗人，恰恰因此，她就在她自己死亡判决书上签下了名。”[27]

当雷吉娜读到这里，她一定会发现这是对克尔凯郭尔的行为做出的新解释：《非此即彼》延续了他曾冷漠地利用了她的骗术，《重复》却暗示他只爱她一人，所用的是他爱任何女人的唯一的方式。这本书也暴露出他此前所有的借口都是策略。“让您自己成为一个可鄙的只在坑蒙拐骗中取乐的人”，康斯坦丁对朋友建议道——这可以让他的未婚妻成为“胜利者”，那样一来，“她有着绝对的道理，您有着绝对的无理”。[28]

透过这些自我牺牲的想法，克尔凯郭尔对雷吉娜的怨恨和愤怒若隐若现。“但我无法否认，我渐渐地以不悦的目光来看他所爱的女孩了，”康斯坦丁坦言，“她完全不该留意到什么，她应当对他的痛苦以及任何能够作为这痛苦的原因的东西完全一无所知，她在这样的情况下彻底不做任何事情，绝不尝试着借助于那他所需要而她能够给予他的东西——自由来拯救他。”他认为女人的爱应该是牺牲性的，一个女人如果有足够的“自爱”，能想到“她证明自己忠贞的方式是黏附于他而不是放弃他”，她就不是女人，而是男人了。这样一个女人，他苦涩地据理力争，“在生活中就有了一个非常轻易的任务，因为这一任务她同时既享受‘是忠诚的’的荣誉和良心安宁、又享受到那最精心提炼出的情欲之爱。愿上帝保佑让每一个人得免于这样的一种忠诚！”无论如何，康斯坦丁不觉得这个女人有什么特别；看到她对他的朋友如此重要让他吃惊，“因为她身上毫无任何真正动人的、迷人的、创造性的迹象。他则出现了天性忧郁之人通常的情况——他们受困于自己。他把她理想化了，如今他相信那就是她……那吸引住他的东西，根本不是这女孩的可爱，而是他对于自己因打扰她的生活而对她做错事的懊悔”。[29]

161 《重复》中的这些段落呼应了他 1843 年 5 月 17 日在柏林写的一篇日记，其中一方面是理想化的爱和爱而不得的遗憾，另一方面是愤怒地、自我辩解地抱怨雷吉娜的“骄傲”和“傲慢”，他困在其中挣扎着、纠结着。在分手的过程之中和分手之后，克尔凯郭尔试图通过扮演恶魔来扮演英雄，他假装无动于衷和残忍无情，试图牺牲自己的名誉来让她好过一点儿。他痛恨这个角色，他也痛恨雷吉娜没有轻易地放他走，因而让他感觉——还有看起来——如此内疚。一如既往，那种让他对他人充满怜悯的敏感也同样会扭曲他的内疚感；自我防备让他不再慷慨宽容，他的反应极其粗暴。“从人性的角度说，我对她所做的是正确之事，”他抗议道，“在审美感性的和骑士精神的意义上，我爱她胜过她爱我；否则，她既不会骄傲地待我，后来也不会用她的尖叫使我焦虑……我以高度的高贵方式待她——我不让她感受到我的痛苦。”[30]

康斯坦丁虽然苛责地批评了那个虚构版本的雷吉娜，但《重复》的年轻主人公却不能放她走。克尔凯郭尔的内心冲突和困惑在这两个人物之间的爱憎交加的关系中折射出来：康斯坦丁觉得他的朋友“正如每一个天性忧郁的人，相当烦躁，并且，尽管有着这一烦躁，同时正因为这烦躁，他处于一种持续的自相矛盾之中。他希望我能够成为他的知心者，然而他却也不希望我成为他的知心者”。[31]年轻人则十分惊骇康斯坦丁怎么会对他的处境如此冷静超然。他离开了那座城市，给康斯坦丁写信并报告说：他陷入了对自己所爱之人的回忆；他读了《新约》的《约伯记》，当上帝从他手中夺走一切，约伯却申明他的正义；他感受到“激情之哑然的恶心”；解除婚约的内疚让他痛苦；无论表象如何，他仍然是对的。

一封信的开头这样写道：

> 我的生命被送到了极端上，我的本质中的全部内容自相矛盾地尖叫着。这是怎么一回事，我怎么会变成有辜的？或者，

> 难道我是无辜的吗？……我能不能够在事先知道我的整个本质将经历一场变化、我将成为另一个人？也许是那幽暗地深藏在我灵魂中的东西爆发了出来？但是如果它是幽暗地隐藏着的话，我又怎么能够在事先预见到它呢？然而，如果我无法在事
> 162 先预见到它，那么我就是无辜的了。……难道我是不忠诚的？如果她继续不断地爱我并且永不再爱任何别人，那么她就是对我忠诚。如果我继续不断地只是想要爱她，难道我这样就是不忠诚？我们俩所做的其实就是同样的事情，我怎么就变成了一个欺骗者了呢？是因为我通过欺骗来展示我的忠诚吗？为什么她就是对的，我就是不对的？……哪怕整个世界站在那里反对我，哪怕所有的经院哲学家都要来和我辩论，哪怕这牵涉我的生命，我还依然是对的。没有人可以来剥夺我的这一点，即使我可以用来说出这一点的语言不存在，也仍然如此。我做得很对。我的情欲之爱无法被表达在一场婚姻之中。如果我这样做，她就被碾碎了。也许这可能性对于她有着诱惑力。我对此无奈，这可能性对于我也有着诱惑力。[32]

康斯坦丁读着年轻人充满痛苦和激情的信件，了解了重复是“一种宗教的运动”。他意识到自己在外在的东西，在剧院、咖啡馆、写字桌和天鹅绒沙发中寻找重复是愚蠢的行为，因为真正的重复是一种内在的精神的运动，人在其中接受全新的自我。约伯在他所失去的一切归还给他之后就获得了重复，甚至比以往任何时候更加丰沛；亚伯拉罕在上帝让以撒这个礼物失而复得之后获得了重复，他也“再度得到了

一个儿子”。康斯坦丁也了解到，他无法实现这样一种重复：“我无法做出一种宗教性的运动，这是我的天性所反对的。”

与此同时，年轻人希望一种内在的重复能够恢复他在身陷浪漫爱情时失去的自由。如果他不再声称自己是对的，而是请求自己的错误得到原谅，他或许能够重获自由，但这似乎违背了**他的**天性。相反，受到《约伯记》的鼓舞，他也要求神迹降临：“使得我适合去成为一个丈夫。这将碾碎我的整个人格，我完结了，这几乎会使得我自己都无法认出我自己。”[33]在等待着恩典降临的同时，他试图改变自己，成为一个忠于自己所爱的人：“我坐着并且修剪着我自己，去掉所有不可比较的东西，以便让自己有可比性。每天早上，我丢弃掉所有我灵魂的不耐烦和无限努力，这无济于事，下一刻它们又在那里。每天早上我都剪去我的所有可笑的胡须，这无济于事，下一个早晨我的胡子又还是那么长。”

在《重复》的结尾，这位未婚夫绝望了，他仍然坚信自己如约
伯一样充满正义，却无法重复。最终，因为渴望改变、渴望自由， 163
他效仿了歌德笔下的浪漫主人公维特，后者至此已经鼓动了许多敏感的年轻人自杀。克尔凯郭尔的**第二自我**看不到路在何方，穷竭了一切希望，便拿起手枪，对准了自己的头颅。

1843 年 5 月底在柏林登上火车时，他还不知道这部薄薄的手稿中浓缩了多少乱糟糟写下的理念和阴暗纠结的情感，其中有些已经有好几个世代的历史了。它几乎是不连贯的：它的古怪和晦涩似乎不可避免，是克尔凯郭尔试图将哲学与经验联系在一起、从既形成又摧毁了他自己的人生的那些问题中提取出普遍意义的

必然结果。

他到底有没有解决一个人该如何忠于自己所爱的问题？他已经证明了回忆只有通过一种方式才能为爱保鲜，那就是像玻璃窗后的展品一样展示它，或者像圣物箱中的一绺头发那样保存它，而代价是剥夺它的生命力，让它没有未来。他也指出在试图为人的存在赋予意义时，把真理当成可以掌握的理念的哲学思考同样无济于事。他还暗示，如果人类每时每刻、在经历人生中的一切微小变化和大风大浪的过程中忠于自己，那么这种理论化的真理就需要让位于一种宗教的运动，让位于那种不断重复地从至高处给予每一个愿意接受之人的“良善而完美的礼物”。

到那时，他忠于自己的努力已经凌驾于他在任何世俗的意义上忠于雷吉娜的理想之上了。那年他在自己的日记中提到苏格拉底在《克拉底鲁篇》（*Cratylus*）中那句说得“很好”的话：“被自己欺骗是万事中最糟糕的，因为如果欺骗者甚至一刻都不离自身，而是一直在身旁，这如何不可怕呢?”[34] 当然，对自己诚实也并不轻松。背负着这么一个荒谬的自我，像个虚弱的巨人一样斜身站在他的肩上，又在每一个节点都要直面自己的错误，却仍然在纸面上写满了对那个爱过他的年轻姑娘的怨怼，他在最后写道：“关键在于，人们对待上帝是很直率的，人们没有试图逃避任何事情，而是奋力前
164 行，直到他本人给出一种解释。不管这解释是不是人们自己想要的，它都是最佳的解释。”[35]

如今，1848 年秋，他仍在自己新租的公寓里“奋力前行”，仍

然在为与雷吉娜有关的一切、为他自己的写作活动、为那个他已经成为的人寻求“解释”。他只能在这样的时候，在夜静时分的家中，在无尽的孤独中把自己的灵魂袒露给上帝。古代心灵导师教人们说“祈祷就是呼吸”，因此不该追问人为什么应该祈祷：“因为否则我就会死——至于祈祷也是一样。我呼吸也不是为了改造世界，而只是为了振作我的生命力，为了恢复体力——向上帝祈祷也是一样。”[36]他花了大部分时间以另一种方式寻求“解释”：在他的日记中，如今也在《就我的作家生涯所写的观点》中。但每当他握住心爱的笔，关于那个读者——无论是雷吉娜，或是明斯特主教、马滕森教授，还是在他死后很久的遥远将来的某个不知名读者——的思绪都会出现在他与上帝之间映照的皱褶中。这些思绪如吉光片羽，细若游丝，却把他的目光拽向了无数方向。那时他的灵魂，如微风或雾夜中的大海般的灵魂，也就不再风平浪静。他所有的思考，他所有的日记，“对我来说都太聒噪了，然而它们还是未能穷尽我灵魂深处所背负的一切，我在那里了解自己远比在上帝跟前容易得多，因为在那里，我可以把一切都一股脑儿地堆在一处，然而最终要想了解自己，还是要把一切都交付给他”。[37]

第十一章

如何忧惧

165 “我仍然疲惫不堪，但几乎实现了我的目标。”写完《就我的作家生涯所写的观点》之后，他在 1848 年 11 月的日记中写道，“近年来，我唯一的身份就是作家。我的头脑和精神都足够强健，但遗憾的是，我的身体不够强壮。在某种意义上，正是我的头脑和精神帮助我忍受了这糟糕的身体；在另一种意义上，也是我的头脑和心灵压垮了我的身体。”[1] 他的想法太过充沛，以至于他可以日夜不停地写，只不过如果那样的话，他过不了多久也就垮掉了。“自我开始写作以来，我事实上从来没有经历过听其他人抱怨的事情——缺乏想法，或者不会表达自己。如果那发生在我身上，我很有可能会近乎开心起来，总算有一天可以休息了。”[2]

《就我的作家生涯所写的观点》的最后一章标题为“我的写作生涯的神治部分”。他在那一章描述了自己在写作生涯中，“日复一日，年复一年，永远需要上帝的帮助”。开始工作时他会觉得烦躁，灵魂中有一种焦躁不安的激情，“一种诗人的切望”；他拿起笔，却无法移动它。继而他似乎能听到一个声音像老师对孩子那样跟他说话，让他完成自己的写作使命：“接下来我就完全平静下来了，然后就开始近乎一丝不苟地用缓慢的笔触写下每一个字母。随后我就能写了，但我不敢做任何其他事，只能写下每一个词、每一行字，几乎不知道下一个词和下一行字是什么。再后来，等我通读全文的时候，我在其中获得了一种全然不同的满足感。就算我或许没有抓住一些华丽的表达，最终写出的东西也与我预想的不同——它不是诗人的激情或思想家的激情的产物，而是献身上帝的产物，对我而言，那是对神的崇拜。”[3]

就自己的写作生涯写下这段话的克尔凯郭尔决绝地、目空一切 166
地把自己从俗世中抽离开来，表达了他对世俗意义上的成功的不屑。他逐渐认为“世界是平庸乃至邪恶的”。然而尽管如此，这个世界仍有着极大的诱惑力，作为作家他不得不奋力挣扎，才能幸免于落入“谎言中，一如既往，它可能会确保我获得金钱、荣誉、地位、认可，等等，那种我不得不说是‘时代的需要’、要屈服于一个备受推崇的公众的宽容评价的谎言，而且要仰仗我的同代人的认同、支持和喝彩，才能够繁荣发展的谎言”。不，他把全部精力投注于表达他用整个一生去让它变得不容置疑的真理中：“上帝是存在的。”为了理解“做一个人意味着什么”，他一直试图通过在哲学上、精神上、宗教上探索属于每一个单个的个人的“这种人性”。[4] 然而这条僻静的窄巷贯穿他的城市中央，他把众生世相尽收眼底。

与雷吉娜分手后，他想过隐居。如果他注定要做一个古怪而孤独的人，在世界的边缘遗世独立，或许还不如越过地平线，从人们的视野中消失。正如想到耶稣曾忍不住想要走进沙漠，成为一个隐士，前往乡下一个偏僻的所在也是他自己自始至终的诱惑。“我曾计划《非此即彼》甫一出版就到一个乡下的教区谋一份职位，为自己的罪过悲哀痛悔。我无法抑制自己的创造力，我顺应着它，它自然而然地进入了宗教领域。”[5]

离开雷吉娜后的这七年，留在哥本哈根做一个作家，在丹麦基督教世界的中心做一个基督教传教士，是他强加给自己的“苦行”。因自己的过失而被逐出伦理领域之后，他开始把世界看成一个受苦和牺牲的所在，他决心就生活在这个世界上，暴露在众人的目光中。虽然还是常常会想到隐退，但最终他总是能再度下定决心留在哥本哈根：“我认识到我的任务是通过为真理服务来接受惩罚，以至于它真的变成了负担，从人性的角度来说，变成了牺牲一切却得
167 不到回报的劳作。”[6] 他知道上帝不希望人们惩罚自己，这么做没有价值，但他仍然感觉自己“迫切需要”苦行，以至于他无法不这么做，并希望得到原谅。[7] 尽管路途艰难，却仍不乏欣悦：沿着这条道路行走似乎是唯一真实地、忠实地服从自己最深层的自我的方式，那是只有上帝才能看到和了解的自我。如今，就在这动荡的一年即将接近尾声之时，他固执地认为“我就是以这种方式为基督教服务的，虽然悲惨堪怜，但一想到上帝赋予我的无可名状的善远远超出了我的期待，我就欣然自喜”。[8]

这些话呼应了他五年前在《畏惧与颤栗》中写下的关于亚伯拉罕的篇章。亚伯拉罕只有在忍受了最痛苦的、要他放弃一切的煎熬之后，才从上帝那里收到了伟大的礼物，与他的期待全然相反，但他变成了一个“信仰之骑士”——重新在世上获得了作为父亲、丈

夫和一家之主的地位。然后，克尔凯郭尔将这一宗教的运动与某些隐居修道院或留在俗世但从未期望在这里安居之人的“放弃之骑士”加以对照。他觉得亚伯拉罕的信仰超出了他的想象——然而如果像《福音书》教导的那样，一切对于上帝皆有可能，那么他就不得不相信，上帝能够给予他满足和安宁。事实上，其后那些年，他的日常生活一直都在隐退和更加猛烈地沉浸在俗世之间摇摆。所谓隐退，不是退到某一个修道院或乡村郊区，而是远离尘嚣，全神贯注地读书和祈祷，在北西兰的林区安然度日。

1843 年夏，在写完《畏惧与颤栗》之后不久，他就听说雷吉娜与约翰·弗里德里克·施莱格尔（Johan Frederik Schlegel）订婚了。施莱格尔是政府官员，曾经是她的音乐家庭教师，从她年轻时就一直很喜欢她。“我曾向那女孩表示了我对她的信心，我相信所有她乐于告诉我的关于她自己的了不起之处”，他在日记中刻薄地写道，还说“奇怪的是，一个姑娘在她自己眼中会如此重要，以至于她用她的爱情（或者更准确地说用订婚这回事）来尊敬我，这让我震惊”。[9] 后来他用浓重的墨圈掩盖了这些文字，让它们难以辨
认。但他留下了一篇未做改动的、更冷静的日记，他在其中想象与 168
雷吉娜的一次偶遇：“一个幽默的人遇到了一个女孩，那女孩曾向他保证，如果他离开自己，她就自杀。相遇时那女孩订婚了。”[10] 他递给了她几枚硬币，他对她说“以表达我的感激”，这一举动让那女孩“因愤怒傻在那里”。

他找出《重复》的草稿，更改了结局。故事的年轻主人公没有

因渴望成为一个合适的丈夫而自杀，而是听说他的挚爱与别人订婚了；这出乎意料的消息把他从自己的身份危机中解放出来，他感谢上帝给了自己自由——在这里，他总算获得了渴望已久的“重复”。未来再次在他面前展开，他有了另一个选择自己人生道路的机会。

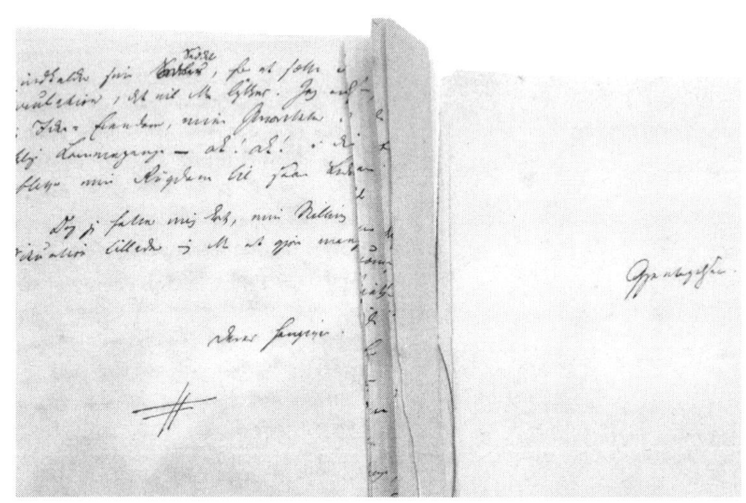

《重复》手稿中的一页，克尔凯郭尔裁掉了描写年轻人自杀的段落

1843 年 10 月，《重复》和《畏惧与颤栗》于同一天出版问世，当然使用了不同的假名；此外还有 S. 克尔凯郭尔的《三个陶冶性的讲演》。紧接着他在 1843 年 12 月又出版了《四个陶冶性的讲演》，还有 1844 年 3 月的《两个陶冶性的讲演》。与克尔凯郭尔提出“单个的个人”范畴的首部讲演集一样，这些薄薄的小书也都题献给父亲。虽说雷吉娜如今已嫁作人妇，他还是会在类似的前言里

暗指她，也就是被他称为“我的读者”的那个“单个的个人”。从 169
现实的角度来看，娶她的可能性已成过往，然而这种可能性始终是他的灵魂的一个事实；它自始至终影响着他对自己的灵魂的理解。成为作家之事与离开雷吉娜密不可分，然而他通过自己的作品表达了对她一如既往的忠诚，在某种意义上，或许只有他自己才能理解那一点。

如今他已是著名作家，整日埋头写作。工作给他的白昼与黑夜设定了有规律的重复：在位于北门的公寓与哥本哈根的大街小巷之间，在创作带来的狂喜与身体的疲惫之间，来回往复。他在家时，那些处理过的深色窗户全都关着，遮挡阳光；他一出去，仆人们就把窗户打开透气，生起炉火，确保房间里的温度合适——他和父亲一样，对家里的大小事吹毛求疵，一回来就会查看温度计。他雇了很有造诣的通晓数国语言的伊斯拉埃尔·莱温当他的秘书和校对。莱温有时会整天待在他家里，帮他纠正手稿的错误——“极大的工作量”。这样的日子里，他们会共进晚餐，餐桌上有浓汤、鱼、甜瓜和精美的雪利酒，还有极有害的咖啡，盛在银壶里端上来，克尔凯郭尔喝咖啡时要加奶油和近乎满满一杯糖。“每天看着糖融化都让他很开心。这令他发自内心地喜悦”，莱温注意到，但“咖啡太浓了，他也用它毁了自己的健康”。[11]

他几乎每天都跟朋友们相约散步缓解了这一繁重的工作：常常是和圣灵教堂的牧师彼得·约翰纳斯·斯庞（Peter Johannes Spang），或极其崇拜克尔凯郭尔、觉得他“非常和善”的年轻哲学家汉斯·布勒克纳（Hans Brøchner）一起。他们穿过城市、沿湖而行、走上城墙，或出城前往腓特烈斯贝。如果他在家里需要同伴了，会邀请埃米尔·伯森共进晚餐，但也会接待少数其他访客。一度他开始骑马，希望改善自己的消化系统，但克尔凯郭尔“骑上马的样子可不怎么好看”，因为他僵硬地坐在马上，看上去仿佛总是在回忆骑师有何指示。[12]偶尔他会在早晨雇一辆马车，吩咐车夫尽快
170 赶到乡下，他要在那里的森林中散步，然后在一家客栈用午餐，与当地人滔滔不绝地交谈，这样一场“空气浴”令他精神恢复之后，他就要赶回哥本哈根继续工作了。

1844 年初，他即将写完《忧惧的概念》，开始写《哲学片段》，还计划写一部题为《序言》的幽默作品，然后开始撰写另一本宗教讲演集。然而，他对自己的职业并无把握，对于作家生涯也是忧喜参半。既然要出版作品，就根本不可能不去无休无止地担心它们面世后会收到怎样的反响；他的骄傲藐视这些关于名誉、成功和地位的焦虑，他希望自己对那些无动于衷——要是他能只对深刻的东西保持最大的敏感该有多好！他仍在考虑到某个乡间教区去隐居，1844 年 2 月，他在三一教堂做了一次获取牧师资格的布道，他年轻时正是在那里接受了明斯特主教主持的坚信礼。这便使他有资格获得丹麦国教的任命了。那次布道的文本选自《哥林多前书》第二章，即《畏惧与颤栗》书名所在的那段文本。保罗在这里解释说，基督教的智慧不是“人的智慧”，不是“这世上有权有位将要败亡之人的智慧”，而是“从前所隐藏的、神的奥秘的智慧”。保罗对比了神的智慧与尘世间虚妄的智慧，指出侍奉上帝与追求世俗的一切——包括名誉、成功和地位——是两条岔开的人生道路：非此

即彼。

《新约》的这一世界观，即世界是一个充满谎言和堕落的所在，生活在其中使人们远离上帝，一直在数世纪的基督教历史中重复着，只不过如今不那么强烈了。1844 年，克尔凯郭尔专心阅读的书籍就包括约翰·阿恩特（Johann Arndt）的《真基督教》（*True Christianity*），这位路德宗神学家的文学作品为虔信派的建立埋下了种子，后来又滋养了它的发展。17 世纪初，阿恩特出版了好几本中世纪的书的新版本，包括托马斯·肯皮斯（Thomas à Kempis）的《师主篇》（*Imitation of Christ*）和约翰纳斯·陶勒（Johannes Tauler）的布道词。他自己所著的神圣生活指南《真基督教》从 1605 年到 1740 年重印了一百多版。[13]阿恩特的天主教祖先曾在自己的修道院里研究、实践和详尽说明了圣保罗的神学，受他们的神秘主义见解和禁欲主义实践的启迪，阿恩特敦促新教基督徒修炼克己和“遁 171
世”来让自己的灵魂更加纯净。[14]克尔凯郭尔在《真基督教》中看到了一种精神教义，进一步强化了他本人对世界的矛盾心态。“一个基督徒的确生活在俗世，却又不属于俗世，”他在这本古老的灵修书中读到，“他的确生活在世上，但他不爱它。世界的富华、名誉、虚伪、荣耀、眼睛的欲望、肉体的欲望、生命的骄傲，对基督徒来说都是僵死的，是他根本不会关注的一个影子。”[15]

约翰·阿恩特或者他那些中世纪知识和灵感来源，甚或保罗本人，会怎样解释克尔凯郭尔生活的世界呢？在他的有生之年，哥本哈根已经拥有了都市生活的种种特征，根据他在报纸杂志上读到的说法，那些特点已经彻底改变了法国和英国的首都，他把那两个城

约翰·阿恩特（1555—1621）和他的《真基督教》一个 18 世纪版本中的一幅插图，这个版本很像克尔凯郭尔拥有的那个版本。手持匕首的女人上方的话就是那句座右铭——“我每天都杀死自己”

市比作所多玛和蛾摩拉。[16]19 世纪的都市不仅能够满足无穷尽的肉体欲望，还有了一个新的、显然是现代的诱惑：把自己展示出来，以及成为他人生活的旁观者。哥本哈根越来越像一台不断产生自我形象的机器。它的报纸呈现出城市生活短暂的片段，忙不迭地把来
172 自城市各个角落的流言蜚语钉在一起，每个版本都是新鲜而充满诱惑的，但短短几天后就变得陈腐无聊。海贝尔的丹麦轻歌舞剧已经让剧院观众习惯了欣赏关于他们自己的讽刺剧。位于东街上的大型店铺（那里的木板下面就是城市的排水沟）让哥本哈根人看到了橱窗布置的现代艺术：与时髦女郎的装束一样，那些橱窗里展示的东西也常常变换，以吸引过路人的注意。沿着到处是二轮车、水手和

女商人的东街，陈列着“各种黑丝斗篷或披肩、装饰着花朵和羽毛的白色遮阳帽”。[17]

到 1844 年，这些日常景观中又加入了更新奇的东西：趣伏里公园（Tivoli-Vauxhall），这个游乐园的命名效仿的是巴黎和伦敦的同类设施。它于 1843 年夏季开园，创办人是报业大亨格奥尔·卡斯滕森（Georg Carstensen），1844 年首个完整的游玩季节就有数十万人涌入园中。卡斯滕森的趣伏里是一个小世界，把大都市文化带给了一个集镇的居民：游人可以在具有东方风情的巴扎里购物，对着最新的娱乐技术——全景画（展示的是汉堡市趣伏里公园内的一个场景）、微缩立体景观、烟火表演、蒸汽动力的旋转木马、银版照相馆、表演基督生平场景的机械蜡像——惊叹不已，此外还有较为传统的娱乐，如西洋景、哑剧和音乐会等。资产阶级家庭可以在这里享受此前为贵族青年独享的乐趣：他们也可以是旅客，也可以光临剧院，到餐馆用餐。趣伏里不仅让哥本哈根人看到了世界的新形象，还有他们自己的新形象，哪怕他们付不起银版照相的费用。

海贝尔一直嘲笑卡斯滕森是廉价娱乐供应商，克尔凯郭尔也一样鄙视趣伏里公园里的那些游乐设施。但他不需要去游览新开发的那个游乐园，就能加入他的城市日渐流行的旁观者文化中：坐在斯楚格街上的某一家现代咖啡馆里，更像是被展示在商店橱窗或西洋镜里。而且对于像克尔凯郭尔这样害羞的人，穿城散步就始终属于公开表演。如今，即将写完《就我的作家生涯所写的观点》的他想起了自己写作生涯的早期如何在哥本哈根的街上扮演一个**游手好闲**

173 的人；他的书的广告和书评出现在报刊上，力求吸引读者的目光，对那些读者来说，细读杂志就有点像游览商店橱窗。[18]自从 1834 年在《哥本哈根疾飞邮报》上发表首篇文学作品以来，他一直偶尔在报纸上发表文章；有些当代人觉得他“不过是个很有才华和见识的小品文作家”。[19]就算写日记，他也知道这是在向后代展示自己的内心世界。因此，他觉得自己每天都要面对**如何**被看到的问题：在这个新潮的大玻璃橱窗世界里，他应该是谁？他应该戴上哪一副面具、展示怎样的形象？而世人又会如何解释他的那些形象？

或许由于他极为内省的个性，这些问题对克尔凯郭尔尤其迫切，因为《非此即彼》已经让他成了当地的名人，也因为自父亲去世后，他的选择在很大程度上不再受到环境的约束：他不需要谋生，也不必做一个儿子、一个丈夫或一个父亲。但城市本身似乎对居民提出了这样的问题：他发现，住在现代都市进一步强化了他素来认为人们普遍拥有的焦虑感。他认为，自亚当以来，人类一直感到焦虑——如今，困在城市的无数映像中，他们变成了自己生活的不安的旁观者，焦虑自是成倍增加。

“没有什么审讯者能够像忧惧那样地准备好了如此可怕的折磨器具，”1844 年，他在《忧惧的概念》中写道，“没有什么谍探能够像忧惧那样地深知怎样去如此诡诈地在嫌疑人最弱的那一瞬间之中打击这嫌疑人……没有任何敏锐的审判者能够像忧惧那样地懂得怎样去审讯——是的，去使得被告惊慌失措——不管是在消遣之中、在喧嚣之中、在工作中、在白天还是在黑夜，忧惧绝不让被告得以逃脱。”[20]

和《论反讽概念——以苏格拉底为主线》一样，《忧惧的概念》也是一部逻辑精妙而晦涩难懂的学术著作。它写到了近代德国哲学，包括黑格尔派学者卡尔·罗森克兰茨（Karl Rosenkranz）的哲学心理学，以及崇拜苏格拉底、批判启蒙运动的约翰·格奥尔格·哈曼（Johann Georg Hamann）的片段性作品。但克尔凯郭尔也借鉴了他自己的生活经历，并把它与常常被当代哲学家和神学家颂扬的“科学”方法加以对照。“这是生命的奇迹：每一个关注自身 174
的人都知道那任何科学都不知道的东西，因为他知道他自己是谁。”[21]

当人意识到自己的自由时，忧惧就产生了。这就是为什么哈曼称忧惧是一种“神圣的疑病症”：它是一种只为人类所拥有的精神的意识，而动物只是肉体的生物。但人类也不是天使。我们生活在被重力锚定的世界，双脚着地，扎根于现实性——我们速朽的肉体、我们所处的环境、我们生命中的事实。然而我们仍然呼吸着可能性的空气，重力的力量很少强大到我们无法抬起一只脚迈出一步，无论迈出的是哪一只脚。我们都渴望声称自己是自由的，而当现实性成为一片沼泽，我们会绝望地大口喘气。不过，这同样的自由以其令我们眼花缭乱的可能性也让我们在体验它的同时充满忧惧。开放的未来像死亡的虚无一样，是一种未知的深渊。我们向下望一眼，就会因为担心跌落而忧惧地紧紧攥住和依附于我们能找到的任何坚实之物——财产、金钱、食物、酒精、他人，为的是稳固自己的根基。于是我们活着，抓住这尘世中的事物，无论它对我们或者对它们有无益处。但我们只有通过放手，并了解我们跌落之后会发生什么，才能学会面对忧惧。“这是每一个人都必须经受的一个历险过程：去学会忧惧，这样他就既不会因为‘从来没有忧惧过’也不会因为‘沉陷在忧惧之中’而迷失他自己。如果一个人学会了怎样正确地忧惧，那么他就学会了‘那至高的’。”[22]

克尔凯郭尔把这种对忧惧的心理学分析与基督教的原罪说联系起来，后者把人类继承的罪过与个体的责任笨拙地啮合在一起。在这个问题上仍属正统的圣奥古斯丁教导说，自亚当和夏娃在伊甸园犯下原罪以来，他们就把自己的罪过——及其相应的受苦和速朽的后果，在生物学意义上传给了整个人类。克尔凯郭尔不同意这一解释：他把《圣经》中亚当丧失清白的故事解读为每个人一生中一次再次的堕落的戏剧化表达，每一次堕落都是自由出现的时刻。不过，他同意奥古斯丁关于人类天生不安分的观点：他们永远不会完全安于尘世，只能在上帝那里找到安宁。奥古斯丁
175 认为，人类一旦在上帝之外的其他事物中，在有限的事物、某种肉体的欢愉或短暂的体验中寻找安慰或满足，他们就犯下了罪过。虽然他的语言有时是说教性的，但奥古斯丁认为罪过更是精神迷失而非道德堕落。

克尔凯郭尔在《忧惧的概念》中发展了这一思想。虽然他少年时代接受的虔信派教义让他关注自己的罪过，但他并不像大多数虔信派教徒那样，宣扬道德纯洁性的培养。相反，他试图用一种清醒的勇气面对自己的忧惧，让它们穿过全身，体验它们的一切力量和微妙。他认为忧惧既是祸也是福，既是苦行也是特权，是精神崇高

性的标志；毕竟耶稣也曾在面对死亡之前在客西马尼园忧惧地祈祷，而被判喝下鸩酒而死的苏格拉底也举起他的毒酒杯，仿佛为自己的忧惧干杯。“忧惧得越深，这人就越伟大”，因为忧惧“销蚀所有有限性，揭露它们的所有欺骗”。[23]只有当一个人“彻底经受了可能性的忧惧”——这种悬而未决的存在的恐怖在尘世中没有立足之处，因为它感受到的是每一步的下面那无尽的虚无的深渊——之后，他才能“修炼成了不感到忧惧，并不是因为他逃避生命的各种恐怖，而是因为与可能性的恐怖相比，生命中的这些恐怖就总会变得微不足道了”。[24]克尔凯郭尔想象有这么一个人如是说，就像一个病人在痛苦的手术即将开始之前对自己的外科医师说：现在我已准备就绪。这时，“忧惧进入他的灵魂并搜查一切，并且使得‘那有限的和狭隘的’感到忧惧而离开他”。[25]

他在 1844 年宣称：“我们当然不该为人和有限的一切而忧惧。”然而，他还是常常被这类事情困扰。轻视和批评往往会像肉中之刺，卡在他的心里数日、数周乃至数月，令他痛苦；在他人看来微不足道之事会在他的自负的镜中呈数倍放大。每日入夜时分没有一个妻子倾诉衷肠，他会把自己的伤痛和愤怒倾吐在日记中。然而，纸页毕竟无法像一个同情的倾听者那样吸收负面情绪，而墨水要比声音持续的时间更久：一旦写下来，他挂怀的东西就会反过来直愣愣地盯着他，变成一唱三叹，萦回于脑际。他的密友，像埃米尔·
伯森和汉斯·布勒克纳，深知这一点：“克尔凯郭尔常常会对某件 176
微不足道的小事思前想后，简直可以把它变成一小部世界史。他的现实感并不总能跟上他的反思专长，因而他对事实的看法往往会古怪地不合时宜或转化至畸形的程度。”[26]

1844年初，克尔凯郭尔还在写作《忧惧的概念》时，布勒克纳在学生会上演的一出戏剧《詹博恩》（*Gjenboerne*）中扮演了一个名叫索伦·柯克（Søren Kirk）的人物。[27]剧作家延斯·克里斯蒂安·霍斯楚普（Jens Christian Hostrup）本意并非人身攻击——索伦·柯克是对《非此即彼》的上部着迷的年轻神学家，他戏仿了该书所讽刺的那种哲学的装腔作势——但《詹博恩》令克尔凯郭尔深感不安。当然，在汉斯·布勒克纳和霍斯楚普面前，他假装毫不在意。

到1844年夏天时，他已经写完了三本书和一部新的讲演集。在准备《忧惧的概念》和《哲学片段》的手稿时，他从标题页上删除了自己的名字，给每一本书加了一个假名。[28]他为那部关于忧惧的专著选择了“维吉利乌斯·豪夫尼恩希斯”（Vigilius Haufniensis），这位“来自哥本哈根的醒觉者”是精神麻木的城市中的一个觉醒的观察者人物。而他原本写作《哲学片段》是作为一系列小册子中的第一部，但他最后呈现的是一部独立的作品，作者是他两年前未完成的那部对黑格尔哲学的讽刺作品的年轻主人公“约翰尼斯·克里马库斯”。这个假名呼应了《非此即彼》的维克托·埃雷米塔，因为约翰尼斯·克里马库斯本就是离开西奈的修道院、过上隐士生活的一个7世纪僧侣的名字。

第三本书是《序言》，是讽刺哥本哈根的文学行业的作品。它的假名作者是尼古拉斯·诺塔比恩（Nicolas Notabene），这位已婚男子的妻子认为写书是一种不忠行为。“你从早到晚都躲在思考的壳子里，”诺塔比恩夫人抱怨道，“你坐在饭桌上，像个鬼一样盯着虚空。”[29]作为妥协的结果，她允许尼古拉斯只为自己的书撰写序言，因此这本书就是八篇序言的结集。其中不止一篇表达了克尔凯郭尔最近对海贝尔的不满，1843 年底，海贝尔出版了一本装饰性年鉴，旨在让人们买下它作为漂亮的新年礼物，其中就包括对《重 177
复》的一段简要批评文字。“写一本书可真是一件乐事啊！”尼古拉斯·诺塔比恩在第一篇序言的开头写道，“写一本书的根源都不是什么不可解释的内在需求，因而也不知道它是否适合世界，的确，这本羞怯而愧疚的书简直就是出版社和公众之间秘密情事的别别扭扭的见证人，哦不，是他们之间权宜婚姻的成果。”[30]他假装是个思想高尚的乏味之人，嘲讽了海贝尔对天文学的兴趣；他还抨击了低级趣味的新闻业，把报纸上的文章比作排水管，“因为如果让公众的飞短流长白白浪费，就太糟糕了”。[31]他为一本学术书、为一本布道集，还为一本新哲学杂志的创刊号撰写序言。另一篇序言讽刺了哥本哈根新成立的“节欲和节制联盟”（Temperance and Abstinence Union）：1844 年 1 月，克尔凯郭尔带着蔑视阅读了《祖国》杂志上一篇文章，它宣传该联盟“帮助堕落的人重返社会和家庭，重新找到上帝和善德的崇高努力”。[32]

1844 年 6 月，短短几天时间，尼古拉斯·诺塔比恩、维吉利乌斯·豪夫尼恩希斯、约翰尼斯·克里马库斯和《三个陶冶性的讲演》的作者 S. 克尔凯郭尔一同面世了。作为克尔凯郭尔内心世界的使者，这四位作者有多抒情地阐释了他的灵魂，就有多巧妙地欺骗了读者。每一个都代表着其创造者的一个方面。但他们都是他的“理想”，对世界全然无动于衷：没有一个人不得不上街散步或倾听其他人的意见。他们没有任何对成功的暗自的渴望，或失望带来的沉郁忧伤；他们不需要忍受无数毫无价值的羞辱；他们根本不会进入自怜的风暴中心，或者在事物的发展违背预想时与愤怒搏斗。他们不会担心自己会得到怎样的评价。就连“S. 克尔凯郭尔”也是一个脱离肉体的存在，居住在古老宗教书籍的隐居氛围中，谦卑而平静地修习经文、凝视自我，用自信的清晰书写着人心和它对上帝的渴望。“在丹麦做一个作家几乎和不得不生活在公众的目光下一样令人困扰，就像在众目睽睽下隐身一样问题重重。”尼古拉斯·诺塔比恩在《序言》中如此写道。[33]克尔凯郭尔的假名没能隐瞒他的身份，而是帮助他掩盖了自己对获得大众认可的欲望。

178 6 月的那几本书问世之后，他决定不再写陶冶性的讲演了。[34]相反，他会为一些想象的场合撰写讲演，如婚礼、葬礼、忏悔、圣餐礼。然而，他还是先写完了最后一部《四个陶冶性的讲演》的合集，这部合集于 8 月底出版。这些讲演特别深刻、充满慈悲、笔调严肃，它们呼应了阿恩特的《真基督教》中对受苦和人之脆弱的着重描写。阿恩特认为：“没有苦难，上帝不会出现在人的面前，未曾经受苦难，人也不会看到上帝的恩典。”在他的讲演《需要上帝是人的至高完美》（To Need God is a Human Being's Highest Perfection）中，克尔凯郭尔承认深层的精神需求会“使得生活更艰难”，但解释说人只有通过“逐步地经历”自己的忧惧、困惑和绝望，才能让“他的生活也不断地得到越来越深刻的意义”。[35]随着他逐渐感觉到自己对上帝的需要，受苦之人学会了“去越来越多地远离尘世，越来越少去注目那外在的、生活带来和拿走的东西、那被许给他让他自己去在那外在的之中达成的东西，越来越多地关心那内在的、关心与上帝间的理解”。

阅读阿恩特更加清晰和深化了已经在《畏惧与颤栗》中表达的信念：喜悦就在苦难的另一边，挣扎必先于安慰而来，“只有身处忧惧者找到安息”。[36]克尔凯郭尔一如既往地坚信苦难和疑虑的经历是成为完整之人的必要训练。他不但在自己的作品中，也在友谊中交流他自己私密的受苦体验，因为他并不是哥本哈根唯一一个痛苦的人，他对其他受苦之人感同身受。当他知道埃米尔·伯森过于劳累，他写信表达自己的同情，说：“你一次把太多的东西收集起来堆在自己的周围，然后就在它的重压下垮掉了。但存在需要一点一点去理解。”[37]

前一年，即1847年，他给患有严重抑郁症的嫂子亨丽特写去
长信，恳求嫂子说“**希望你能爱自己**”。[38]“我们在受苦而无法为他 179
人奉献太多时，很容易陷入忧郁的思绪，觉得自己在世上是多余
的，而其他人或许有时也会让我们这么想。那时我们必须记住，**在
上帝面前每个人都一样重要，无条件地一样重要**；真的，如果有什
么分别，那么受苦最深之人一定是上帝最关心的对象。”好友斯庞
牧师去世后，他常常去拜访他的遗孀，在她难过之时给她安慰。
“很少有人有他那样的理解力，”汉斯·布勒克纳后来回忆道，“他
安慰人的时候不是掩盖悲伤，而是首先让人真正意识到悲伤，把它

彻底袒露出来。"[39]克尔凯郭尔自我反省的作品，他对自己的忧惧和苦难的探究，加深了他对人的理解，给了他的哲学一种影响他人的力量。他在内心深处实践这一哲学，往往充满痛苦，也在与那些最亲近之人的关系中表达了这一哲学。

第十二章

生命的迷宫

年尽岁除，滴水成冰，哥本哈根的夜幕很早就落下了。下午四 180
点，罗森堡街沿街的二楼窗户里就亮起了灯光、火光和烛光。冒着严寒上街的路人会瞥见明亮房间里的圣诞树，偶尔听到里面传来的歌声和孩子们的笑声。克尔凯郭尔的房间很安静，他孤身一人。“1848 年让我提升到了另一个层次，”他在日记中写道，“它在宗教上把我碾碎了；上帝让我疲于奔命。”[1]

一整年他都在思考着结束——结束写作生涯，结束自己的生命，而且一直在平静地接受死亡来临和对自己的文学遗产极度焦虑之间摇摆。在罗森堡街上，他出品了自己有生之年的“一些最好的作品”：新的手稿被仔细地保存在铁盒子里，他觉得它们是他一生的“成就”。[2] 然而，

> 丹麦的情况已经变得如此糟糕，以至于如果我现在把上帝允许我完成的作品一股脑全部出版，我肯定会被一笑置之并继而被街上的每一个恶霸搭讪。仁慈的上帝啊，那么，我是做了什么邪恶的事情了吗？也就是，在前一年，我再度如此勤勉？

> 还是上帝赐予了我这些能力？那么，那是一项罪恶吗？我应该出于对这个集镇上的人的害怕，拒绝上帝给我的一切？告诉我，还有没有任何其他国家的作家遭受过如此程度的苦难！如果你能把他指给我看，该多好啊，那样我就有人可以表示同情和慰问了。[3]

《就我的作家生涯所写的观点》此刻就在铁盒子里：它已经完成了，但他不知道该不该出版。或许上帝在敦促他公开自己长期隐
181 瞒的内心活动，把自己拽出身边盘根错节的荆棘丛，展现给世界。这样的披露让他痛苦。他想：

> 然而，这或许是我对上帝的义务，或许上帝允许我把内心活动隐藏起来，直到我足够强大可以谈论它：我不幸的童年、我极度的抑郁、我在成为作家之前悲惨的个人生活，所有这一切都让我把内在性隐藏起来。至今上帝一直允许我这么做，但在某个方面，这也是一种溺爱。上帝对我这么好，充满爱，以至于我可以发自内心地说我与他的联系是我唯一信任的关系；在我至深的苦难生活中，他允许我寻找到忍受那一切的力量，是的，并在其中找到救赎。[4]

他在 1848 年这些紧张而艰难的日子里找到的“救赎”时刻，让他想起了自己最初的爱——一个温存而抚慰人心的女人的怀抱。如今他已经三十五六岁了，却发现自己恢复了最早的童年生活：每天，

他“与上帝生活在一起，像个依赖父亲（母亲）的孩子”。[5] 有时他痛苦的回忆还伴随着对过去的一种新的理解，那些长期以来看似诅咒的一切，如今都能当作福祉。他少年时代在新广场时期持续的不安让他一直深切地渴望平静，他认为正是这种渴望让人类与上帝拉近了距离。他虽然对基督教充满忧惧和矛盾，这当然与他和父亲的复杂关系纠缠在一起，然而他有时仍然会感到“我全部的生命几乎都可怕地荒废了，目的是让我更加真切地重新经历一遍，这一次我和上帝在一起”。[6]

然而，雷吉娜的问题仍未解决。过去这几个月，当他重新修订那些关于自己的生命和写作的故事时，他常常会想起她，以及她的“近况”。她刚刚庆祝了自己的第一个结婚纪念日，因为她最终还是于 1847 年 11 月在救主堂嫁给了约翰·弗雷德里克·施莱格尔。在为她宣读结婚公告的那个星期天，克尔凯郭尔就坐在那个教堂里；她的婚礼当天，他租了一辆马车，去了城外。[7]“她的婚姻的要旨就是，并且今后将仍然是，我是一个恶棍，或者至少是个有人希望在世上举足轻重的人，”他近来在日记中写道，“如果她了解事情的真相，一定会精神错乱。”[8] 他相信他与雷吉娜的关系会经受住导致他 182
们分手的形势：“我死去的那一刻（我一直期待着它不久就会发生），她当然会拥有本该属于她的一切。在那个方面，一切都已准备就绪。她的名字将是我写作的作品的一部分，只要还有人记得我，就有人会念及她的名字。”[9]

不管未来如何，过去还未走远。每次他回想起解除婚约之事，都会再度发现自己的罪过。“她因为我的原因备受羞辱，这是怎样难以释怀的折磨啊。”1848 年秋，在把订婚戒指退还给她七年后，他在日记中如此写道，那时她已经嫁给施莱格尔好几个月了。[10]他仍然觉得她对他们的关系太自负了，她应该更轻易地放他走，但他也坚信，“那无论如何都是我的错，因为我对她的内疚太深了，完全淹没了她对我的内疚”。[11]他伤害了雷吉娜，因为他不了解自己，不了解他“已经与［基督教］缘定三生”，不了解这引发的一切复杂局面。[12]他在 1840 年向她求婚时，没法清晰地看到自己的天性，而这样的天性让他无法成为一个丈夫、一个父亲、一个资产阶级公民。他还没有理解自己在世上究竟是谁。

在这个人们阖家团聚的圣诞节，他想起了自己与雷吉娜订婚这件事，感到很孤单。他在日记中抱怨说：“如今在所谓的基督教世界庆祝的圣诞节已经变成了纯粹的异教主义，变成了神话。它的理念或想法如下：一个孩子就是救赎，或者成为父亲和母亲就是第二次生命，是纯粹的，高尚的。生命的真诚真的始于人在身后留下了新的一代，只有在那时，人们才会更深地理解到活着就是为了爱后代，以及自己对后代的责任，等等。”[13]丹麦的圣诞节已经变成了对童年充满怀旧的节日，“被理解为围绕着圣诞树跳舞，想玩棋盘游戏，吃番佛努斯香酥球”。以下是他的看法：“不，上帝之子基督与成为一个人的精神范畴有关，因而与婚姻、父亲、母亲、孩子无关，只和每一个个人的精神性有关。”

此时，在 1848 年的最后几天，他又想起如果他娶了雷吉娜，
183 她一定不快乐——“她和我本人是绝然不同的。她希望在世界上闪耀光芒，我的抑郁症让我充满忧郁地期待受苦，且不得不受苦。起

初她大概会因为她和我的关系十分欢喜，起初，那闪耀光芒的部分或许会让她心满意足。然而那以后，一旦我们认真起来，我隐退到微不足道的地位或者真正去领受基督徒之苦，不会赢得任何荣誉或尊重：那时她很快就会丢掉自己的好脾气了。而我——嗯，我永远也不会成为我自己了。”[14]

订婚始终是人生的一个岔路口：他选择了那条离开雷吉娜的道路，他从未回头，也不可能走回头路——然而他选择的这条孤独的道路，总是把他带回到她的身边。回首往事，1840 年他向雷吉娜求婚的那个 9 月的日子看似不可变更地引发了 1846 年的事件，那时他与世界的关系再度发生了变化，又从那时引向此刻，这反思的岁尾年终，一切即将迎来新的开始。

1844 年夏，出版了《忧惧的概念》、《哲学片段》和《序言》（这些书与雷吉娜都没有直接关系）之后，他又回到了在《非此即彼》和《重复》中占据大量篇幅的婚姻问题。他那时正在撰写两本关于女人、爱、订婚和婚姻的书。这是一项复杂的文学项目：第一本书分为一个审美部分和一个伦理部分，他在这本书中集结了 1843 年几本书中的人物；第二本书再现了一个解除婚约的故事，但使用了一个新的假名——法拉塔·塔西图尔努斯①，与《重复》相比，它被推向了一个更为宗教的方向。1845 年，他将把两本书合成

① 法拉他·塔西图尔努斯（Frater Taciturnus），拉丁语，意为寡言修士或宁静的修士。

一部单卷本：以一个名为“订书人希拉利乌斯”（Hilarius Bookbinder）的编辑假名出版了《人生道路诸阶段》（*Stages on Life's Way*）。这是自《非此即彼》以来他篇幅最长的一本书，有逾500页。

“我一直在重写其中的某些部分，但始终不够满意，”他在1844年8月底的日记中写道，“当前，我总是词不达意，越写越
184 多。”[15]很长时间以来，他一直觉得自己会在1846年33岁时死去，如今已经过去不到两年，他想完成这些书，再写一些“更重要的东西”。他没有时间了。“我无法在城里写作，所以必须去旅行。”他最后说。

那天他驾着马车来到了哥本哈根以北10英里左右的灵比（Lyngby）。他一直到第二年5月才离开丹麦，但1844年整个夏天和初秋，他总是乘马车前往乡下，最常去的就是灵比再往北几英里的新霍尔特（Nyholte），有一两次他一路向北，直达埃斯鲁姆湖另一侧的弗雷登斯堡。

那些在乡下的日子，他驾马车穿过开阔的场景、在寂静的森林里独自散步，滋养了想象力，让他的文字更加抒情，仿佛洁净的空气让它们变得更加轻盈了。《人生道路诸阶段》的每一部分都有一个乡村场景。这本书一开始的环境就是“森林的孤独”，一个假名叫威廉·奥海姆（William Afham）的面目模糊的人回忆起一次深夜饮宴，这一段模仿了柏拉图的《会饮篇》。参加这次聚会的有《非此即彼》中的维克托·埃雷米塔和诱惑者约翰纳斯、《重复》中的
185 康斯坦丁·康斯坦提乌斯和一个服装设计师，以及一个既无名气也

安德烈亚斯·尤尔（Andreas Juuel），《霍尔特附近的吉尔斯山的夏日》，1856 年

没经验的年轻人。他们轮流发表演说赞美女人，威廉·奥海姆坐在林中冥想时，回忆起他们的话。

“现在我学会了无需黑夜就能够找到宁静，”他解释说，“因为在这里总是宁静的，总是美好的；然而现在我觉得最美好的还是在秋日挽住那奔向黄昏的午后时光并且天空出现那种带有思念感伤的蓝色的时候，在受造之物熬过了一天的炎热之后深深地呼吸的时候，在凉意舒展开自身、绿叶的枝叶摇曳出阵风而兴奋地颤动的时候，在太阳想着要在暮气中沉入大海尽享凉意的时候，在大地准备要去休息并且想着要说感谢的时候，在它们作别前在那种使得森林更暗使得草地更绿的温柔的融合之中相互理解的时候。”在这些幸福的时光，他接着说道：“对一个经受了许多苦难在精神上紧张过度的人，再也没有什么比下午暗淡的光线更温和更和平更令人安宁。”[16]远离焦虑、远离评头品足的目光、远离喧闹肮脏的街市，这是克尔凯郭尔自从与雷吉娜分手以来就一直梦想的所在，是他可以避离尘嚣，为自己的罪过独自悲伤的地方。

《人生道路诸阶段》第一部分的结尾是参加座谈会的几位假名人物在开怀畅饮、畅谈女人一整夜之后，于黎明时分乘坐马车前往乡下。他们穿行于田野，瞥见了威尔海姆法官在自己的乡间房舍门前的花园里与妻子充满爱意地交谈，就在那对夫妇啜饮着早茶时，维克托·埃雷米塔偷偷溜进了这位法官的书房，在他的书桌上发现了一篇新写的关于婚姻的文章。

这篇文章对比了婚姻生活与修道生活；它赞美母爱的谦卑之美，一个年老妇人日渐深邃的美。和尼古拉斯·诺塔比恩一样，威尔海姆法官也设法在为人丈夫的同时写作。他在文章的结尾写到深夜听到妻子静悄悄地从他的书房走过：

> 只一瞬间，我的爱人，只一瞬间，我的灵魂如此富有，在
> 这一瞬间我如此雄辩健谈，我要将这写在纸上，一篇关于你的
> 颂词，我可爱的妻子，然后我要去说服这个世界，让全世界相
> 186 信婚姻的有效性。但我会及时地，在明天、在后天、在八天以
> 后，可怜的笔，我会及时地将你扔开，我已经做出了我的选
> 择，我接受了召唤和邀请。在思想在一个幸福的瞬间里自愿地

呈现出自己的时候，让一个可怜的作家去坐着颤抖吧，颤抖着唯恐有人会打扰他。我什么都不怕，但我也知道那更好的东西，它是比那种在一个男人的头脑里出现的最幸福念头更好、比那被写在纸上的对于最幸福的念头的最幸福表达更好；我知道那更无限地宝贵的东西，它比一个可怜的作家能够用他的笔来写出的每一个秘密都要更无限地宝贵。[17]

在这个令人感动的花园场景和辞藻华丽的家庭生活赞歌之后，是《有辜的？无辜的?》（Guilty？/Not Guilty?），这一连串逻辑极其缜密的日记讲述了一次婚约解除，紧接着是一段篇幅较长的关于虔诚的存在的反思。所有这些都被归于由一个假名叫法拉塔·塔西图尔努斯的僧侣所写，他解释说在一次前往北方的吉勒莱厄海滨之行中，他在索堡湖（Søborg Lake）发现了一个用蜡封好的檀木匣子。匣子里面就放着这本用蜡纸包裹的日记，以及“一只里面刻有日期的光面金戒指，一条由固定在浅蓝色丝带上的钻石十字架构成的项链，一张从《新约》之中撕下的纸片，放在一只镀银的小盒子里的一朵凋谢了的玫瑰”。[18]但法拉塔·塔西图尔努斯后来承认，他自己写了那本日记，那是一个“想象世界的架构”，一次思想实验。

这段“受苦的故事”是《人生道路诸阶段》中最接近自传的部分：在这里，克尔凯郭尔似乎深深潜入自己灵魂的湖底，去发现那里的秘密。他还逐字复写了他在1841年把订婚戒指归还给雷吉娜时随附的短笺：“最重要的是，请把写下这文字的人忘记掉；原谅一个尽管有能力做某些事情但没有能力使一个女孩幸福的人吧。”[19]他承认自己是有辜的，然而他感觉到了整件事中“神治”的神圣方向；他的生命中包含这一个“错误”，或许他的整个人生都是一个错误！但这个错误却表达了一个真理：

> 6 月 18 日。午夜。我是有辜的吗？是的。怎么会？是由于我开始去做了我无法实现的事情。现在你是怎么理解的？我现在更清楚地明白了，为什么这对我是不可能的。那么我的辜又是什么呢？它是：我没有更早地明白这一点……什么是能够作为你的辩解的借口？它是：我的整个个体人格为我预设了这样一种倾向，这倾向在任何地方都给予我力量，如果我寻找一个
> 187 私密者，我会在这样一种倾向之中得到肯定，这一倾向就是：“一个沉郁者不应当用自己的各种痛苦来困扰自己的妻子，而是应当像一个男人那样把它们内闭在自身之中。”你的安慰是什么？它是：我在我认识到这辜的同时也感受到了这一切之中的治理……你的希望是什么？它是：这能够得到原谅，如果不是在此，那么就在一种永恒之中吧。[20]

在另一个短暂而无眠的夏夜，这位日记作者下决心“尽我最大的能力让自己继续忠实于我的精神存在”。他承认说：“如果我对她忠诚，我会是更完美的；如果我的精神存在参与进一场婚姻之中的日常运作，它就会更伟大，而我则会更确定而更容易地理解生活。”[21]然而，他知道过去无法被抹杀或重写。他的人生就像一本“已经被印出来并且不能够被重新印刷”的书。但一个作者可以在自己的书

上添加印刷错误清单，这甚至可能包括“一种读法，它在意义解读的重要性方面超越了文字之中同一个地方的内容，那么，我们就只好让它和其他印刷错误一同继续存留在那里”。

克尔凯郭尔知道，没有雷吉娜，他就不会成为他自己。但除了纸上那一行行墨迹之外，他又将成为**谁**呢？这个问题似乎从未有过答案：就连数百页的《人生道路诸阶段》——如果把《非此即彼》、《重复》、《畏惧与颤栗》、《序言》、《哲学片段》、《忧惧的概念》都算在内的话，皇皇数千页的文字——也没有完全充分地表达他是谁。或许答案是永无止境的；或许在那些奋笔疾书的白日和焦躁不安的夜晚之间，有时他会经历一些无言的时刻，那些才是他与真正的自我距离最近的时刻。

与他 1843 年 2 月、1843 年 10 月和 1844 年 6 月出版的作品一样，在《人生道路诸阶段》中，他也召集了一小群想象的自我，把他们派往世界的各个角落。这次总共有八个：威廉·奥海姆、维克托·埃雷米塔、诱惑者约翰纳斯、康斯坦丁·康斯坦提乌斯、一个时装设计师、一个无辜的年轻人、威尔海姆法官，以及法拉塔·塔西图尔努斯。这些人中没有一个是索伦·克尔凯郭尔；他们只是代表了不同的道路，最终会集于他自己的存在的问题。

他是这些道路的源头还是它们的终点？在前往弗雷登斯堡的 188
那条路边有一个戈里布森林（Gribs Forest），森林里有个地方叫作八路角（Nook of the Eight Paths）。他的灵魂就像这个不易找到的所在：“只有在一个人以正当的方式去搜寻的时候，他才会找到这地方，因为没有任何地图标示出了这个地方。这名字本身貌似也包含了一个矛盾之处，因为，八条路的相交怎么会构成一个角，而‘人来人往并且交通频繁’又怎么能够与‘偏僻而隐秘’达成一致？……然而事情却就是如此：那里确实有着八条路，但又非常孤独……没有任何人在这条路上行走，除了风，而且没有人知道这风，它从哪里来，它要到哪里去。”[22]如果所有那些路，所有那些假名作者，所有那些书都在传达一个唯一的真理，那就是人类无法在行走的时候看清楚自己的人生道路。在森林里，人永远不可能看到远方。而《人生道路诸阶段》本身并非一个简单的行程：途经灵比、霍尔特、霍斯霍尔姆（Hørsholm），驶向弗雷登斯堡。这本书是一座辨不清方向的迷宫。克尔凯郭尔知道它不易理解。

1844 年 10 月，他搬出了位于北街的公寓，回到了他童年时期的家宅新广场 2 号，住进了那里的一楼公寓。他的仆人安诺斯替他安排一切，把他的书全都摆放归位。克尔凯郭尔对汉斯·布勒克纳开玩笑说：“他事实上是我的身体。”[23]至于他其他的部分，他的灵魂、精神、笔，则全都投入了写作。《人生道路诸阶段》的草稿变得越来越厚，被不断改动。伊斯拉埃尔·莱温不得不连续几周住在新广场 2 号，帮忙准备即将出版的手稿。

《人生道路诸阶段》于 1845 年 4 月底出版，一同问世的还有 S. 克尔凯郭尔所著的《三个想象出的场合讲演》（*Three Discourses on Imagined Occasions*）。5 月 6 日，就是他 32 岁生日的第二天，一篇对这两本书的匿名评论发表在《贝林时报》（*Berling's Times*）上，那是他第一次在印刷品上被说成是他的假名作品的作者。评论者赞美了他“真正的诗歌才华”和惊人的创造力：“我们会觉得克尔凯郭尔博士大概有一根魔杖，他只需轻轻一挥就变出了那么多书，他近几年的文学活动实在令人难以置信……这些书中的每一本都那么出色，他以深邃的思想极为精准详细地展开探究，展示出罕见的语言美感和典雅，特别是当今丹麦作家无出其右的流畅华 189
丽。”[24]如果他有什么对这些“好书”的负面批评，这位不知名的评论者接着写道，那就是“作者几乎用了过多的时间沉湎于自己的反思，所以有时就显得过于啰唆了”。

虽然那位评论者不吝赞美之词，但克尔凯郭尔对于自己的作者身份被公开怒不可遏。三天后，他在《祖国》上发表了一篇文章作为回应，对“未经授权地”声称他写了那些假名作品做出抗议，因为只有作者本人有权做出这样的声明。此外，这位评论家甚至没有权利评价他的作品。自己的作品没有受到更有影响力的读者多少关注令他失望，这种失望渗透在他的鄙视中：“如果说话的是一位合格的丹麦文学领袖，比方说海贝尔教授，如果说话的是那位备受尊重的大师级人物，笔名 Kts'（这是明斯特主教），那么，点头才有意义，鼓励的话语才有效用，和善的文学致意才是一件乐事。”[25]

不到一周后，他前往柏林待了几天。那时他沉浸在自己的新书《最后的、非科学性的附言》中，它是《哲学片段》的续篇。这是关于他最有辩证精神的假名作者约翰尼斯·克里马库斯提出的“成为一个基督徒的任务”的一部开拓性专著。克里马库斯本人虽然不是基督徒，但他精彩地解答了基督教所产生的哲学问题；他与莱辛①和雅各比辩论，再度抨击了黑格尔的体系，并提出了一种关注“主观的个体与基督教的关系”的新哲学方法。克尔凯郭尔决定这本《最后的、非科学性的附言》将是他的最后一本书，因此一定要确保自己的名声不被损害。另外，为了从那个《贝林时报》的评论者手中夺回对自己作者身份的控制权，他在最后写了一篇《最初和最后的说明》，承认所有假名的真实身份都是他本人。

那年夏天回到丹麦，山雨欲来风满楼。他的作品在报刊上得到的更多赞美，不是如他所愿来自海贝尔或明斯特，而是来自哥本哈根的畅销周刊、声名狼藉的《海盗船》。7 月，《海盗船》表达了对《人生道路诸阶段》的编辑订书人希拉利乌斯的赞赏。11 月，该报纸又向《非此即彼》致敬，宣称“维克托·埃雷米塔不死!”这些
190 微不足道的评论刺痛了克尔凯郭尔敏感的心灵，为他与报纸背后那些撰稿人爆发的冲突埋下了种子。

《海盗船》是由年轻的颠覆分子作家迈尔·阿龙·哥尔德施米特秘密编辑的，1840 年，哥尔德施米特刚满 20 岁就创办了这份刊物。受巴黎那些共和派和社会主义讽刺报刊的启发，《海盗船》嘲讽丹麦政体、批评国王、散布恶意的传言。[26]哥尔德施米特对惩罚傲睨神明之众生的复仇女神涅墨西斯的希腊神话十分着迷：正是涅墨西斯把那喀索斯引诱到池塘边，让后者爱上了自己的倒影，在水边

---

① 戈特霍尔德·埃弗拉伊姆·莱辛（Gotthold Ephraim Lessing，1729—1781），又译为戈特霍尔德·埃夫莱姆·莱辛，德国启蒙运动时期最重要的作家和文艺理论家之一。

郁郁而终，至死无法与自己心爱的倒影分离。[27]《海盗船》使用了一种全然不同的复仇方式，用大笑来惩罚哥本哈根的名流，它的漫画家彼得·克拉斯特鲁普①为这些现代人创作了绝不可爱的形象。到1845年时，哥尔德施米特已经被哥本哈根的政府识破、入狱、罚款并审查，但《海盗船》仍在继续发行。那年哥尔德施米特利用自己亲身经历的丹麦反犹情绪，出版了他的第一部小说《一个犹太人》（*A Jew*）。

哥尔德施米特赞赏克尔凯郭尔的作品，从学生时代起，两人就一直十分友好。但另一位野心勃勃的作家彼泽·卢兹维·默勒（Peder Ludvig Møller）帮助哥尔德施米特编辑《海盗船》——克尔凯郭尔和他的关系就远没有那么和谐了。[28]默勒是个不知名的诗人和臭名昭著的玩弄女性者，把他放在《非此即彼》的第一部分一点儿也不突兀：他为自己打造一种很有男子气概的拜伦式形象，很像诱惑者约翰纳斯。他渴望继厄伦施拉格尔之位担任哥本哈根大学美学教授，因而匿名为《海盗船》工作，以保护自己的职业前途不受损害。

1845年12月，就在《最后的、非科学性的附言》即将付梓之时，默勒出版了他自己的文学年鉴《你好1846》（*Gæa 1846*），其中就包括对《人生道路诸阶段》的一篇评论文章。[29]默勒称克尔凯郭尔是“有着许多名字的哲学家”，赞扬了他审美上的特质，承认他“才华出众”，是哲学“天才”，拥有“机智的头脑”、“丰富得

---

① 即彼得·克里斯蒂安·克拉斯特鲁普。

惊人的思想和感情”，以及“无人能及的写作的多产和雄辩”。然而，默勒对克尔凯郭尔倾向于“把自己的整个内心成长都展示给公众”感到厌烦，这一点在《人生道路诸阶段》的结尾，在法拉
191 塔·塔西图尔努斯身上表现得尤其明显：“每次你觉得总算能够享受纯粹的文学了，作者都会插入他自己的个人伦理和宗教发展，没人想看这种东西啊。”

《海盗船》的编辑：P. L. 默勒（左）和 M. A. 哥尔德施米特（右）

尽管如此，默勒事实上对这些“个人”事务很感兴趣，他的评论从文学评论变成了精神评价最终变成了人格诋毁。带着一位真正的海盗的那种傲慢，他指出克尔凯郭尔的创造力源于一种病态的天性——不健康、不正常、不像个男人。“写作和出版看来已经变成了他的生理需要，或者他把它当药来用，就像患有某些疾病的人使

用放血法、杯吸法、蒸汽浴、催吐剂，等等。就像健康人靠睡眠获得休息，他似乎靠用笔写个不停获得休息；他不吃不喝，全靠写作满足自我；他不像普通人那样一年生一个孩子繁衍后代，倒像是有鱼的天性，产卵繁衍。”默勒指责他在文中虐待女性，还暗示他在生活中也这么做了：“放在实验台上的阴柔特质变成了书中的辩证法，然后消失了，但在现实中，她一定会不可避免疯狂并纵身跳入培布陵湖（Peblinge Lake）。”

“如果你把生活看成解剖实验室，把你自己看成尸体，那么没 192
人管你，你想怎么肢解自己，随便。”默勒干脆用第二人称，让自己的攻击更加尖锐，“但把另一个人卷入你的蜘蛛网，把它活生生地解剖或者用实验的方法一点一点地把灵魂撕扯出来，那是不允许的，除非用昆虫，但任何健康的人脑，就算想想，也不觉得这么做很可怕、很恶心吗?”通过质疑他的为人正直和男子气概，默勒把利爪伸向了克尔凯郭尔隐藏极深的敏感心灵，那是他自与雷吉娜分手和开始自己的写作活动以来便一直想方设法极力保护的。

“在我看来”，默勒评价道，这位变态的作者的反思“就像银版照片，其中不光像普通的绘画那样显示出其表现的最重要、最典型的特征，还有可能捕捉到一切，因而整个照片就像一团乱麻、一个人迹罕至的迷宫。虽然他笔耕不辍，但反思对他来说已经变成了严重的疾病；他的宗教性以谴责整个世界来沉迷于自身，在我看来是一种胆怯，必会遭到我们的主和他的天使们的嘲笑……如果他生活的环境逼迫他必须关注除了自己的异想天开之外的其他事情，他的天才无疑会发展到一个更高的境界”。

克尔凯郭尔读到默勒的评论时，这些谴责的话语猛击着他的灵魂，铭刻在他的记忆中，塑造了他的想法，刺痛了他的心灵。其中那点尖锐的事实更是在他的伤口上撒盐。他立即反击，在《祖国》上发表了一篇署名法拉塔·塔西图尔努斯的文章，傲慢地对默勒不屑一顾："这些人不属于我生活的阶层，无论他们多么蛮横无理，都不会有任何影响；根本不会惊扰我在自己周围的小世界里享受的愉悦。"他在文章结尾半嘲讽半认真地挑衅，揭露了默勒与《海盗船》的关系："真遗憾我没能早点登上《海盗船》！一个穷苦的作家居然在丹麦文学界如此鹤立鸡群，着实不易，要知道他（假设我们这些假名都是同一人）可是唯一一个没有在那里遭到辱骂的人！"[30]

没过几日，他在街上遇到了哥尔德施米特，他们像事不关己的
193 旁观者一样讨论了这些文学界的敌意。[31]哥尔德施米特说法拉塔·塔西图尔努斯点名指出默勒与《海盗船》的关系，违反了文学界的荣誉规则；克尔凯郭尔回答说必须从"一个更高的视角"看待法拉塔·塔西图尔努斯的"权利"。哥尔德施米特不同意，随后他们就谈到别的事情上去了。

1846 年 1 月 2 日，通过刊登一篇关于法拉塔·塔西图尔努斯与《祖国》合谋揭露《海盗船》编辑的真实身份的讽刺故事，《海盗船》回应克尔凯郭尔的战斗号角："这位伟大的、著名的隐士和哲学家还有另一个名字，他顶着那个名字每天在街上漫步，不过我们最好还是避而不提。""哪怕海贝尔对我的某一本书如鲠在喉，我仍然会很开心，"法拉塔·塔西图尔努斯在做下此事之后喊道，并建

议为穷人做点善事以示庆祝，“我应该想象一个思想实验，给一个养着五个孩子的穷苦女人送一枚银币吧。想想她会有多高兴！想象一下那些天真的孩子看到一枚银币时的神情！”接下来那个星期，该报纸刊登了一则“索伦·克尔凯郭尔”的特写素描，还附上了一幅突出他弯曲的脊柱的漫画。

整个 1 月和 2 月，《海盗船》每周都写文章讽刺他，嘲笑他用哲学装腔作势，还有他裹在不一样长的裤子里的纤细的双腿——其中一条腿比另一条稍长一点儿。克拉斯特鲁普的素描包括骑在马上的克尔凯郭尔、参加决斗的克尔凯郭尔、坐在《海盗船》编辑部门外等着被接见的克尔凯郭尔。《人生道路诸阶段》中“与一个年轻姑娘的人工实验”被比作驯马；附在这一段后面的插图是克尔凯郭尔骑在一位女士的肩膀上，再现了默勒关于他曾为了追求自己的文学名声而利用了雷吉娜的指控。

《最后的、非科学性的附言》这部比《人生道路诸阶段》还要厚的巨著于 2 月底问世之后，《海盗船》嘲笑他——当别人拒绝对他的书给予赞美之词——的傲慢：

> 一个支付 3 个银币 64 个先令买下了一本书的人居然对这
> 本书没有任何话语权，此事着实古怪。如果克尔凯郭尔博士的
> 书只是在朋友间流传和赠送的私人印刷品，那他可以首先提
> 问：你们是否承认这本书是完美无瑕的，它是那么纯洁和敏 194
> 感，以至于人类呼出的评判之音会玷污它？但当有人诚实而正
> 直地支付了自己的 3 个银币 64 个先令，他就要被告知：你要

> 像读《圣经》一样读它哦；如果你不懂，就再读一遍；如果你还是不懂；不妨把自己打得脑浆崩裂——他的感觉就很古怪了。有一刻，他完全糊涂了，就仿佛尼古拉·哥白尼是个白痴，才能说出地球围绕太阳转这样的浑话；不是那样的，天空、太阳、行星、地球、欧洲和哥本哈根本身，全都围绕着索伦·克尔凯郭尔转，他沉默地站在全宇宙的中央，对宇宙给他的荣誉根本不屑于脱帽致意。[32]

195 下一次他在日常散步时遇到《海盗船》编辑时，没有跟对方打招呼，而是"紧张而极其愤怒"地直视着他的眼睛。哥尔德施米特遏制住笑出声来的冲动："那个愤怒的眼神就像克尔凯郭尔整个人的外表和举止一样，有一种近乎滑稽的东西。"[33]然而突然间，可笑就被"那种同样鲜明地存在于他的个性中的崇高感"取代了，因为哥尔德施米特看到了"那个紧张而猛烈的眼神背后的东西，仿佛是克尔凯郭尔早先曾宣称过，而我未能或者毋宁说未曾愿意理解的那种更高的权利，虽然我未曾怀疑过它的存在。它在指责我，令我难过"。就在那天，哥尔德施米特决定离开《海盗船》。几个月后他卖掉报纸，去欧洲大陆游历了一年；回国后他创办了《北与南》(*North and South*)，默勒嘲笑说，那份政治和文学期刊着实体面，明斯特主教引用它都不显得突兀。默勒本人于 1847 年底离开丹麦，再也没有回来。

196 早在 1843 年，克尔凯郭尔就称哥本哈根是"我心爱的首都和生活的地方"。[34]虽然对手们纷纷退出战场，但在《海盗船》的攻击

4) I meerbemeldte Værk Pg. 169 hedder det: „Her er dog ingen Trediemand? Nei. Alt er mørkt, overalt Lysene slukkede. Hvor det lønner sig at være indesluttet." Heraf slutte vi, at det var, medens De var „indesluttet" i Randers, at De skrev de mange, tykke Arbeider, og, da De havde fri Kost, Logi, Lys og Ildebrand, kan De sagtens sige, at De er fornøiet med „een Læser."

5) I Deres Skrift „Gjentagelsen" Pg. 75 hedder det: „At jeg dog ikke kan gaae klædt som andre Mennesker, at jeg vil gaae i stive Støvler!"

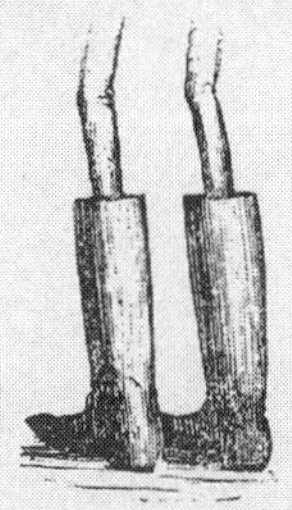

Hvorfor ikke? Det hører jo til Deres Metier. Saa sparer De tillige Stropper under Beenklæderne.

6) I det lille Skrift „Forord" Pg. 7 siger De: „At skrive et Forord er ligesom at lægge den venstre Schenkel flad an, stramme Tømmen tilhøire, høre Gangeren sige Pst, og selv blæse hele Verden et Stykke."

Man mærker dog bestandig Hesteelskeren gjennem Philosophen, især naar De kommer op at ride!

Nu forstaae vi endelig ogsaa, hvorfor De blev saa vred over Kritiken i „Gæa". Der staaer, at De er nærved at speculere Dem gal. — Det var heller ikke net at lade Dem høre det — Herregud, vi ere jo alle Mennesker!

Naa, Nathanson, nu have vi ikke Tid længer for denne Gang. Lev vel! Gid De snart maa blive „sluttet ind" igjen; vi skulle nok læse, hvad De skriver derindefra, saa at De ret kan have det, som De ønsker i „Fædrelandet": „selv være glad over den lille Verden, der er Deres Omgivelse", og udenfor „have en Læser, der ikke bliver forstyrret ved det, De skriver, om det end behager hele Verden at erklære det for Galimathias."

Bilag.

„Hvorledes Frater gaaer af Veien for et offenligt Fruentimmer."

„Hvorledes Ironien gaaer rolig ind til den Frygtelige."

选自《海盗船》第278期，1846年1月16日

选自《海盗船》第 278 期，1846 年 1 月 16 日

之后，这里已经全然变了模样，毕竟那些攻击已经从报纸的页面传入了城市的大街小巷。如今，他每天上街散步时，会被陌生人嘲笑，被孩子们追着起哄。他在 1846 年春天的日记中写道："每个少年厨工都觉得遵从《海盗船》的命令对我几近羞辱是正义的；年轻学子们窃笑和狞笑，很高兴看到一个杰出的人遭到践踏；教授们充

Liv har smagt. Men De skal være aldeles stum af Henrykkelse, De maa ikke rose den — den Eneste, der har Lov at rose min Kaffe, er Biskop Mynster; De maa heller ikke finde Noget at udsætte paa den, thi da sparker jeg Dem ned af Trapperne — saa er Magister Kierkegaard i sin gode Ret; vil Manden ikke indgaae paa Betingelserne, saaer han heller ikke Kaffen. Ligesaa, naar Hr. Magisteren lader en Bog trykke som Manuscript for Venner og forærer den bort, da kan han først spørge: Erkjender Du denne Bog for noget saa Fuldendt, saa Reent og Zart, at den blotte Aande af menneskelig Dom besmitter den? Aflægger Mennesket sin Salighedsed derpaa, saa saaer han Bogen, indbunden i Maroquin med Guldsnit.

Sub poena praeclusi et perpetui silentii. Men, naar man ærlig og redelig har betalt sine 3 Rbd. 64 ß og da saaer den Besked: Læs den som Din Bibel, forstaaer Du den ikke, saa læs den om igjen, forstaaer Du den heller ikke anden Gang, da kan Du ligesaa godt først som sidst skyde Dig en Kugle for Panden — da bliver man ganske underlig tilmode. Der er Øieblikke, hvori Ens Tanke forvirres og man synes, at Nicolaus Copernicus var en Nar, da han paastod, at Jorden dreiede sig om Solen, tvertimod dreier Himlen, Solen, Planeterne, Jorden, Europa, Kjøbenhavn sig om Søren Kierkegaard, der staaer taus i Midten og ikke engang tager Hatten af for den beviste Ære.

Hvem, hvad er da egenlig Søren Kierkegaard? — spørge vist Tusinder, der have hørt tale om ham og om hans uhyre Bøger.

Magister artium Søren Kierkegaard, mine Herrer og Damer, er et Menneske paa to Been ligesom vi Andre. Hvad angaaer hans Virksomhed, deels som Menneske, deels som Skribent, da kan den bedst oplyses ved et Exempel. Han kommer f. Ex. gaaende i Gothersgade, og en Mand falder og brækker Benet udenfor Urtekræmmeren, hvor Konen forleden kom til Skade. Magisteren bliver øieblikkelig staaende og observerer: 1) Mandens Skræk og Overraskelse, der paa en pudseerlig Maade maler sig i hans Ansigt, idet han falder; 2) hans Rædsel, idet han vil reise sig og mærker, at det ene Been ikke vil med, fordi det er brækket; 3) Smerten, der indfinder sig i Benet, og som nu forjager alle andre Udtryk fra Ansigtet. — Nu var det Tid at træde til og hjælpe Manden, hvis ikke Observationens andet Stadium indtraf: 1) De tililende Menneskers comiske Travlhed og Besyppelse; 2) deres forskjellige Spørgsmaal til den Lidende og indbyrdes Strid om, hvorledes han skal bringes bort; 3) deres Forbandelser over Brolægningscommissionen og over de Huusbeboere, der ikke have strøet Aske paa Fortouget. — Naar Observationen er tilende, gaaer Magisteren hjem for at nedskrive Resultatet. Du for-

选自《海盗船》第 285 期，1846 年 3 月 6 日

满妒忌，暗自同情攻击者，也四处传播攻击的话语，当然还有那张漫画，那很无耻。我所做的最微不足道的事情，如果仅仅是一次拜
197 访的话，被扭曲成了谎言四处讲述；如果《海盗船》发现它被印成铅字还被大家阅读……让我最难过的不是暴民的粗鄙，而是体面之人秘密地参与其中。”他觉得朋友们背叛了自己，他们没有公开采取立场为他辩护，反而来劝慰他，说与《海盗船》的战斗是不值一提的小事。他尤其希望明斯特主教能为他仗义执言，他被攻击的，难道不正是献身基督教的写作活动吗？“上帝啊，如果不是人心中有一方净土可以跟你交流而忘掉凡尘的一切，谁又能忍受这样的人生！”他写道，还说他很感激自己的写作活动已经完成了，感激“我得以自己写完它，自己理解应该何时停止，除了出版《非此即彼》外，我为此感谢上帝”。他再次下决心到乡下去做一个牧师，并想象自己在闲暇里写一点东西：“在平静的活动中，业余时间让自己写点作品，我会更轻柔地呼吸，比现在的生活更令我满意。”[35]

他认为《海盗船》的攻击不仅仅是他个人的磨难：除了摧毁他的骄傲和令他激愤外，它也带有政治意义。这份期刊是现代城市的写照，在那个肮脏的池塘里，一群虚荣的民众盯着自己的倒影——他觉得《海盗船》就是丹麦堕落的症状。站在这片角斗场的正中央令人屈辱，但他斗志昂扬，认为“我在文学事业中的位置无比正确，以此方式，当作家已经成了一个行动”——因为此刻他正在“与时代进行斗争”。[36]

宣布写作活动终止之后，他决定让自己写写书评，“如此我还可以避免成为一名作家”。[37]1846 年 3 月，《海盗船》继续对他冷嘲

热讽，他发表了自己为《两个时代》写的“一篇短小的评论”，那
是他曾在《出自一个仍然活着的人的文稿》中赞扬过的《寻常故
事》的匿名作者出版的新小说。两本小说的编辑之名都是 J. L. 海
贝尔，不难猜到，它们的作者就是海贝尔的母亲托马辛·居伦堡。[38]
她这部新小说的场景就是当代哥本哈根，开头写到 1844 年夏天，
主人公查尔斯·卢萨德（Charles Lusard）在去国 30 年后回到这座
城市，发现它变了样子。看到新开放的趣伏里公园明亮的灯光、响 198
亮的音乐和大批人群，卢萨德十分震惊，他认为“那么多来自不同
阶层的人聚集在那里”是他的世纪取得的伟大进步的表现：“人们
不禁惊叹科学的发现，那些发明让我们的生活变得更加方便和愉快
了。过去，有谁会想到轮船和铁轨的问世，它们仿佛补偿了人类缺
失的翅膀?”[39]然而，《两个时代》中的其他人物却悲叹那些走进城
中渴望“被看到”的人“可怕的虚荣心”，“追求娱乐像传染病一
样在我们身上日渐普遍，破坏了家庭生活的完整健全”。

克尔凯郭尔用自己对《两个时代》的评论来展开自己对当代生活的批判。他引用了海贝尔 1842 年的文章《人与公众》（People and Public），该文警告“人会消失在公众中”，以及“公众本身会从一个有机的代表性群体变成无所代表的原子化的群体”。[40]然而，他自己对现代生活的分析强调了报刊的恶劣影响。在他的评论文章（那篇文章也有一百多页之长，不得不作为单行本出版）的序言中，他强调该文“不是为报刊的审美和批判性读者而写，而是为理性动物而写的”。[41]他认为，默勒和《海盗船》攻击他的动机是嫉妒，而他在评论文章中认定嫉妒是他那个“没有激情”、“好逸恶劳”的

“反光”时代中“统一的原则”；他斥责下流的新闻业是公众为娱乐而豢养的一条“恶狗”。当这条狗攻击它“高尚”的受害人时，他写道：“公众丝毫不知悔悟，因为反正这么做的也不是公众，事实上罪魁祸首是那条恶狗。而公众不知悔悟，因为反正那也不是什么真正的诽谤中伤——不过是一点乐子。”

他继续写道：

> 然而，如果有人认为这是悲剧，可怜那个受到攻击的人，这我完全不能同意，因为在到达制高点的过程中渴求帮助的人能够通过经历这样一件事获益，他简直应该渴望发生这种事，哪怕其他人会替他困扰。不，可怕的另有其事，是想到许多人的生命被浪费了，或者很容易被浪费。我甚至不打算提及那些迷失或被引入歧途走向堕落之人，他们为金钱扮演着恶狗的角
> 199 色，我想提的是许多无根之人、浮夸之人、追求感官愉悦之人，那些在势利的傲慢中除了这愚蠢的狞笑外丝毫没有在生命中留下深刻印记之人，所有那些看到新的诱惑便垂涎三尺的二流货色：只因自己的局限，他们甚至无法因同情被攻击的受害者而获得自尊，只因他们不知道在这种情况下，那些受害者永远是最强大的，不知道在这里有一句恐怖但讽刺地很合适的话：不要为他哭泣，为你自己哭泣吧。[42]

1846 年 5 月初，他照例去了柏林：他喜欢在生日期间出国。回到哥本哈根后不久，他开始深入思考阿道夫·彼得·阿德勒（Adolph

Peter Adler）的事件，这位牧师在前一年被明斯特主教开除了。克尔凯郭尔认识阿德勒二十多年了：他们是公德学校的同班同学，后来也在大学里一起学习神学；阿德勒在这些年里变成了一个“狂热的黑格尔主义者”，1842 年发表了他关于黑格尔的逻辑的讲座。然后一天夜里，阿德勒牧师收到了一条启示：耶稣出现在他面前，口述了一个新的堕落的信条，说阿德勒因为沉迷于思考而犯下了罪过，然后命令他烧毁自己的作品，“从此只读《圣经》”。每一周，他都在讲坛上宣布这条启示；在 1843 年出版了这些受到启迪的布道词之后，他还曾拜访克尔凯郭尔，向他诵读了其中一篇，部分是以古怪的耳语诵读的，并暗示克尔凯郭尔对他本人而言就像施洗约翰，是上帝话语的活生生的载体。

1846 年 6 月，被教会开除几个月后，阿德勒出版了四本书。克尔凯郭尔全都买了一本，那个秋冬，他撰写了一篇很长的文章，延续了自己只写文学评论的承诺。他的《论阿德勒》（*Book on Adler*）的副标题是“当今时代的宗教困惑，以作为一个现象的阿德勒博士为例”　（The Religious Confusion of the Present Age，Illustrated by Magister Adler as a Phenomenon）。阿德勒提出了关于谁有权威判断哪些东西来自上帝、哪些只是幻觉的问题，以及整个世界——和教会——应当如何回应收到神的启示之人的问题。

阿德勒的论据中有对亚伯拉罕的呼应，克尔凯郭尔在他本人和这另一位充满争议、持续多产的基督教作家之间看到了奇怪的逆对称关系。他总是断然否认是自己作品的作者，而阿德勒声称自己作 200
为基督的见证人拥有最高的精神权威；他仍然在考虑寻求一个牧师

的任命，而阿德勒失去了作为神职人员的生活。他觉得阿德勒的想法令人迷惑，但仍有意支持他。“我们需要活跃的人，需要无私的人，他们不会每日无休止地沉溺于对工作、妻子和孩子的种种考量，筋疲力尽。”他在前一年，即1847年夏天的日记中如此写道。[43]那年他花了大量时间修订自己那本《论阿德勒》的书，考虑用各种可能的假名发表它，但他担心这本书会对阿德勒有害，于是手稿一直保留在他书房的一个铁盒子里。

相反，他出版了《爱的作为》，它看起来很像S. 克尔凯郭尔的宗教讲演的早期版本，只不过篇幅长得多。但和他为《两个时代》所写的书评一样，《爱的作为》也带着《海盗船》那场战斗留下的疮疤：它是一本论辩性著作，质疑了“人到底知不知道何为爱”，并力图“彻底颠覆他们舒服的思考方式”。其中一篇讲演认为世俗对无私的爱的理解与真正的基督教之爱相反：“**单纯人性的自我拒绝的想法**是这样的，即放弃你的自爱的愿望、欲求、计划——这样你就作为公正的和智慧的人而为人瞩目、尊重、爱戴。而**基督教的自我拒绝的想法**是这样的：放弃你的各种自爱的愿望和欲求，放弃你自利的计划和意图，这样，你真正毫不利己为‘那善的’工作——让自己去忍受正因此而几乎像一个罪犯一样地被鄙视、讥笑和嘲弄。”[44]

自《海盗船》事件以来，他对世界的矛盾态度已经变得确定，如今他一心一意、全副武装地站在它的对立面。随着1848年接近尾声，他的邻人们聚集在家中的圣诞树周围，吃着苹果布丁，谈论着这一年带给他们的变化：一次革命、一次选举、丹麦立宪的计划、关于言论自由的新立法、关于政教分离的辩论、在丹属殖民地废除奴隶制。而对克尔凯郭尔来说，这些漫长而黑暗的冬夜为他提供了足够的时间回忆自己“被暴民、人民、公众迫害的情景，简言之，他们全是日报搅动起来的浮渣”。[45]他如今认为报纸是“一种邪 201
恶”，[46]愤怒地宣传《海盗船》是丹麦的“道德败坏”，“精神解体”，“嫉妒、任性、琐碎”的症状之一。[47]换一种心情，他会强调：“我想到自己遭受的那些羞辱，想到自己自始至终都遭到了背叛，根本感觉不到愤怒；我从未曾想过一劳永逸地，就是说，以死来终结这一切。如果永恒中有时间和空间打趣，我一定会觉得我纤细的双腿和滑稽的裤子是个有利于身心健康的趣事。”[48]但在此生，他的裤子得到了太多关注，而他的写作活动得到的关注太少。[49]他的作品被那些有资格评价之人——尤其是被海贝尔、马滕森和明斯特——忽视了，因为“他们嫉妒”。[50]他的哥哥彼得是他最亲的家人，却也很难激起他多少欢乐的兴致，他回忆起一年多以前他开玩笑说“我觉得我还是彻底放弃写作，去骑马或者干点儿类似的事情吧”时彼得的反应，后者“（非常认真地）答道，‘那再好不过了’。那表明我的努力在他看来是毫无意义的”。[51]

正如西伯恩教授在克尔凯郭尔的学生时代观察到的，后者天性好辩，他极其出众的口才和机锋让他成为文学界的斗士，令人望而生畏。他还在考虑隐退；自出版《最后的、非科学性的附言》以来，他没有再添加新的假名作品——除了那篇发表在《祖国》上的关于海贝尔夫人的文章，这个夏天让他如此痛苦。然而 1846 年的事件让他了解到，受尽苦痛的他可以对他生活的城市、时代和世界发出谴责。“他们当然可以把我踩在脚下，但他们困在那里，而我更加强大，”他如今写道，“从实际情况来看，没有哪个个人可以战胜群众。但如果那个单个的人是真正正义的一方，他就无限强大。啊，带着一种没有任何外力可以动摇的把握，我如今感觉到我的确因此而无限强大起来；一切侮辱只能让我对此更有把握。”[52]当然，与耶稣的苦难比起来，他受的那点苦不算什么；他并没有被吊在十字架上示众，《海盗船》的利齿没有吸到真正的鲜血。然而，他也曾被戏弄、被嘲讽、被当成众人的笑料——他尝到了殉道的巨大破坏力。

202 无论如何，他还是能看到有趣的一面。他呈现给这座城市的作品提出了最深层的存在问题，探究了人心中最深远幽微的所在；他搜寻和袒露自己的灵魂，倾注自己的诗性力量和哲学天赋，花费不菲、精疲力竭，他投入了如此巨大的精力希望复兴基督教、重新让人们的生活富有精神性——而人们如今却在嘲笑他瘦长的双腿。他想象着自己未来的读者“能够宁和安静地坐在那里，纯粹从智识角度观赏这出极端滑稽的喜剧，那是在此时此地存在的我让整个哥本哈根为他们上演的一出戏”。[53]只不过如今在这里的日子太长了，每一天，每一年，都遥遥无期。而这对观众没什么趣味可言，且对扮演主角的他自己就更糟了。“从诗性的角度来看，剧本必须删减。那就是我要留给我的读者的作品。另一方面，宗教在这里开始，每日修习，那是我对自己的人生的理解：对我来说，这出无限滑稽的喜剧就是殉道。”如果他不认为留在哥本哈根是他的义务的话，那么他可以去往一个与世隔绝的所在，远距离地回望那座极小的城市，“不停地大笑”。

这年的早些时候，他在日记中宣称：“死亡是唯一可以净化空气的事。”[54]他的存在为每个人造成了困扰，他死后，他深刻、滑稽的、微妙的、雄辩的写作活动就会自由地流传开来，不再受限于他个性的绊脚石。“在那一刻，我将进入理想的形态，因为如今的问题就在于我的成长太过完美，不适合生活在这个集镇……我生活的每一天，都变成了加重这个集镇的嫉妒的负担。”他对自己说，他“真的毫无私心，放弃了一切世俗的利益”：娶一个美丽的女人、为人之父、一个可以一起欢度圣诞节的自己的家庭，一份可以媲美海贝尔、马滕森甚或明斯特的事业——如果他更愿意屈服于公众赞同的目光的话。[55]然而，他太了解言必称“我”是如何费力，他渴望安宁。那份将解放他的精神、安抚他的身体的温存对他来说绝非易事，没有其他人可以像威尔海姆法官充满耐心的妻子一样温柔地唤他离开自己的思绪，告诉他这日的劳作已经结束，轻声地唤他就寝。他仍然难以接受自我肯定的约束：它不会让他松弛，只会扭曲成自我牺牲。

第三部分

1849—1855年：向前活的生活

我曾多次说过，战舰只有起航到达了深海，才会收到军令。因此一切有可能完全是为了让我继续写作，远比我最初打算的时间更长。[1]

第十三章

与世界格格不入

“问题是，这些最近完成的作品应该在什么时候出版!”[1]1849 205
年的冬春两季，这个问题一直困扰着克尔凯郭尔，约束着他，让他不能正常工作。他在 1848 年创作的成堆的手稿已经准备就绪，但他对自己的未来陷入了两难：是继续写作，还是在教会里寻求一个职位。从世界的目光中隐退，到一个安静的乡村牧师住所安顿下来，这个诱惑如今愈发强烈了，因为他害怕不这样的话，他的钱很快就要花光了。不过，他的财务状况倒也没有糟糕到比他的生存忧虑还要严重：“从人性的角度来说，有稳定的职业和舒适的生活自是令人愉悦；为谋生而工作是惬意的。而在与之相对立的另一种生活中，只有两类人会走到一起：一类是被摧毁的自我、堕落之人，另一类是那些真正为某个理想而活的人。可是啊，在世人的眼中，这两种人太容易被混为一谈了。”[2]

克尔凯郭尔完全有资格做一个郊区牧师，或者在他 1840 年受训的牧师学院教书：他是神学家、天才的布道者、敏锐的辅导员，“拥有能与普通人交谈的出色能力”。[3] 然而，如果他请求，会得到神职人员的任命吗？出版 1848 年的那些作品会毁掉他的前途吗？

要是他在教会担任官方职位，又该如何继续他颠覆性的写作活动，毕竟长期以来，那些作品都是用假名秘密写作的，没有什么权威？

雷吉娜进一步加深了他的困境。每次他在教会看到她，或是在街上与她擦肩而过，她的存在总会冲击他的灵魂；他强烈地意识到她哪怕最微小的动作，有时他能感觉到她停在他身上的目光。他们
206 从未说话或通信，在这样的沉默中，一举一动都变成了一个舞步，构成了私密的、充满无限表现力的舞蹈。他是通过她才变成了一个作家，她与他的作品难解难分，但他如今设想的职业生活却是早在1840年与她结婚相伴的那一个。寻求任命感觉像是返回到了那条被抛弃的道路，隐隐地象征着他希望与雷吉娜和解，希望获得原谅乃至友谊，虽然他想象的是与她建立一种兄弟般的友爱，就像僧侣与修女之间的精神爱恋。

他仍然能感受到写作的迫切性。他一方面感觉是神引导着他的写作，另一方面又需要用写作来平息他深深的忧惧，二者很难区分开来。而不管他多么热切地扮演受苦的基督徒的角色——在与雷吉娜的关系中扮演一个有罪者和忏悔者；在与《海盗船》的关系中，他是一个为驱逐当代的恶势力而遭受迫害的殉道者——事实上，写作仍然带给他极大的快乐。[4] “我自童年时代起就生活在极其可怕的不幸中，然而我必须承认，上帝通过允许我成为一名作家而提供给我的那条逃避一切的道路是那么，那么的愉悦。所以我的确被牺牲了，但我的写作工作不是牺牲，真的，我一定会继续写下去的。”[5] 当然还有他的骄傲：“是干脆宣布我没法再继续做一个作家了，从此担负起有限的事务的重担，还是在出版之后承担随之而来的一切

后果，很难说哪一个决定更加屈辱。”[6] 他不想与众不同、臭名昭著、被人误解，但他的写作活动似乎要求他忍受这一切。他在这两难困境中挣扎之时，便祈祷上帝的指引，并寻找上帝答复他的迹象。他已下定决心像亚伯拉罕那样去往上帝命令的任何地方：“我曾多次说过，战舰只有起航到达了深海，才会收到军令。因此一切有可能完全是为了让我继续写作，远比我最初打算的时间更长。”

出版的问题像是一个孤独的房间，他独自一人住在里面，四面墙上全都粉饰着可能性。他在那个房间里日复一日、月复一月地来回踱步，难过地把他的手稿挪过来挪过去，在页面的边缘修修改改，这里删除一个词，那里改动一个短语，在日记中与自己辩论 207
着。他现在能出版《就我的作家生涯所写的观点》吗，还是等到他死后再出版？《论阿德勒》又该如何处理？[7] 一度他把《致死的疾病》和它分上下两部的续篇（《到我这里来》）和《那未被冒犯过的人是有福的》［*Blessed Is He Who Is Not Offended*］），还有一篇新的文章《武装中立》（*Armed Neutrality*）合在一处出版，书名是《完满合集》（*Collected Works of Fulfilment*）。后来他又把书名改成了《至臻合集》（*Collected Works of Consummation*），因为如果说这些作品成就了他“向基督教世界介绍基督教”的职业，那么它们也让他耗尽了心血。[8] 他精疲力竭，但他的文笔与机敏流畅的生命力共舞出惊艳的作品。他为这部可能的合集写了一篇短小的序言：“就像一位内阁阁员步下台阶成为一个公民，我也不再是一位作家，放下了我的笔——我事实上已经有了一部代表作合集。再多说一句，不，没有更多的话了，因为现在我已经放下了我的笔。”[9]

然而，写一点新东西可以帮助他暂时摆脱这些反反复复的焦虑情绪。他又翻出了 1848 年早春撰写的关于原野里的百合和天空下的飞鸟的三篇措辞精美的布道词，对它们加以修订，于 1849 年与《非此即彼》的第二版一起由赖策尔出版。他发现这些“宗教讲演”是他在 1843 年紧随《非此即彼》发表的最初那几篇“陶冶性的讲演”的重复：和那些讲演一样，它们也有一篇署期为他的生日，即 5 月 5 日的序言。和使用源于耶稣登山宝训的精神教义来平衡“诱惑者日记”一样，这些关于大自然无忧无虑的虔诚信仰的典范的抒情式沉思录也平息了克尔凯郭尔对于自己未来何去何从的忧虑。

它们一开头就说一句哀求的祈祷：“在天之父！我们希望能了解怎样为人。”[10]克尔凯郭尔用耶稣“想想百合花是怎么长起来的”的训导，邀请读者参照大自然的其他事物考察一下人类的境况，大自然在当下自发地表达了上帝的善，丝毫没有疑问，也没有对未来的思虑。他指出，人可以从百合和飞鸟那里学到沉默、恭顺和快乐。这些特质是需要学习和练习的，因为人的生活总要受到朝着另一个方向撕扯的拉力。我们总是被周围不停的聒噪和我们自己无休
208 止的思绪拽着走出沉默，我们天生反骨：就连最真切的虔诚之人也会在服从上帝的意志和顺应自己的倾向之间发生矛盾。但百合与飞鸟没有这些模棱两可，它们始终恭顺地留在“被指派给它们的地方”，克尔凯郭尔写道，呼应了他自己 1848 年的日记中的句子，其中写到在哥本哈根当一名作家，暴露在公众的目光下，是“指派给他的地方”。[11]最后他写到快乐：其他生物都天性快乐，而我们总会

感到焦虑和不满——然而我们又和百合与飞鸟有着同样的天赋，而且我们拥有的更多。“你进入存在，你存在，你今天得到你的存在所必需的东西；你进入存在，你成为人；你能够看，记住，你能够看，你能够听，你能够嗅，你能够尝，你能够感觉；太阳为你灿烂——并且为了你的缘故，当太阳疲乏了，月亮随即开始出现，然后星辰被点燃；季节成为冬天，大自然掩饰起自己、玩陌生人游戏——为了使你愉快；季节成为春天，飞鸟们成群而来——为了使你快乐，绿枝吐芽，树林秀美地生长。”[12]

尽管如此，没有人比克尔凯郭尔更清楚，人类根本不是绽开花瓣或张开翅膀那么简单。正如他在另一部尚未出版的手稿《致死的疾病》中解释的那样，所有的人都必须成为他们自己，且很难避免陷入绝望。有人因为可能性太多而绝望，有人因为可能性太少而绝望：当他们陷入关于过去和未来的可能性的思绪时，“自我就在可能之中逃离自己”，“它在可能性之中挣扎得精疲力竭”而又无法动弹——然而没有可能性就如同“一个人无法呼吸”。[13]只有上帝才是那个“一切皆有可能”的存在，对着这个上帝祈祷能给人的灵魂注入生机，因为“祈祷也是呼吸”。决定论和宿命论者无法祈祷，他们深陷于绝望，在失去了他们一切的可能性的同时也失去了上帝。《致死的疾病》也区分了软弱性的绝望和自恃独断的绝望：有些人无法承担起自身存在的任务，屈服于忧郁，不想做自己，而另一些人不肯承认自己需要上帝，在反叛的孤行专断中陷入绝望。

克尔凯郭尔在自己灵魂的实验室中建构了这种精神疾病的分类 209
法，在为自己的未来痛苦的时候，他觉得他有着每一种绝望的倾向。除了《非此即彼》和《三个宗教性的讲演》的第二版之外不再出版任何东西的决定一度占了上风。他祈祷自己能够成功地在牧师学院谋得职位，并成功地与雷吉娜和解。然而，在他 36 岁生日那天，也就是 1849 年 5 月 5 日，他又为“忧郁症”和“疑病症的逃避”导致他逃避自己的写作活动而懊悔。[14]他的日常宗教阅读让他做出了一个新的决定：路德的布道让他准备好与世界为敌；托马斯·肯皮斯教导说，宁静只能源于遵从上帝而非自身的意志；芬乃伦①警告人们不要做任何有违上帝期待的事。克尔凯郭尔在日记中忏悔道：

> 我曾希望自己那么可怕地聪明——而不是依靠信仰和祈祷，我希望有一个稳固舒服的未来……我希望扮演上帝，决定自己的一切……因为害怕危险、我的疑病症，还有缺乏对上帝的信任，我曾认为我的天赋并没有那么高妙，仿佛拥有那些天赋就会骗取真理，仿佛把自己看得低劣事实上不是在欺骗上帝和真理……站在人的立场上来说，在丹麦当前的这些琐碎的生活中做一个出类拔萃的人肯定没有什么乐趣或愉悦可言；那会变得很痛苦。然而上帝赐予我这般仁慈，远远比我所企盼的要多；他（通过在过去这一年里给我的如此丰盛的所有——及其带来的痛苦）引导我了解了自己的宿命——果然，那与我起初

① 弗朗索瓦·芬乃伦（François Fénelon，1651—1715），法国天主教康布雷总主教、诗人和作家。他被世人所铭记的，一是寂静主义的主要倡导者之一，二是 1699 年首次出版的《忒勒马科斯历险记》，他在那部小说中几乎不加掩饰地攻击了法国君主。

> 预想的完全不同……再次获得动力之前，我不得不近乎考虑放弃。[15]

虽然从百合与飞鸟那里获得了灵感，但这只是一个尝试性的决定：春去夏来，克尔凯郭尔对于出版自己那部《至臻合集》仍然没有把握。“让我的生命变得如此艰难的，”他反思道，“是我的音调比其他人高一个八度；我所在的位置，我所忧虑的事物，并非具体的事物而是原则或理念。多数人充其量只会考虑他们应该同谁结婚。我不得不思考婚姻本身。每件事都是如此。那就是我当前的基 210
本现状。大多数人充其量只会考虑他们应该申请一份什么样的工作，而我的命运如此深刻地与挣扎、与理念的矛盾、与关于所谓的基督教职位在基督教中是否合适这样的原则问题纠缠在一起。”[16]

与此同时，在一个较为隐秘的层面，丹麦基督教世界的根基正在被拆解和重建，这一切发生在1848年春天的革命之后，正值克尔凯郭尔在新广场2号居住的最后几周。1849年6月5日，国王弗雷德里克七世签署了《丹麦王国宪法》，给予所有公民以宗教自由：公民权利不再取决于他们是否隶属于路德宗教会。丹麦国教成为丹麦人民教会。[17]然而，制宪议会并没有同意格伦特维提出的政教分离的要求，丹麦国教会的制度被写入民法中。

6月底，克尔凯郭尔到位于圣母教堂对面的主教住所拜访明斯特主教，询问能否在牧师学院获得任命的事。如今，他私下里认为明斯特“和任何人一样与世俗结盟”，并在自己的日记中谴责后者“把基督教变得温文尔雅，一团和气”。[18]明斯特已经年逾七旬，“他很快就要上路了——要被审判。他呈现出这样虚假的表象，对基督教造成了怎样的伤害”。多年来，克尔凯郭尔总是为自己的焦虑而指责这个人，关于他与教会的关系、他在世上的位置、他的写作如何被看待、他对已故的父亲的忠诚等；如今主教在他头脑中的形象比以往任何时候更加突出，和他自己的存在忧虑一样摇摆不定，在就寻求就业之事挣扎了好几个月之后，克尔凯郭尔在进入明斯特的住所时，内心烦躁不安。主教慈祥、平静、高效地接待了他：“日安，我亲爱的朋友，亲爱的朋友——然后他说他没时间跟我谈话……然后他把这句‘亲爱的朋友’重复了六七次，拍着我的后背，抚摸着我……也就是说，他很害怕跟我说话，因为他害怕跟我有什么瓜葛。”他让克尔凯郭尔“另找个时间”再来——但不会太快，因为明斯特即将离开哥本哈根去察看他在西兰的其他教区。[19]克
211 尔凯郭尔配合了明斯特巧妙的回避，带着他未解的问题离开了主教住所，并再度下定决心继续反对基督教世界。

三天后，他写信给印刷商比安科·卢诺（Bianco Luno），请他印刷《致死的疾病》。卢诺同意在第二天，也就是 6 月 29 日，收取手稿。那天傍晚，克尔凯郭尔听说雷吉娜的父亲去世了。他的决心再次破碎成了无数的可能性：如果他早一点知道奥尔森议员的死讯，或许他会把这当成一个警示，告诉他是时候去找雷吉娜了，然后晚一点再写信给印刷商。他度过了一个焦躁不安的夜晚，无法组织自己的思绪，试图抓住和跟随着那些把雷吉娜和他的写作活动联系在一起的长长的、难解难分的线索。[20]他连续几个小时躺在黑暗中，两种想法斗争着：他好像是在与另一个人对话，但他无法分清

晚年的明斯特主教

楚哪一个是他自己的声音。“瞧瞧吧，如今他希望自己毁灭……你完全可以等一两个星期……他觉得他是谁?”

日出时他精疲力竭，一头雾水。用好几个月时间纠结出版问
212 题，最终做出决定，与卢诺达成协议，结果第二天又改变了主意，这看起来着实愚蠢。然而，他觉得有什么东西在警告他离开这里：这是一种神圣的信号，还是只是他自己的懦弱？克尔凯郭尔知道，把书发出去给俗世对他而言始终是恐怖的；如今，在这场新的战斗的号角吹响之时，上帝是在敦促他休兵罢战，还是鸣金收兵，还是鼓起勇气战斗？他决定性的想法是：“上帝让人觉得恐怖的事实并不总是意味着他可以忍住不做某事，而在于那恰恰是他应该做的；但他一定会觉得可怕，为的是他可以学会在畏惧与颤栗中行事。”于是他把《致死的疾病》寄给了印刷商，并祈祷上帝给他指引，让他明白自己究竟应该走得多远。

“我已经并且愈来愈倾向于祈祷上帝免去我这件可怕的差使，”那个夏天晚些时候，形势看似更明确之时，克尔凯郭尔在日记中写道，“此外，我自己也是一个人，也渴望在人间获得幸福。但是，如果把在全欧洲耳闻目睹的一切都假定为基督教、基督教国家，那么，我就要在丹麦开始做这一件事：报出做一个基督徒的价格，这将使全部概念——国家教会、作为官员的全体教士、芸芸众生——全部化为乌有。……多年以来，我已经习惯了一个小国的背叛和忘恩负义、显要的嫉妒和群氓的嘲弄，所以，由我来传扬基督教也许是合适的，因为没有更合适的人选了。就让明斯特主教留着他的丝绒祭服和大十字勋章好了。”[21]

或许克尔凯郭尔有权自称基督徒，或许没有。这已经成了他
的作家生涯的一个问题，与他自己的存在的问题密不可分。如果
他要出版《致死的疾病》及其续篇——如今它们被集结成一本书，
书名是《修习于基督教》（*Practice in Christianity*）——他就必须想
办法解决这个问题。答案最终以一个新的假名的方式出现了：安
提-克里马库斯（Anti-Climacus），意为“一个非一般级别的基督
徒”，与《哲学片段》和《最后的、非科学性的附言》的作者约
翰尼斯·克里马库斯相反，后者对基督教进行了哲学思考，却声
称自己不是基督徒。虽然克尔凯郭尔自称是个“非常简单的基督
徒”，把自己置于这两个假名之间，但这其中的关系要更加复杂，
因为他的假名所表达的正是他灵魂深处的矛盾。在为《致死的疾 213
病》所写的一篇草稿序言中，安提-克里马库斯解释说他和约翰尼
斯·克里马库斯是兄弟，他们同岁，一切都一样，却又截然不同：
“我们不是双胞胎，而是两个极端。我们之间存在着深刻的、根本
的关系，但虽然我们都付出了最不顾一切的努力，我们仍然只是
一对**互斥点**，不会有一丁点儿靠近。我们会在一个节点上有片刻
接触，但与此同时我们就会极速飞离彼此。就像从高山顶上俯冲
向同一个点的两只鹰，或者从悬崖顶上俯冲下来的一只鹰和一条
以同样速度从海底冲出海面的一条食肉鱼，我们都在寻找同一个
点；有一刻的接触，然而与此同时我们迅疾离开彼此，走向自己
的极端。”[22]这个将自我分裂为两个不可分割的对立物的形象呼应了
克尔凯郭尔为他的第一本书——《出自一个仍然活着的人的文稿》
所写的对话体序言。

在1848年的冬天和1849年春天这段时间里，克尔凯郭尔在他位于罗森堡街的公寓里不安地踱步，在两种可能的未来（和两种可能的自我）间举棋不定时，弗雷德丽卡·布雷默拜访了哥本哈根最著名的作家和文人。布雷默是瑞典作家和女性主义改革家，此行是为她关于“斯堪的纳维亚生活”的系列文章做研究：在丹麦时，她访问了明斯特主教、格伦特维、厄伦施拉格尔、海贝尔、卡斯腾·豪克（Carsten Hauch）、汉斯·克里斯蒂安·安徒生、H. C. 奥斯特、F. C. 西伯恩和马滕森。克尔凯郭尔拒绝见她，因此她向其他受访者询问了他的情况——特别是曾好几次邀请她到家中做客的马滕森。1849年8月，克尔凯郭尔拿起一份报纸，看到自己的名字被写在马滕森的名字旁边：

> 当精神丰富的马滕森从他的中心立场将光芒照亮生存的整个领域、人生的一切现象时，索伦·克尔凯郭尔却像高柱修士西门一样孤零零地居于柱子之上，眼睛一动不动地盯着一个点。他用显微镜观察着这个点，他仔细研究这个点的最微小原子，审视它转瞬即逝的运动、最内在的变化，他就这个点发表演讲，写了又写。对他来说一切都在这一点之中。但这个点
> 214 是——人的心灵。于是他无休止地让这个变化中的心灵反映在永恒和不变之中……于是他在累人的辩证漫游中述说着神性的事物，于是他在这轻松愉快的哥本哈根赢得了数量可观的粉丝，尤其是女士们。心灵的哲学一定让她们亲近。[23]

布雷默的文章接着写道：

> 关于写作这些东西的哲学家，人们的说法不一，有好有坏，还有——怪。这个写作“那个单个的人”的人离群索居，不可接近，归根结底谁也不认识他。白天，人们看见他几个钟头几个钟头地在哥本哈根最热闹的街上，在人群中走来走去；夜里，据说他独自的住所灯火通明。他之所以如此，与其说是由于富有和独立，不如说是出于多病易怒的品格，他有时甚至为太阳不肯按照他期望的方向照射而不快。

布雷默关于他“病态”天性的文字呼应了 P. L. 默勒对《人生道路诸阶段》充满鄙夷的评论，那正是《海盗船》事件的导火索。很长时间以来，克尔凯郭尔一直认为马滕森嫉妒他的才华、曾被动地参与了《海盗船》的攻击，而布雷默的文章让他心里的那个刺更深更痛了。马滕森，那位神学教授、宫廷传教士、丹麦国旗勋章骑士马滕森——基督徒的典范![24]克尔凯郭尔一想到他的虚伪和自满便无法忍受，然而他还是想了很多。1849 年夏秋期间，他就马滕森的成功写了好几篇很长很愤怒的日记。

他还用了好几周的时间给雷吉娜写信。他请求她原谅，向她解释，感谢她“可爱的单纯”和她“热恋中的绝望”，表示他希望偶尔能跟她谈话，向她保证“无论我还是历史都不会忘记你”。他最终于 11 月写就的那封信很简短：

我的确很残忍，为什么？真的，你不知道。

我沉默，的确如此。只有上帝知道我的苦痛——愿上帝允许即便到了现在，说出它们也不算太早！

215 我不能结婚，就算你仍然是自由的，我也不能。

然而，你爱过我，我也爱过你。我欠你太多，而如今你已经结婚了。好吧，我再次给你我所能给的、敢给的、应该给的：和解。

我以写信的方式，为的是不致让你感到惊讶或不知所措。或许我的个性曾经产生过太强烈的后果；不会再有那样的事了。然而为了远在天堂的上帝，请严肃地考虑你是否敢于参与其中，如果是这样的话，你是否愿意立刻与我讲话，还是宁愿先写几封信。

如果你的回答是“不”——那么也请你记得，我是为了更好的世界才采取这一举措的。

无论如何，一如既往
至今仍是你真诚的和全心全意的
你的 S. K.[25]

他封好了这封信，把它附在另一封写给雷吉娜的丈夫约翰·弗雷德里克·施莱格尔的信后，请他来决定是否把信转交给自己的妻子。信没有开封就被退了回来，附以一封施莱格尔写来的“语气激昂的、愤愤不平的信”。克尔凯郭尔顽固地在日记中记录了“关于‘她’的最后一步——在我死后，我所有的作品都将题献给她和我已故的父亲，这是我不变的遗嘱。她必须属于历史”。

其后那个月，克尔凯郭尔在报纸上读到另一篇将他和马滕森相提并论的文章。这一篇的作者是他的哥哥：彼得·克里斯蒂安·克尔凯郭尔在罗斯基勒大会（Roskilde Convention）的一次讲演被发表在《丹麦教会时报》（*Danish Church Times*）上，彼得说马滕森教授“头脑清醒”，而索伦·克尔凯郭尔“性情乖僻”。虽然克尔凯郭尔的著述点出的读者是“那个单个的人”，他哥哥在讲演中接着说，他却也收获了不少模仿者和信徒：像拉斯穆斯·尼尔森这样的人就在学术专著中阐述了他的哲学思想。[26]

那个冬天，克尔凯郭尔对基督教世界的所有这些俗气的牧师都充满气愤。他给哥哥（后者在 1849 年底当选了议会上院议员）写了一封措辞礼貌但极其愤怒的信，指出如果彼得想把他和马滕森做比较的话，他应该指出他们之间“根本的区别”：“那就是我做出 216
了极大的牺牲而那位［马滕森］得到了极大的好处。”他迎接新年的一篇日记标题是“反对明斯特主教”。他尖酸刻薄地写道：“他小心翼翼地回避真实情况，安排了一个私人的小世界，那个世界的精英圈子里，基督教并非主导因素：那就是他所在的世界——顺便说一句，他对这一切心知肚明。”[27]明斯特享受着“荣耀、荣誉、尊敬、富足、愉悦、身居高位的生活”，然而从一个基督徒的视角来看，生活就是“一个谎言”。克尔凯郭尔受够了哥本哈根；这个“被禁锢的小地方，胡言乱语的故乡、外省的集镇”，它的空气被日报所污染，那是“政府污秽的机器”。[28]他应该再坚强些，甘受侮辱吗？他写道，奥古斯丁曾指出，就连耶稣本人也无法始终遵行那个戒律。[29]

他在路德的布道词中寻找武器，他仍然定期阅读路德以及其他各类神秘主义作家的作品，这些作家包括约翰·阿恩特、18 世纪诗人和平信徒传教士格哈德·特司谛更①，以及中世纪圣维克托的休②和理查德③等中世纪僧侣，他在一个德语基督教神秘主义文集中找到了他们的文本。[30]在中世纪天主教精神性和路德背离修道生活二者之间寻找辩证关系时，他开始更清晰得看到了自己的任务：与路德修正 16 世纪教会的腐败和疯狂一样，他也必须修正 19 世纪路德宗教义的世俗性。而路德也曾为同样的问题左思右想，那就是如何在世界上做一个基督徒。在他的一篇被改革派传教士奉为典范的布道词中，这位前僧侣说："逃脱尘世遁入沙漠或蛮荒者，乃巨大的、不可理喻的愚行……不，你必须守在你所在的无论何种未知和安排——因为毕竟，你在世间的整整一生都必须待在一个地方——所以上帝没有让你远离人群，而是让你活在他们中间……你也不该给自己蒙上斗篷或蜷缩在一个角落里，或隐遁沙漠。因为这么做无法避免邪恶和罪过，无论你蒙在一顶灰色斗篷里隐居沙漠，或是他们穿着大红色的衣装住在市廛，你都会看到邪恶和罪过。"[31]然而路
217 德也指出，精神上的满足感与世俗的成功无关：基督徒必须"像一

① 格哈德·特司谛更（Gerhard Tersteegen，1697—1769），德国改革宗的宗教作家和赞美诗作者。

② 圣维克托的休（Hugh of St Victor，约 1096—1141），萨克森律修会修士，神秘主义神学的主要神学家和作家。

③ 圣维克托的理查德（Richard of St Victor，？—1173），中世纪苏格兰哲学家、神学家，当时最有影响力的宗教思想家之一。

个朝圣者看待他朝圣途经的大地和过夜的客栈一样看待暂居尘世的生活，因为他不想留在此生，他既不想成为这里的公民，也不想担任这里的市长”。如今，路德的话更加坚定了克尔凯郭尔对自己在世间的地位的观点。

春天总算来了，每天，太阳升起的高度都会比前一天高一点。他的老朋友埃米尔·伯森最近离开哥本哈根前往日德兰担任牧师，还在圣母教堂与路易丝·霍尔特曼（Louise Holtermann）举行了婚礼。埃米尔很希望克尔凯郭尔能去拜访路易丝，但他不愿意。[32]在一个凉爽而晴朗的星期四，他与拉斯穆斯·尼尔森照例相约每周一次的散步，两人在城墙上开满春花的树下吵了一架：1849年，这位哲学教授出版了一部巨著，克尔凯郭尔认为那是“毫无独创性的模仿”，“剽窃”了他的作品和谈话，“用借来的武器与平庸对战”，“用那套学术规范毁掉了整件事”。[33]在就此事思来想去近一年后，他在那个周四决定批评尼尔森剽窃他的作品并把它变成了“一个信条”，而它永远不该是信条。尼尔森很生气，几天后寄给他一封信，“宣布终止”他们的散步。随后马滕森厚厚的《基督教教义》第二版问世了，还为它新写了一篇序言，有这么一句影射克尔凯郭尔的话：“我们每个人都只是在有限的程度上拥有信仰，我们一定要警惕，不能把我们自己个人的、或许十分片面的，甚或不无病态的信仰生活变成所有信徒的一条规则。”[34]

1850年4月，克尔凯郭尔搬进了北街上的一个较为廉价的公寓。[35]他在罗森堡街上的那个公寓有六个房间，还有一个厨房、女仆房和阁楼，每半年的房租是200个银币；北街这个公寓有五个房间，租金是 140 个银币。他的新家也带来了新的烦心事。“下午，反射的太阳光太强烈了，我最大的恐惧是我要瞎了。”搬进去几周后，他在日记中如此写道。[36]住在楼上的租户有一条狗，这条狗一天到晚都在家：“它趴在一个敞开的窗户边，对什么都充满兴趣。要是有个人从楼下走过特别大声地打个喷嚏，那条狗就开始狂吠不
218 已。马车夫驾车驶过甩一下鞭子它也叫，别的狗叫它也叫。所以因为这条狗的缘故，整天街上无论发生什么事儿，我都会接收到二手信息。”与世界——和它的狗——格格不入的克尔凯郭尔只好在塞内卡①的文字中，在帕斯卡的《思想录》、蒙田的散文和卢梭的《爱弥儿》中寻找安慰了。

① 卢修斯·阿内乌斯·塞内卡（Lucius Annaeus Seneca，约公元 1［或公元前 4］—65），古罗马斯多葛派哲学家、剧作家、自然科学家、政治家。

第十四章

“这就是我的方式”

每年从 8 月 9 日到 9 月 10 日这几周是克尔凯郭尔最难熬的一段日子，前者是父亲的忌日，后者是他与雷吉娜订婚的日子。大多数丹麦人都“渴望和祈盼夏天的到来”，但克尔凯郭尔不喜欢斯堪的纳维亚躁动的夏天，对他来说，夏天的阳光太强烈了。[1] 他待在自己没有灯光的房间里，等待着秋天（那才是他最喜欢的季节，带着渴望与回忆的甜蜜的苦涩）到来时，忆起是一位老人“高尚的智慧”和一个年轻姑娘“可爱的愚钝”把他培养成了一名作家。[2] 是父亲和雷吉娜共同把他的灵魂塑造成了“年纪和青春的统一体”，既严厉又温和。然而如今他知道，这两个极端的结合本已在他的心底扎了根，永远是他的“可能性”。

1850 年的这段时间，他最后一次通读了《修习于基督教》，准备把它交给印刷商：这本书将于 9 月底问世，他用了一个新假名，安提-克里马库斯，而“S. 克尔凯郭尔”将以编辑的名义出现在标题页上。那些日子，秋天那温柔而忧郁的黄昏像正到来的潮水一样降临在哥本哈根的街道上，每一股黑暗的浪潮都比上一股更加宽容仁慈。克尔凯郭尔战战兢兢地给明斯特主教送去了一本他的新书，上面印着题献给他的文字。《修习于基督教》的写法比《致死的疾病》更大胆、更挑衅，对明斯特和马滕森发起了更明确的攻击。这本书的问题是追随基督，探索了严厉的基督教和宽容的基督教、禁欲与世俗、效仿耶稣受尽苦难和从一个安全距离欣赏耶稣之间的区
220 别。[3] 明斯特，以《论基督教义》一书为人所熟知，在书中含蓄却明白无误地承担了一个宽容的、世俗的基督“观察者”的角色，他为人所熟知的布道风格被戏仿，并被批评为非基督教：“如今的基督教布道变成了以‘观察’为主：**让我们用这一个小时的时间思考一下吧；我邀请众位听者观察；我们思考的主题是；**等等。然而，‘观察’在一个意义上是近距离接触；在另一个意义上，它的意义是保持很远的、无限的距离——就本人而言……基督教真理不可能是‘观察’的对象。”

安提-克里马库斯这样的发言持续了很长篇幅，明显得到了编辑S. 克尔凯郭尔的赞许。明斯特就像一位艺术家——或许就像托瓦尔森——雕刻或绘制基督的人像，然后退后一步，欣赏自己的作品。这种基督教审美主义是一种逃避、一个谎言、自我放纵，是十足的虚伪。“我不理解这种艺术家的冷静，”安提-克里马库斯宣称，“这种艺术的冷漠的确很像是对宗教人士的宗教影响麻木不仁……然而艺术家自我欣赏，而众人欣赏艺术家。宗教人士的视角完全错位了；观者以一个艺术专家的角色来观看画作：它是否成功，是不是一幅杰作，色彩还有光影的运用是否正确，血看着像不像，受苦的表情在艺术上是否逼真——但他没有看到受邀模仿艺术家。艺术家被欣赏，至于实际遭受的痛苦，艺术家已经把它变成了

金钱和众人崇拜的目光。”只从远处崇拜基督的人，他指出，“不会做出任何牺牲，不会谴责任何行为，不会放弃任何世俗的所得，不会改变自己的人生，不会**成为**那个被崇拜的，不会用自己的生命来表达它……只有效仿者才是真正的基督徒”。

克尔凯郭尔本人夹在这两个版本的基督徒之间，无法与他们中的任何一种共处。“啊，人当然可以赞美宽容仁慈。一个人可以偷懒，可以为众人所爱，接受他们的感激、他们的崇拜；人可以带着自满，或者无论如何神态安详地看着许多快乐的人微笑着，在他所赞美的东西中找到宁静。”《修习于基督教》出版前夜，他在自己的日记中写道。然而，这样一位教师不是在效仿基督，这样的人 221
“无法向任何一个［信徒］保证他的一生安然无虞”。另一方面，赞美一种正当地严厉的基督教义，则是“十足的精神考验：你自己能否忍受那一切；你是否应该偷懒；一切是否最终导致堕落而非受益，摧毁而非建设。为他人之故而彻底地不安、担忧、畏惧与颤栗，不知你是否对他们要求过高。而如此暗淡的景象，去看看他们的愤怒和悲苦——世上无一人感激你，每个人都急于离你而去”。[4]

10 月的一天，克尔凯郭尔从娶了明斯特长女的牧师和神学家尤斯特·保利（Just Paulli）那里听说，主教看了《修习于基督教》后“非常生气”。“他走进起居室的时候他说了这些话：‘这本书是对我极大的挑衅；这简直是拿神圣开世俗的玩笑。’当保利善解人意地问是否允许他把这话转告给我时，因为他也许愿意和我交谈，明斯特回答：‘好吧，他当然可以来见我，我会当面告诉他的。’”第二天一早克尔凯郭尔就十分焦急地登门拜访。他开门见山地说：

"保利牧师昨天告诉我，您想尽快见到我，当面训斥我的新书。我请求您把它视为我对于您一贯敬意的一种全新的表述，所以听到这话，我便立刻前来拜访了。"主教一如既往地谨慎圆滑、亲切友善。"他回答道：'不，其实，我没有权利训斥你。正如我以前对你说过，我根本不会反对每只鸟儿唱自己的歌。'接着他补充一句：'其实人们可以随便说我什么。'他说这话的时候表情温和，面带微笑。不过他补充的最后一句话使我担心那句话多少还是有一些挖苦的含义，我立刻设法挽回这一情形。我答道，这不是我的本意，我请求他说说是否这本书的出版让他感到苦恼。他后来回答说：'嗯，我真的不认为它有什么好处。'"[5]

明斯特的不满似乎传递了他已故的父亲的评价，然而他更害怕的却是上帝的评价，无论在此生还是彼世。虽然耶稣承诺给予信徒们恩典和爱，承诺减轻他们的重担、给予他们安宁，但他们首先要
222 "在恐怖与畏惧中被摧毁"——而克尔凯郭尔在自己的灵魂深处感受到了这恐怖的涟漪。有时耶稣以一个可怕的形象出现在他面前。"你变成了一把刺入母亲心间的利剑，变成了信徒们口口相传的丑闻，"他写道，"哦，你何不让一切变得容易一些？每当我怀疑自己时，就仿佛我必须首先为我自己让一切变得容易些，而当一切仿佛是我要为别人把一切变得容易之时——它就会给我造成忧惧，让我想到你，仿佛你会生气，你，从不会把一切变得容易，但仍然充满了爱。"[6] 他觉得自己距离他如今坚信乃唯一真理，且总算敢于直接写下（虽然仍然只敢使用假名）的基督教理想"无限遥远"。他，克尔凯郭尔，一想到遁世，不再像普通人那样生活，就颤栗不已：

“就我而言，我热爱做一个人；我没有勇气在那个方面竭尽全力。我仍然这般热爱他人在生命中感受到的纯粹的人的欢乐——我比普通人更能够清楚地看到那份欢乐，因为我用的是诗人的眼光。”[7]

然而，他越来越坚信，基督教世界的现状需要再度强调阿恩特和特司谛更（他放弃了自己的遗产，过起了隐士的生活，每日靠面包、牛奶和水度日）及其中世纪先辈们灌输给他的遁世理想。[8] 现代基督教太倾向于世俗，克尔凯郭尔为了与之抗衡，更朝着相反的方向倾斜了一些。他仍然在研究路德的布道词，并在日记中分析了路德的宗教革新及其对后代基督徒的影响。

年轻时，路德整日为自己的救赎问题焦躁不安；为了获得上帝的恩典，他进入了一个严格的奥古斯丁修道会，把自己的苦行修习推向极端，每天都在苦修，夜间睡在雪地上。后来，是同样的宗教激情（而非它的缓和）让他重新回到尘世。只有在发表了他的《九十五条论纲》，并在沃尔姆斯会议上拒绝公开宣布放弃观点之后，路德才最终离开了修道院——藐视教会，无视舆论——并娶了前修女凯瑟琳·冯·波拉（Katherine von Bora），后者为他生了六个孩子。然而，路德的改革将世俗与宗教相结合，这种方式适应了当时已经在欧洲大陆蔓延的世俗的思维和心态：“路德当然拥有内在的真理，敢于冒天下之大不韪，却也十分自由能够这么做：结婚 223
却仿佛没有结婚，活在尘世之内，却又在参与一切的同时与之隔绝，等等。啊，然而直截了当地教授这一点是危险的，因为它会使整个世俗生活变得太过容易。”[9]

1850 年秋冬，这些思考让克尔凯郭尔又回到了婚姻这一问题上来，十年前，那正是他生命的转折点，也是他最长的那些书的主题。如今既然宗教信仰自由的原则已被写入了丹麦宪法，婚姻在变成政治问题的同时，也变成了私人问题。哥本哈根好几个有影响力的人物正在呼吁引入世俗婚姻，有人就援引路德本人的例子来支持他们的观点。格伦特维问道："我们应该继续迫使人民教会的所有成员履行教会婚礼吗？福音书对此不着一言，马丁·路德本人也曾在缔结世俗婚姻时公开鄙视它，那可是一个僧侣和一个修女的婚姻，而他破除了那个时代的所有教会婚姻概念！"[10]在 1848 年后的丹麦那个陌生的新世界，狂热的基督徒与思想自由者为同样的改革提出了不同的理由，前者力图保卫教会不受国家的控制，后者则为使公民生活摆脱教会控制而奋斗。

捍卫传统的领袖自然是明斯特主教，他提出路德与凯瑟琳·冯·波拉这场婚姻是基督徒的结合，不仅仅是民事契约。然而，克尔凯郭尔则认为路德与凯瑟琳的婚姻的重要意义不在于它是否属于教会，而在于它是一次颠覆性的、丑闻性的宗教行为，呼应了基督教最初的"神圣丑闻"的概念。他指出路德完全可以娶一个厨娘或者跟一名门柱结婚（虽然他有六个孩子）——因为他唯一的目的就是"藐视撒旦、教皇和整个世界"。[11]这场婚姻与 19 世纪丹麦神职人员享受的传统家庭生活毫无共性。当克尔凯郭尔把明斯特主教与路德进行对比时，他看到了"一个精明而谨慎的人，对丑闻避之不及，害怕的程度堪比躲避瘟神"。[12]他没有进一步指出如今放弃婚姻才更符合路德的精神，尤其是以冒犯舆论的方式，就像他自己决定不结婚那样。

1851 年 1 月，克尔凯郭尔在《祖国》上发表了一篇文章，回 224
应神学家和教会历史学家安德烈亚斯·鲁德巴赫（Andreas Rudelbach）的观点，后者打着路德的大旗支持世俗婚姻。“在我们这个时代，教会最深和最高的利益当然尤其是摆脱所谓的**习惯性基督教和国家基督教**（*habitual and state Christianity*），”鲁德巴赫在自己的《论世俗婚姻》（*On Civil Marriage*）一书中敦促道，又接着说，“这正是我们最出色的当代作家之一索伦·克尔凯郭尔曾极力主张并让我们深刻记住，并且，如路德所说，向所有愿意倾听之人讲个明白的观点。”[13]在发表于《祖国》的那篇文章里，克尔凯郭尔反驳说他在自己全部的写作活动中从未曾呼吁过改革：“就是因为我从一开始就理解基督教是内在性的，我的任务是内在地深化基督教，我一直小心翼翼，没有误用一个段落、一个句子、一行、一个词、一个字母提出过外部变革的主张。”[14]个别基督徒或许会良心不安，觉得有必要进行社会、政治或教会改革，但“基督教**本质上**是内在的”。克尔凯郭尔觉得他和鲁德巴赫博士根本不会在宗教上相互理解，尽管他们认识，他也很尊敬这位学者：“他长期以来一直坚信自己是一位基督徒。如今又忙于研究教会历史和外在形式。他从没有一天因为一个问题感到过不安，那就是他事实上到底是不是一个基督徒。永远不会，因为一个人只要有一次、一天、一个小时感受过这种不安，他就一生都无法摆脱这个问题的困扰，或者说这个问题永远也不会放过他。”[15]

5 月初，他再度前去拜访明斯特主教。他再一次在步入主教住所时感到不安，但这一次他颤栗的原因不是害怕，而是愤怒。明斯特近期出版的关于宗教自由和世俗婚姻的书将克尔凯郭尔与迈尔·阿龙·哥尔德施米特相提并论，正如 P. L. 默勒 1847 年曾预言的那样，主教大人如今竟然对哥尔德施米特的新闻事业大加赞许。明斯特评论道，哥尔德施米特“是我们最有才华的作家之一”；克尔凯郭尔则是那个正义地反对“将政治与基督教灾难性地混为一谈”的“才华横溢的作家”。[16]如此一概而论足以激怒克尔凯郭尔，在他拜访之前的好几周，他写了无数回复明斯特的抗辩词，反复审阅和详尽阐述了自己愤怒的理由。

225 见到主教时，他的骄傲不允许他说出自己因为后者支持哥尔德施米特而受到了伤害，他还在为五年前明斯特没有在《海盗船》攻击他时挺身捍卫他而伤心。相反，他出于对明斯特的名声的关注而大声训斥他：“我一遍遍地重复，让我担心的是他是否会因为那样写哥尔德施米特而名誉受损。我向他指出，他应该要求哥尔德施米特撤回［《海盗船》的文章］……我不可能捍卫他的这一行为。”[17]明斯特回避这一点：他说要求撤回就意味着他不得不通读哥尔德施米特的所有文章——“所以，明斯特真的对世间有一份名为《海盗船》的报纸，对哥尔德施米特曾经担任这份报纸的编辑六年之久一无所知吗？明斯特真的有可能不理解这就是我所指的吗？”克尔凯郭尔再度重复自己的反对意见，“‘我希望把它说出来，十分清楚地说出来，我希望自己良心清白，必须强调，我说了我不赞同这么做’（说这句话时我探身到桌子的那一端，仿佛用我的手写下了这些话）……每次我这么说，我都确保他回答并表示他听到了我的话。”

那年夏末，克尔凯郭尔再度来到明斯特的住所，几天前他寄给了后者两份新的出版物：《就我的作家生涯所写的观点》的缩写版《关于我的作家生涯》（*On My Work as an Author*），以及《在星期五圣餐礼仪式上的两个讲演》（*Two Discourses at Friday Communion*）。[18]（他还寄给了 J. L. 海贝尔：为后者所做的讲演，以及为其妻路易丝所写的关于海贝尔的作家生涯的文章。）他急于倾听明斯特对这些小书的意见，但主教只看了其中一本。克尔凯郭尔又提起了哥尔德施米特的话题，随后“又就牧师学院说了几句，但他试图回避这个话题，认为我最好自己创建一所牧师学院”。主教说了句“再见了，我的朋友”，得体地把他打发走了。

在这几次不安地探访明斯特期间，有一个周日，克尔凯郭尔在位于哥本哈根港口堡垒之内的城防教堂（Citadel Church）做了关于“上帝的不变性”的布道。[19]那个周日的早晨，他向上帝祈祷“我的心底能够生发出新的东西”，因为他觉得这种教会仪式是他的“坚信礼”。那次布道讲的是他最喜欢的圣经段落，选自《雅各书》： 226
“各样美善的恩赐，和各样全备的赏赐，都是从上头来的。从众光之父那里降下来的。在他并没有改变，也没有转动的影儿。”他原计划在布道时“想着‘她’”：他无法与雷吉娜直接交谈，便觉得听他布道或许能让她开心，与平常不同的是，在公布这次布道仪式时，他允许将自己的名字列为宣讲人。“以前各种各样的压力让我备受其苦，不得不使用我这个人身时，总是如此。”[20]

出现在听众面前的克尔凯郭尔虽然还不到 40 岁，却已是一个孱弱的形象：他比以往更加驼背和瘦弱，头发稀疏，面容憔悴。他对教众讲话的声音非常微弱，以至于他们要费点劲儿才能听清他在讲些什么。他滔滔不绝地说起想起上帝的不变性，会在“我们这些轻率而摇摆不定的人”心中激发出“纯粹的畏惧与颤栗”。

> 现在，那永恒不变者——和这颗人类的心！啊，这颗人类的心，在你那秘密的内闭空间里，是不为他人所知的，这还不是最糟的，因为有时候几乎对相应者自己而言也是不认识的，在那之中有什么是你所不隐藏的！当然几乎就是这样，一旦一个人哪怕只是变得稍有一点年岁，它就几乎像是一个墓穴，这颗人的心！在那里，在遗忘之中被埋葬着的：各种承诺、各种意念、各种决定、各种整体的计划和各种计划的碎片，以及还有什么，上帝知道——是的，我们人类以这样的方式说话，因为我们人类很少考虑自己说什么：我们说那里有着什么，上帝知道。我们这样说，一半是轻率地，一半是疲倦于生活——然后这恰恰就如此恐怖地是真的：上帝知道这是什么，他知道这个，直到最小的细节，你所遗忘的东西，他知道那对于你的记性来说是已变了的东西，他不变地知道这个……一个全知者，以及一种永远不变的记性，这是你所无法摆脱的，在永恒之中最不可能；这是多么可怕！

他就这样说了 15 分钟——“这几乎就仿佛是一件远远地远在一个人的力量之外的事情，是的，就仿佛这想法会把一个人扔进忧惧和不安，直至绝望”。他停了一下，然而又说道：“在这想法之中有着

抚慰与至福。事情确实如此：在你，厌倦于所有这人类的、所有这 227
现世的和尘俗的变化与流转，厌倦于你自己的不稳定，会希望有一个地方，你能够在那里安放你疲倦的头、疲倦的思想、疲倦的心念，以便能休息，安安静静地休息的时候：啊，在上帝的不变性之中有着安息！”

整个教堂寂静无声，所有的人都对着他，仿佛他们的心也转过来对着他。“去像孩子一样，”他对他们说，“在这孩子真正深刻地感觉到自己直面一种意愿的时候，能帮得上他的只有一种做法——去顺从；关于上帝的不变性的想法是充满至福的，是啊，这一点又有谁怀疑；但只是要留意，让你自己变得如此，这样你能够至福地安息于这不变性中！啊，正如那有着一个幸福的家的人，一个这样的人以这样的方式说：我的家是永恒地得到了保障的，我安息在上帝的不变性之中。这一安息，除了你自己之外无人能够打扰你。”而悖论就是，人们能在这样的顺从中找到自由：“如果你能够在不变的顺从之中变得完全地顺从，那么你就会在每一瞬间，带着就像沉重的落体坠向大地一样的必然性，或者带着那很轻的东西升向天空一样的必然性。”当然，即便人类像沙漠中的人渴望清泉一样渴望上帝，他们也很难、大概率不可能始终如此坚定不移。然而，克尔凯郭尔最后说，上帝永恒的遍在性的另一个悖论就在于，它不是怠惰的，而是自始至终都在积极地寻找那些渴望他的人：

> 没有人，不管是在生在死，能旅行如此之远乃至你无法被找到、乃至你不在，你当然是无处不在的——这也不是大地上

> 甘泉所在的方式，那些甘泉只存在于一些专门的地点。另外——这是多么震撼性的安全保障啊！——你当然不像甘泉那样留在固定地点，你随同旅行。唉，没有人能够在歧路上走得如此之远乃至他无法找到回归向你的路，你，“不仅仅像一眼让自己被人找到的甘泉”的你——这是对你的实质的多么意义贫乏的描述！——你，就像一眼自己去寻找那燥渴者、那歧行者的甘泉（我们从不曾听说过任何水泉会是如此）的你。以这样的方式，你不变地在所有时间、在所有地方让人能找到。在任何时候，只要一个人走向你，不管他在什么年岁，不管在这天的什么时候，不管在怎样的状态之中：只要他是诚实地来到，他总是会发现（正如甘泉不变的凉爽）你的爱是同样地温暖，你，不变者！阿门。[21]

228 那个周日的布道是克尔凯郭尔作家生涯的一个转折点。“我回到家时，”他后来在日记中写道，“感觉很好，很有活力……礼拜一我是那么精疲力竭，真可怕……我越来越虚弱，然后就真的病了。那种始终困囿着我的可悲而磨人的痛开始以一种可怕的方式爆发了，我已经很久、很久没有过那种感觉了。有一刻，我觉得这大概是对我没有尽快行动的一种惩罚。”然而，他觉得自己的祈祷得到了回应：他得到了自己的“坚信礼”。“有一种新的东西在我的心里诞生了，”他写道，“我以不同的方式理解了自己身为作家的任务；如今我以全然不同的方式献身于直接宣扬宗教。我也在这方面坚定了自己的信念：这就是我的方式。”[22]

那个星期，他收到了两个不认识的女人的来信，她们读过他的书，也去城防教堂听了他的布道。其中一封信是位年轻姑娘写来的，她解释说，她之所以冒险给他写信，是因为“我听说您对年轻人客气而友善，宽容对待他们的冒失”。她接着说，克尔凯郭尔的著作帮她获得了一种精神上的觉醒：

> 在这种轻浮的，或者或许如您曾在某处所说，忧郁的时代精神影响下，很长一段时间，我一直无视上帝以及我和他的关系，但我很快就意识到，这是一种不快乐的状态。我试图在祈祷中寻求安慰，但我觉得上帝听不到我的声音；我去教堂，但我总是思绪繁杂，无法集中精神倾听牧师的布道；我尝试在我能看懂的哲学书里为我迷失的灵魂找到安宁，也的确找到了一些。我怀着极大的崇敬之心读过《非此即彼》，并试图借阅您的一些书来读，因为我买不起。我借到了 1848 年出版的《基督教讲演集》，虽然那不是我想看的书，但我还是读了——我对您真是感激不尽！我在其中找到了生命的源泉，它从那以后便未曾让我失望。每次我心烦意乱，就到那里去寻求庇护和安慰；每次因为需要或偶尔去教堂，我总是沮丧地离开，心里知道自己又因为没有心怀虔诚或谦卑地进入主的住所而犯下了罪过，那时我就会阅读您的讲演，找到安慰。无论发生什么事， 229
> 无论我是喜是悲，您馈赠给世界的这一小块丰富的养料变成了我源源不断地获得安慰和支持的源泉。
>
> 上个礼拜天您名列城堡教堂的布道牧师。我义无反顾地前

> 去，并且没有失望。那不是我经常听到的、没听完就忘掉的那种布道。不，从那丰富、热情的心灵涌出的话语，令人恐惧，但同时也得到陶冶和慰藉，深入内心永不忘怀。[23]

“但愿您能多做几次布道，但我请求您一定要把您的名字列出来”，另一封信的写作者祈求道，她也谈到了自己在反思克尔凯郭尔的布道时的心情。她写道：

> 打一开始，您开始发表您的假名作品的时候起，我一直竖起耳朵仔细倾听，生怕自己漏掉了哪怕是最轻的声音，这些令人深刻的美妙的和谐之声，它们一直在我的心里回响着。那正是听者所需要的，因为我找到了我所有问题的答案；全都是我最感兴趣的问题，无一遗漏……我怀疑您知道如何拨动人心中的每一根琴弦，也曾探访过人心深处的每一个角落。我以为我知道笑是什么，在1843年以前也知道，但是我错了，直到那年读了《非此即彼》才明白什么是发自内心深处的笑，我开始用心理解了您所说的一切。有许多次，当我听到聪明的人们说他们读不懂S. 克尔凯郭尔时，几乎尴尬地无地自容，因为我一直觉得我读懂了他。我从不孤独，就算我有很长时间都是独自一人，但只要有这些书陪伴着我，我就不孤独，因为在世间所有的书中，唯有它们最像是一个富有生气的同伴。但请不要以为我从这些书中只学到了笑，不是的，相信我，我一次又一次地在这些书中觉醒，更加清楚地看待自己，并明白了我的任

> 务是什么，感受到自己更加紧密地与“真理、道理、生命”联系在一起；我通过思考它们获得了无限的自由，但也无限地想要放弃我们生活在其中的那个群居的社会中的一切，它丝毫也 230
> 不知道活着到底意味着什么，至多也就像对生命的戏仿。然而我们却不是通过逃离来展示自己真正的力量的。

自从周日以来，这个女人对她见到的每个人谈论克尔凯郭尔的布道；他表达了永恒的真理，然而“没有人曾经像您那样对我说过，以我能听到的这种方式，也就是让我用灵魂的双耳听到那些真理”。如今，她虽然知道他不会允许，却仍然要亲自感谢他。“设若我是一个能够流畅地思考和写作的人，”她接着说，“那一切便截然不同了，因为我可以公开发表关于您的文章，而不必私下打搅。”[24]

1851 年初秋，埃米尔·伯森回哥本哈根住了几天，克尔凯郭尔那时刚刚出版了《自省——向当前时代推荐》（*For Self-Examination：Recommended to the Present Age*），便送了一本给老朋友。他在书中想象路德回到尘世，想考验一下 19 世纪丹麦路德宗的忠诚。“你们知道忠诚是不安的，”路德说，“你们说自己拥有忠诚，那么忠诚又为什么使你们不安，你们在哪里见证了真理，在哪里反对了非真理，做出了哪些牺牲，为你们的基督教受到了哪些迫害，在你们安宁的家庭生活中，又有过什么明显的自我否定和弃绝？”[25]这本书中包括三篇讲演，都是由教会安排的关于《新约》文本的讲演：一个是在复活节后的第五个星期日，一个是在耶稣升天日，一个是在五旬节。它对基督教提出了一种严厉的解读，即基督教是跟随耶稣受苦的一条艰苦而狭窄的道路。耶稣出身贫苦，他从一开始就知道自己的命运——“而这条路，即基督之路，这条狭窄的道路会越来越窄，直到尽头，直到死亡。”[26]耶稣承诺说，圣灵会带来温柔的慰藉，新生、信仰和爱——但这些福祉只会降临在那些首先选择了自陨和遁世的人身上。[27]

那时，克尔凯郭尔生平头一次搬到了城外，住进了奥斯特布罗（Østerbro）一个新建的庄园的二楼。那是索尔特丹湖（Sortedam Lake）尽头的一个宁静之处，周围都是私家花园。埃米尔到那里拜
231 访他时，他们谈到了深夜，克尔凯郭尔请他第二天傍晚再来，下一个傍晚又邀请他来。[28]这些天，他很少有机会能像以前那样“倾诉衷肠”。

此前住在北街那个地址时，他常常能在日常散步时见到雷吉娜，有时连着几周“每个有福的日子”都能见到她。[29]搬到奥斯特布罗后不久，他每天早上十点左右，都会在从城里回家的路上遇到雷吉娜。1852 年 1 月 1 日，他决心改变路线，急于避免任何不得体的露面，如今他选了湖边的那条路。一天早上他在那里看到了雷吉娜，就再次改变了路线。但他随后又开始在早上 8 点在东门（Østerport）附近遇见她，或者晚一点步行进城时在城墙上看到她。“或许只是巧合，或许吧。我不懂她那个时间会在那条路上做什么。”他在日记中写道。[30]他也仍然在周日的教堂里看到她。

“然后就到了我的生日。我通常在生日那天出去，不过今年我
232 有点不舒服。所以留在家里，但和通常一样在早晨进城去看医生，我考虑用一点新鲜东西来庆祝生日，我从来没有尝过的，蓖麻油。

埃米尔·伯森

刚一出门，在小路的人行道上，她遇见我。像最近经常发生的一样，当我看到她的时候忍不住会微笑一下——唉，还有什么意义她没有得到！——她也微笑着颔首致意。我迈出一步，脱帽行礼，继续前进。”[31]经过数年最迂回的交流，这次对视、微笑和颔首致意的相遇令克尔凯郭尔倍感轻松。或许他们最终还是可以和解，可以再做朋友。仿佛一扇窗户突然打开了，让春天的微风吹进了这个不透气的房间，也带来了对他的生日祝福。

接下来那个周日，雷吉娜在教堂里，坐在他总是站着的那个位置附近。明斯特主教的女婿保利牧师在布道，和克尔凯郭尔前一年在城防教堂那次改变命运的布道一样，布道的文本也是《雅各书》中他最喜欢的段落，“各样美善的恩赐，和各样全备的赏赐，都是从上头来的”。“她把头偏向一侧，十分热诚地看了我一眼。我平视前方，没有特别看向某处。”然后，保利开始用克尔凯郭尔觉得“难以解释”的非同寻常的方式布道：牧师说，这段经文中关于上帝的美善的恩赐的话都是“植在我们心中的——是的，我的听者，如果把这些话从你的心中拔出，你的人生难道不就失去了一切价值吗?”

雷吉娜一定感觉被这句话吓到了，他后来反思道：“我一句话也没有和她说，走我的路，不是她的——但是好像有一种更高的力量对她说了我不能说出的话。”关于自己的情感他是这样说的：“我像是站在燃烧的煤炭上。”

第十五章

最后一战

1853 年的一个秋夜，克尔凯郭尔打开日记本，在页面的最上端 233
写下了一个标题：“新‘畏惧与颤栗’”。[1]

他想象亚伯拉罕在前往摩利亚山的路上对以撒说上帝想让以撒成为燔祭；他们到了山上，亚伯拉罕去砍下树木，捆绑了以撒，点燃了柴火，将手中的刀刺向了儿子的身体。耶和华现身了，问亚伯拉罕是否听到了“住手”，让他杀死一只公羊而非以撒的命令——不，亚伯拉罕回答道，我没有听到。耶和华于是让以撒复活，但这已经不再是满怀信任地跟父亲走向摩利亚山的那个以撒了：了解到自己“被上帝选为燔祭”之后，这个无忧无虑的少年变得像一个老人。亚伯拉罕为自己失去的儿子悲伤；耶和华承诺他们会在永恒的彼岸再度团圆，他们会在那里重享天伦之乐。“如果你听到了我的声音，停下手中的刀，那么你就会在此生拥有以撒，”亚伯拉罕的上帝解释说，“但那样一来，你就不会了解永恒的意义。你走得太远，毁掉了一切——但我会给你更好的结局：永恒。”在这个改写后的《创世记》第 22 章的故事中，亚伯拉罕没有住手，而是完成了那个可怕的任务，比上帝原本的打算更进了一步。他失去了一切，唯一的安慰存在于彼岸的世界。

克尔凯郭尔抬起头，透过自己的窗户，他看到夜幕下的圣母教堂的尖塔在月光下熠熠生辉。一年前的1852年10月，他又搬了一次家，离开湖边安静的庄园，搬到了哥本哈根市中心一座建筑顶层的廉价公寓里，距离圣母教堂和明斯特主教的主教住所只有几步路的距离。这些低顶房间通常的租户都是学生，如今是他唯一能付得
234 起房租的住处了。他的晨间散步就始于丹麦基督教世界的总教堂：这是他自少年时就在里面消磨过无数时光的教堂，那时他和家人一起坐在高高在上的信徒雕塑下面，聆听明斯特的布道；这是他常常站在距离雷吉娜几码远的地方、感受着她停留在他身上的目光的教堂；这也是他在承受了《海盗船》的攻击之后那难熬的几年里，曾三次在周五圣餐礼上布道的教堂。

在这间位于成衣铺街（Klædeboderne）的拥挤房间里，他审视着敌人，准备战斗。在磨砺自己批判基督教世界的论辩之剑时，克尔凯郭尔总是想起明斯特——他的世俗、他的虚伪、他赞许哥尔德施米特的话。1843年在柏林动笔写作《畏惧与颤栗》时，克尔凯郭尔赞赏亚伯拉罕这位“信仰之骑士”充满喜悦地回到了自己抛弃的世界，在放弃心爱的儿子之后又再次得到了他。他甚至渴望拥有亚伯拉罕这样超乎寻常的信仰，如有可能的话，这样的信仰会让他在市廛之内建立与上帝的关系，但表面上却与一个普通人无异。在《畏惧与颤栗》中，他把亚伯拉罕比作《路加福音》开头所写的耶稣的母亲马利亚：这位年轻未婚的姑娘突然怀孕了，被上帝召唤诞下一个神圣的私生子。亚伯拉罕和马利亚都心甘情愿地赶赴自己的

神圣任务，即便遭到家人和朋友的误解、失去自己的儿子也在所不辞。

如今，十年后，克尔凯郭尔认为与真正的基督教所要求遭受的苦难比起来，亚伯拉罕经受的考验不过是“小孩子过家家”：“亚伯拉罕抽出刀——却又重新得到了以撒；这没那么严重。最严重的事情不过是考验，之后考验就再次变成了此生的愉悦。”《新约》则不同，其中“那把剑……事实上刺向了马利亚的心，穿透了马利亚的心脏——但她因此而获得了通往永恒的转介；亚伯拉罕却没有得到”。在克尔凯郭尔看来，基督教信仰如今的含义“完全是字面上的放手和放弃，丧失尘世的一切，纯粹的受苦，［从世界上］彻底消失”。[2]

他关于亚伯拉罕的那篇日记并非另一本书的计划，但如果他要在 1853 年写一本“新《畏惧与颤栗》”的话，他会解释说，那把穿透了马利亚的灵魂的利剑，即先知西缅预见到的耶稣的胎儿期，要比一个母亲看到自己的儿子被钉在十字架上更加痛楚。她也怀疑“这一切是不是一个幻觉、一场骗局，天使加百列被上帝派来宣布 235
她是被选中的那位母亲这整件事。如耶稣呼喊的那样：我的上帝，我的上帝，你为什么抛弃我——圣母马利亚也曾在人间遭受过同样的苦闷”。[3]1843 年，克尔凯郭尔让自己的文学角色约翰纳斯·德·希伦提欧（Johannes de silentio）赞叹亚伯拉罕的信仰，那信仰没有渴望后世，而只是享受此生的愉悦。如今他认为“基督教就是要一直受苦，它是对永恒的意识”。[4] 再也无须用假名做什么辩证的飞跃了，他自己的存在已经创造了一个简单的神学准则：“离上帝越近，就越要受更多的苦。”[5]

他已经两年没有发表任何著作了，写得也很少。[6] 因此，他在日记中写道：“巨大的创造力仿佛聚集在我的头脑和思想里——真的，我觉得此刻我完全可以幻化成一群各色各样的教授和诗人。”[7] 自从搬回城里，他的生活比以前简朴了很多，弃绝了各种物质享受，有很短一段时间，甚至连写作也放弃了——“完全是为了看看我能忍受到何种地步”。然而，1853 年的这个秋天，他在反思“禁欲主义是谬见”，因为这些有限的弃绝会让他的思维模式变得斤斤计较，权衡每一种节制，仿佛弃绝本身是目的。“所以我再度变得体面了。”他在这个 10 月的另一个夜晚写道。真正重要的是他对世界的立场；他唯一应该关心的，是他还需要做些什么才能完成神圣指派给他的任务。他如今想象上帝对满手沾满鲜血的亚伯拉罕说，“你走得太远，毁掉了一切”，这些话本是对他自己说的吗？他在考虑“抛弃一切”，为的是主张一种禁欲的、令人恐怖的基督教，但“有一件事”让他迟疑了：雷吉娜。“她对那种基督教一无所知。如果我握住它并坚持到底，那么我们之间就存在着一种宗教差别。”这个秋天，克尔凯郭尔觉得自己的压力越来越大了。写作令他疲惫，而且看起来“几乎像是愚行”。[8]

有一个月，他连日记也不写了，然后又在 11 月的一个夜晚重新打开了日记本，写了几页关于明斯特主教的文字——当然还有关于他自己的。[9] 他记录到，1848 年前，他一直忠于“现有的秩序”。
236 虽然他对明斯特的态度很矛盾，但他对主教的尊敬超过了任何其他神职人员，而且在《修习于基督教》之前，也没打算把辩论的矛头对准他。《海盗船》事件，以及后来明斯特拒绝谴责哥尔德施米特，成为重要的转折点。随着克尔凯郭尔对基督教的解读进一步倾向于牺牲、受苦和殉道的理想，随着他越来越坚定不移地拒绝“世界”，他开始认为明斯特本人“没有品格”：这个人不是一个真正的宗教导师而只是一个演说家，一个修辞家——简言之，一个“新闻记者”。克尔凯郭尔知道自己“捍卫”的真正的基督教“在明斯特主教看起来像是祸患——因为他根本就不关心真理之类的事”。无疑，主教此刻在附近的主教住所里高枕无忧，而克尔凯郭尔这位警觉的守夜人却彻夜难眠。他合上日记本，其后的三个月一字未写。

“如今他死了，”再次提笔是在 1854 年 3 月 1 日，标题是“明斯特主教”，“如果有谁能够在他临死时对他施加足够的影响，使他公开承认他所代表的基督教不是真正的基督教，而是它的一种衰竭形式，那可真是一件求之不得的事情，因为明斯特主教包揽了整个现时代的责任于一肩。”[10]克尔凯郭尔认为，“关于精神的事项”明斯特在“内心深处”已经向他让步了，但他拒绝公开承认这一点。《修习于基督教》的序言呼吁“就自我之事承认和忏悔”——如果明斯特承认就连他，西兰主教，也达不到基督教的最高理想的话，那么克尔凯郭尔作为一个作家的任务就已经完成了。然而，克尔凯郭尔对这一忏悔的等待却落了空。如今，他最后写道：“一切都不同了；明斯特身后所遗留下来的是：其布道使基督教陷于一种幻想之中。”他谴责明斯特的理由不是这位主教未能遵行耶稣及其使徒最激进的教义，因为他本人也没有做到这一点，而是明斯特用谬误冒充真理。

明斯特主教死于 1 月底，四个星期后，克尔凯郭尔重新打开日记本写下了这篇日记。明斯特于 1853 年 12 月 26 日做了最后一次布道，那是克尔凯郭尔唯一一次没有去听，回想起来，他认为这是
237 上帝的预示："现在是行动的时候了。你必须和你父亲时代的传统决裂。"[11]2 月初，明斯特葬礼的两天前，马滕森在自己周日的布道中对这位已故的主教有一段颂词，劝说他的会众要"效仿他的信仰"。"关于他的宝贵回忆充满了我们的心怀，"马滕森宣称，"我们的思绪从这个人回到一系列真理的见证人，他们像一条神圣的纽带，从使徒时代贯穿至今。"然后他接着说，明斯特主教是这一神圣纽带上的一环，是"真正的真理见证人"。[12]

几天后，克尔凯郭尔撰写了一篇文章，犀利地批判了马滕森的纪念演说。"明斯特主教是真理见证人！"——这是指某一个"为教义而无条件地受苦"之人，他的信仰导致他"接受精神的考验、灵魂的忧惧、心神不安"的人。为了证明马滕森把明斯特与使徒联系起来是错误的，克尔凯郭尔引用了《哥林多前书》，其中保罗特别直言不讳地将世俗的权力和傲慢与基督教信徒的谦卑两相对比。"你们有荣耀，我们倒被藐视，"保罗写信给哥林多的希腊人说，"我们还是又饥、又渴、又赤身露体、又挨打、又没有一定的住处……人还把我们看作世界上的污秽。"克尔凯郭尔谴责马滕森移除了所有的危险，其所作所为无非在扮演基督教，"就像孩子扮演士兵"。[13]

整个 1854 年春天，他都在撰写更加能够挑起辩论的文章，指

出当代基督教世界与《新约》的教义相去甚远，但他没有发表那些文章。他在餐桌上谴责明斯特主教让他的亲戚们不安起来。与此同时，他在日记中详细写出他对世俗性的批判，强调原始基督教最为激进的要求。这种宗教要求信徒们放弃人类日常生活中随处可见的“自负的琐事”：“商业、婚姻、生子、在世界上做出什么成就”，也就是体面的社会如今冒充基督教社会所依赖的基石。他责备女人们让男人承担起“一切有限的愚蠢计划”，并哀叹妻子和母亲“爱那些属于自己的人”不过是爱自己，是“咄咄逼人的自负”。女人天然倾向于家庭生活，把男人拽离了他们的精神关切——因为这 238
个，克尔凯郭尔接着写道，修女应该获得比僧侣更大的尊敬，“因为当她放弃此世、放弃婚姻时，这个女人所放弃的东西远远多于男人”。[14]

他在叔本华的文章中找到了对这些观点的支持，后者以优美清晰的德文阐述了这种超凡脱俗（也充满厌女情绪）的悲观主义。克尔凯郭尔欣赏叔本华的论辩倾向——他对黑格尔、对学术哲学、对基督教神学的批判——以及他对禁欲主义、对受苦和同情的强调，这些除了来自耶稣的教义之外，还借鉴了古代印度的精神灵性。但克尔凯郭尔也抱怨叔本华隐遁的生活方式，认为这表明他缺乏伦理品格：

> 他过着离群索居的生活，偶尔发出一声修辞的轰鸣——还遭到了无视。不，这件事情也可以用完全不同的方式来把握。到柏林去，把这些流氓恶棍赶到街头剧场，忍受充当所有人当

> 中最有名的，每一个人都认识你的痛苦。……你看，这样就可以破坏无视的邪恶了。我在哥本哈根实践过，当然是在较低程度上。……我还曾敢于做另一件事——正因为我一直置于宗教指挥之下——我敢于自愿成为漫画讽刺的对象，遭到低微的和高贵的全体群氓的嘲笑：一切都是为了破除错觉。[15]

在《畏惧与颤栗》出版十多年后，克尔凯郭尔本人的存在仍然纠缠在世俗成就与禁欲弃绝的两难困境中。他仍然认为这两种备选道路都不是做人最高尚的方式，也都不是真正的基督徒的品性，虽然它们对他都有着极大的吸引力。1843 年，他曾受到亚伯拉罕的启发，想象着有了神圣的恩典，可以回到尘世，拥抱有限的生活；他曾把老父亲上下摩利亚山比作一种芭蕾舞步，前后的动力分别是一种看不见的内心动作，先是献出世界，然后是重新接受这个礼物。如今同样的辩证法促使克尔凯郭尔采纳了另一种在世为人的方式：与既有秩序正面冲突、直接鄙视政治生活、在众目睽睽下受苦，做“大笑的殉道者”。[16]

239 然而，他并没有发表那些攻击基督教世界的文章。起初他这么做是为了洁身自好，不去参与关于明斯特主教继承人的争论：马滕森是以首相 A. S. 奥斯特为首的保守派偏爱的人选，而曾在大学里教过克尔凯郭尔诠释《圣经》的 H. N. 克劳森则得到了国家自由党和国王的支持。然而，就算在马滕森 1854 年 4 月被任命为西兰主教，即丹麦人民教会的领袖之后，克尔凯郭尔仍然按兵不动。[17]因为还有雷吉娜要考虑。他可以牺牲许多东西，但他与她的联系——他们频繁的擦肩而过，他的责任感以及关于他们已经深切地、无声地和解的感受——是他生活在这个世界的一个支柱。他对她的灵魂充满关切，不愿意对她赖以生存的宗教进行谴责，使他迟迟不肯出兵战斗。

1854 年的整个夏秋他一直在等待着。等到 12 月时，他才把自己反对马滕森赞颂明斯特的第一篇文章寄给了好友、《祖国》的编辑乔德瓦德，准备发表在该报上。那时，雷吉娜的丈夫约翰·弗雷德里克·施莱格尔从殖民部长官升任为西印度群岛总督。施莱格尔将于 1855 年赴任，届时雷吉娜也将离开丹麦。[18]

明斯特主教生前受人爱戴，死后则差不多被“载入圣者名册”，然而克尔凯郭尔的文章却谴责他是个骗子。他指出，明斯特的布道“淡化、模糊、隐瞒、省略了基督教中某些最具决定性的东西，那些对我们人类来说太不方便提及的东西，会让我们的生命变得费力，妨碍我们享受生活”，而明斯特的存在甚至没有达到真正的基督徒的标准——“他名不副实，甚至连自己布道宣扬的东西也做不到”。一位真正的基督教真理见证人，克尔凯郭尔强调说，“是这样一个人，他在贫困中见证真理，在贫困、匮乏和屈辱中，如此声名狼藉，遭人憎恨和厌恶，如此遭人讥讽、嘲笑、捉弄”。他还说，马滕森的纪念演说是为他自己谋私利——“是马滕森教授本人的一个出色的杰作”，“让人想起马滕森教授可以去填补空缺的主教之位”。文章结尾说，马滕森称呼明斯特为真理见证人，是把基督教的危险和风险换成了“权力（将成为他人的危险）、物质、好处，就连最稀有的精美物品也要充分享受”，因而用神圣和真理“玩了

240 一个游戏”：“的确，世上有比异端邪说、教会分裂更反基督教的东西，有比所有的异端邪说和教会分裂加起来还要反基督教的东西，那就是：戏弄基督教。”[19]

圣诞节前一周，克尔凯郭尔的文章发表在《祖国》上。八天后，马滕森即将获得祝圣，成为圣母教堂主教。那年底，马滕森主教在《贝林时报》上发表了一篇措辞傲慢的长篇回应，为明斯特——和他自己——辩护，并预言克尔凯郭尔还将用“某种其他的、天才的高尚说教，甚或用某种其他的、更高的宗教要求”来为他“随随便便的”攻击辩护，“……那种要求让他拥有了一种远远高出普通人的行为标准”。[20]克尔凯郭尔读了马滕森的文章，把它撕成了碎片，让给他清理房间的女人扫走了。[21]两天后，他在《祖国》上发表了另一篇文章，重复了他反对马滕森声称明斯特为真理见证人，还鄙夷地说，马滕森对他的行为的批评“对我根本没有任何影响”：那是建立在误解之上的，而且无论如何“马滕森其人的品格过于低下，本来也不会有什么影响”。[22]他没有因为1855年新年的到来而终止自己在《祖国》上发表攻击马滕森“亵渎上帝”的文章，但当年1月底，他停止了战斗。[23]他的攻击引发了极大的愤慨，好几位牧师挺身捍卫他们的新主教（新主教本人倒是没有继续回应），而拉斯姆斯·尼尔森则在《祖国》上发文为克尔凯郭尔辩护。[24]

3月中旬的一天清晨，克尔凯郭尔在家附近的街上遇到了雷吉娜。[25]她特意走到他跟前，在离他足够近的时候，轻声说：“愿上帝保佑你——愿你一切顺利。”他已经14年没有听到雷吉娜的声音了，此刻听到后，他停下脚步，几乎后退了一步，然后向她致意，之后她便匆匆走开了。因而在那一瞬间，一瞥之下，两人漫长的沉默终于被打破了。那天下午雷吉娜和丈夫便起航出发，穿过北海到达南安普顿，然后再横越大西洋。克尔凯郭尔再也没有见过她。他失去了自己在世界上的支柱。

雷吉娜出发后一两天，他把另一篇文章寄给了延斯·乔德瓦德。这篇文章没有紧盯住真理见证人的概念不放，而是“大声公开”宣称了克尔凯郭尔私下里对明斯特主教说过的话：“官方基督 241
教在任何意义上都不是《新约》的基督教。”他解释道，他本希望明斯特承认后者的教义与耶稣及其使徒的教义之间存在这一差异；没有这样的坦承，教会的声明——或许是“无意识或好意的”——就是一个谎言。3 月剩下的日子，克尔凯郭尔“频繁对官方基督教开火”，在不到两周时间里发表了七篇文章。[26]这种重新集中火力发起的攻击由于不再担心它对雷吉娜的信仰会有什么影响，将整个丹麦基督教世界都纳入了射程。他谴责丹麦“身着绫罗绸缎的牧师，他们的数目稳定增加，一旦基督教这一边有利可图，便立即献身服务了！”[27]他的第十篇文章，《一条论纲——就这一条》（A Thesis-Just One Single One）被借喻性地钉在圣母教堂的门上：克尔凯郭尔在文中指出，虽然路德的九十五条论纲已经足够“可怕”，如今“情况要可怕得多，只有这一条论纲。《新约》的基督教根本就不存在”。[28]

虽然克尔凯郭尔在追求真正的宗教生活的道路上已经把亚伯拉罕抛在了脑后，但他自始至终都与雅典的牛虻苏格拉底亲如战友。“我全部的存在在本质上就是最深刻的反讽。”1854 年 12 月，就在他对官方基督教全面开火的前夕，他在日记中写道。苏格拉底表明了为什么说反讽是一种深刻的生活方式：

> 苏格拉底的反讽实质上究竟包含什么内容呢？是某种供演讲的术语和措辞，或是诸如此类的事情吗？不，这些只是细枝末节罢了，它们不构成苏格拉底其人。不，他全部的生活就是反讽。当苏格拉底所有的同时代人，那些玩弄女性的人和商人等，总之各行各业的人全都完全相信他们是人，并且自以为知道作为人意味着什么的时候，苏格拉底本人却忙于（反讽地）探索这样一个深刻的问题：做一个人究竟意味着什么？……苏格拉底怀疑一个人未必生来就成其为人，事情没那么简单：关于人是什么的知识也不是那么容易获得的。[29]

克尔凯郭尔的首次哲学觉醒就是受到了这位乖僻导师的影响，是苏格拉底引导他思考最深层的存在问题，并教会了他如何揭露整个时
242 代的假象。苏格拉底没有在雅典市场上各种喧嚣的教义中添加自己的声音，而是以质疑所有这些声音的方式生活于其中。大学时代，克尔凯郭尔从苏格拉底那里学习追问智慧是否存在于任何讲堂、任何哲学专著、任何逻辑论证中，如今他追问的则是基督教是否存在于欧洲的任何教堂里。他的单一论纲——基督教不复存在——和苏格拉底的挑衅一样是颠覆性的，因为它质疑了他的整个文化的基本假设。此外，他效仿苏格拉底，发现了应该如何在公众当中提出自己的问题。正如苏格拉底在最能代表他所在时代价值观的集市上理

性思考，克尔凯郭尔也在日报上发表了自己对 19 世纪基督教世界的抨击。

1855 年 5 月底，克尔凯郭尔给《祖国》发去了自己的第 21 篇文章，斥责马滕森没有回应他批评官方基督教的文字，要知道这个问题比年初关于明斯特主教的声誉的争论“重要得多”。随着这最后一篇文章见报，克尔凯郭尔开始了新一轮的攻击：这篇之后，他又发表了一连串论辩檄文，合称《瞬间》（*The Moment*）。他再度集中自己的文学和哲学火力，在第一期的开头写了一篇优美的序言，回忆起柏拉图的话，说最适合统治的人，必定最不愿意统治，表示他本不想开战，“在这一瞬间工作”。他解释说，他热爱写作，“好辩的天性”让他总是“与人争论”，但他也希望“满足我灵魂深处的激情，那就是鄙视”。然而如今，他的迫切任务要求他放弃“心爱的距离”，不能再置身世外鄙视世界了。他必须放弃先前的写作活动的闲适，那时他“总有大把的时间等待数小时、数日乃至数周，找到我需要的那个精准的表达方式”。[30]那个夏天，克尔凯郭尔不再疑虑，把全部的精力投入了文学活动，如今投入他的单一论纲，这呼应了他 1840 年代的蓬勃创造力。

整个 6 月、7 月和 8 月，他总共出版了九期《瞬间》，每个小册子都是一个文章合集，意在打破当代基督教的“巨大幻觉”。[31]他指出“一切含有一点真理的宗教都意在彻底改变一个人”，这不仅 243
仅意味着内心的改变，还意味着与世界建立一种全新的关系，断绝与家庭、财产和事业成功有关的一切联系。他指出，使徒保罗没有结婚、没有官方职位，也不通过他的精神努力赚钱谋利。然而，基督教世界的牧师们没有讲授这一艰难狭窄的道路，反而建议“越来越自我中心地凝结家庭的纽带，安排光鲜亮丽的家庭庆祝活动，仿佛那也是‘宗教的’：比方说，受洗礼和坚信礼简直堪与野餐和其他家庭聚会相提并论了，也不乏其特殊的魅力”。[32]牧师们比世上任何人更不愿意效仿弃圣绝智之路：“人活着不能一无所有。这句话我们听得太多，尤其是从牧师那里。牧师们正是施展这一技能的好手：基督教根本不存在——但他们却仍然以此为生。”[33]克尔凯郭尔呼吁读者们不要再进教堂；他自己已经不再去了，倒常常在周日的上午出现在一座名为“雅典娜神殿”的私人图书馆。[34]

这些极有争议的檄文“引发了极大轰动”，激起了人们的激愤、兴趣和大量的流言蜚语。[35]许多学生受到《瞬间》上的激进论调的启发，而老一代则倾向于怀疑和愤怒。“我完全同意您对克尔凯郭尔的行为的判断”，著名诗人卡斯腾·豪克写信给好友贝恩哈尔·塞韦林·英厄曼（Bernhard Severin Ingemann）说，后者抱怨那些针对教会的论辩文章“放肆无礼、厚颜无耻”。“一切敬畏都源自内心，”豪克悲叹道，“如果这世上没有什么值得尊敬，那么天堂也没有什么值得敬畏。年轻一代多么不幸啊，受到这样的教育，在这样的论调中长大。”[36]西伯恩教授如今已年逾七旬，他仍然认为自己这位前学生是善意的，但对克尔凯郭尔如今的哲学中突出的“片面性”表示遗憾。西伯恩认为“他激发起针对他自己如此巨大的义愤，很好地证明了丹麦人民的真理感、正义感和［对明斯特主教的］感激”。[37]

但也有人——不光是充满反叛意识的神学院学生——赞同克尔

凯郭尔的立场，认真对待他的挑衅。他的熟人之一伯克达尔牧师（Pastor Birkedal）就在阅读《瞬间》时感受到“那些有力的文字投下的一个巨大阴影”：“我无法摆脱这些问题，而不得不重新调整我 244
的精神姿态，去面对全新的考验。”[38]格伦特维的追随者、艺术家康斯坦丁·汉森（Constantin Hansen）的妻子玛格达莱妮·汉森（Magdalene Hansen）对一个朋友说：“听到人们说他们要把 S. K. 批评地体无完肤，这么说吧，坚决对他的行为中的真理置若罔闻，以便更清楚地看到他的人性弱点，始终让我感到难过——仿佛问题是，S. K. 是个什么样的人，而不是我到底是不是一个基督徒？”[39]

在他对基督教世界发动全面攻击期间，在哥本哈根的街道上见到克尔凯郭尔的人发现他“言谈举止与素日无异，只不过他的声音更轻，目光更悲伤了”。[40]一个夏日的傍晚，汉斯·布勒克纳外出散步时遇到他，惊讶地发现他讨论《瞬间》时极其“清晰和冷静”。[41]布勒克纳虽然知道不少人“非常赞同”克尔凯郭尔的论调，但也看到“这场残酷的战斗”打扰了这位好友的生活，消耗了他大量的精力——然而克尔凯郭尔仍然表现出“他一贯的泰然自若和轻松愉快”，还有他机智的幽默感。

1855 年 9 月，克尔凯郭尔曾经的好友和老对手 M. A. 哥尔德施米特在他自己的杂志《北与南》上凭借他一贯的洞察力评价了“克尔凯郭尔的辩论”。“直到如今，人们仍然不清楚克氏到底是不是一个品行高尚的人，”哥尔德施米特写道，“他生活在一个与这个世界的熙攘纷扰无关的世界里。他不采取任何行动，既没有任何明显的缺陷，也不受这个世界的任何诱惑，因为他不关心那些，也不为它们而挣扎。相反，他被看成一位高尚的思想家。然而……可以这么说——真的，不带任何嫉妒的成分，或许可算是率直地说（但他本人一直都是率直的典范）——他是个不快乐的思想家。他的许多次爆发都可以证明他所遭受的痛苦，那是他的骄傲不愿承认的。”[42]

那时，克尔凯郭尔正在写他的第十期《瞬间》。他疲惫之至，而且咳得厉害。一天晚上，他在乔德瓦德的家里参加聚会时倒下了；第二天他又摔倒了，挣扎着站起来，却“觉得全身无力”。他
245 开始感觉到双腿麻木和刺痛。但他仍然不停地写，完成下一批小册子以备出版。它包括一篇题为《我的任务》（My Task）的文章。“我唯一与之相似的人就是苏格拉底，”克尔凯郭尔在文中宣称，“我的任务是苏格拉底式的任务，重新审视什么是基督徒的定义——我不自称基督徒（让它始终作为理想），但我可以宣布，其他人更是还不如我。你，古代世界高贵而简朴的灵魂，我满怀崇拜地推举为思想家的唯一一人，我但愿能跟你有半个小时的交谈，远离这些被‘基督教世界’以基督教导师的名头投放在这一领域内的思想家队伍！‘基督教’如今堕入了谬见的深渊，甚至远不及在希腊盛极一时的诡辩派。那些为数众多的牧师和基督教助教都是诡辩派，他们赖以为生的手段是让那些什么都不懂的人相信点什么，然后再举出其人数，作为他们声称何为真理、何为基督教的权威。”[43]

10 月 2 日，他在街上倒下时，已经写完了《瞬间》的这一期，只不过还没有寄给印刷商。一辆马车把他拉回家，他只能勉强脱帽

向女房东致意，“用迷人的眼神看了她一眼”，便继续被送到了腓特烈斯医院（Frederiks Hospital）。[44]他被收入一间可以看得到医院花园的单人病房。他对医生描述了自己的病症，医生勤勉地记在病历上：“患者不能为目前的病症给出任何特定原因。但他也认为与下面这些因素相关：夏天享用的冰苏打水，光线不足的住所，以及他认为与其衰弱的身体不相称的紧张的智力工作。他认为这病症是致命的。他的死，对他运用全部精神力量所从事的事业是必要的，他仅为之工作，他的意图也仅只在此，所以这敏锐的思维与如此单薄的身体相联系。如果他活着，将继续他的宗教斗争，但这会使人们厌倦，相反他的死将保持斗争的力度，以及，如他所认定的，胜利。”[45]

克尔凯郭尔的外甥米凯尔和亨里克·伦都是这家医院的医生，他们每天都来看望他。外甥女亨丽特·伦也常来，感觉到“一种夹杂着痛苦和悲伤的胜利感”[46]，因为他的脸上“绽放着光芒”，“眼睛如星一般闪亮”。[47]他的哥哥彼得·克里斯蒂安来到医院，但克尔凯郭尔拒绝见他。然而克尔凯郭尔知道，彼得·克里斯蒂安早晚会前往他位于成衣铺街的狭小住处，发现他的书桌里锁着一份密封文件是给他的，上面的标记是“请在我死之后开启”——而彼得·克里斯蒂安会打开它，读到： 246

亲爱的哥哥：

我的遗嘱当然是我的前未婚妻雷吉娜·施莱格尔夫人无条件地继承我留下的一切微薄遗产。如果她本人不愿接受，可请求她作主将它们分发给穷人。

我希望表达的是，对我而言，那次订婚无论在当时还是现在都如同婚姻一样具有约束力，因此我的遗产是她应得的，如同我曾与她结婚完全一样。

你的弟弟

S. 克尔凯郭尔[48]

克尔凯郭尔还期待彼得·克里斯蒂安在书桌里发现另一份密封的文件，署期为1851年8月，其中是他的文学遗嘱："那未曾被提到的名字终有一日会被提到——我把自己全部的文学创作献给我的前未婚妻，雷吉娜·施莱格尔夫人"。

埃米尔·伯森听说克尔凯郭尔病倒了，便从自己位于日德兰的家里长途赶往哥本哈根。住院两周后，克尔凯郭尔的下肢已经瘫痪，他觉得死神已经离他很近了；埃米尔看到他"温柔而平静"。"仿佛他就是想让我来，跟我说说话，"埃米尔写信给远在日德兰的妻子路易丝说，"现在的情况真是古怪啊，他就要死了，而我作为后来与他分隔两地的多年知己，几乎是回来做他的告解神父……他谈论的许多东西我都不能说出去。"[49]

克尔凯郭尔对老友谈到了自己的"肉中刺"，这是让他无法建立普通的人际关系的隐秘苦痛。"所以我总结一下，我的任务是不同寻常，我竭尽所能去做了，"他对埃米尔说，"我是治理者的一件玩具，他把我扔出来，我应该有用处……这也是我和雷吉娜之间关

系的障碍。我一度以为，情况可以改变，但是并没有，所以我解除 247
了这个关系。”[50]近年来他曾好几次在日记中提到这一“肉中刺”，但他决定对后代隐瞒它的性质。[51]

哥本哈根，腓特烈斯医院

“我的财务已陷入困境，”克尔凯郭尔继续道，“如今我已一无所有，大概只够支付我的葬礼费用了。我起初有一点儿，大概两万吧，我以为这些钱可以持续很长一段时间，一二十年吧。如今17年过去了，还是坚持了蛮久的。”医生不了解他的病，他说：“这是心灵的病症，而今他们想用一般的医学方式来治疗。这很糟糕。为我祈祷，愿这一切早日结束吧……最重要的，是离上帝越近越好。”

10 月 18 日埃米尔第三次来探望时，克尔凯郭尔已经很虚弱了。他夜里睡得很差，白天也只是打个盹儿。他的头垂吊在胸前，双手颤抖着。埃米尔问他还有没有什么想说的。“没了。还有，替我问候每个人，我非常喜欢他们每个人，告诉他们我一生中受了很多
248 苦，只是不为外人所知，也无法为外人道。一切看起来像是骄傲和虚荣，其实不是。我绝对不比其他人好多少，我说过这一点，从来没有说过别的。”他能平静地祈祷吗？“可以，我可以。所以我首先祈祷我的罪过得到宽恕，一切都能得到宽容；然后我要祈祷我在死时可以摆脱绝望，我常常为这样的说法所打动，那就是死亡必然会让上帝高兴。然后我还要祈祷我十分渴望的东西，那就是，我可以提前一点点知道，死亡会在何时到来。”

连着两周，埃米尔每天都到医院看他。他的床前总有鲜花，那是在医院做护理的作家伊利亚·玛丽·菲比格（Ilia Marie Fibiger）买的。克尔凯郭尔开玩笑说：“夜间，她是医院的总管，白天，她就管我一个人。”他拒绝从牧师那里领圣餐让埃米尔很苦恼，他坚决不肯，哪怕是从一生的好友那里领受也不行，但他可以接受从平信徒那里领受。那很难安排，埃米尔说。“那我死也不领。”几天后他们谈到了他对教会的攻击，两人没法就此达成一致。克尔凯郭尔用他最后的几百个银币出版了《瞬间》；真奇怪，埃米尔和善地说，他那点儿钱刚刚够用。“是的，”他回答道，“我很开心，也很难过，因为我不能跟任何人分享我的喜悦。”

这次探访之后不久，40 年来从他的唇间滔滔不绝的谈话逐渐减少到几句话、几个字，直到最后，他几乎不能说话了。埃米尔回

到了妻子身边。日复一日，随着窗外干燥的树叶一片片落下，克尔凯郭尔的瘫痪日益严重，体力也越发衰弱了。他陷入昏迷，死于11月11日日落之后：那天是圣马丁节，也是一年的最后一个秋日。生命之光从他的眼睛里消失之后，在清冷的月光下，雷吉娜曾经戴过的那枚钻石戒指还在他的手指上闪耀着光芒。

克尔凯郭尔去世之后

249 终其一生，克尔凯郭尔都纠结于存在的问题：如何在这个世界上做一个人？对于他，以及他的大多数同时代人——还有如今我们中的很多人——而言，在这个问题的背后、其上和其下，还盘旋着另一个存在的问题，与它难解难分，但直指另一个方向：人死之后会发生什么？此生是我们通向永恒路上的一个阶段吗？它是否携带着无数过往生命的痕迹，并为灵魂的下一次转世埋下种子？还是生命会随着死亡而彻底终结，再无续曲？

黑格尔关于宗教哲学的讲座在他去世后于 1832 年出版，引发了关于基督教不朽原则的激烈争论。[1] 路德维希・费尔巴哈（Ludwig Feuerbach）在他学术生涯的最后指出，人死之后只会以集体历史记忆的方式继续存在，而弗里德里克・里希特（Friedrich Richter）认为，我们的永恒生命包括我们的后代和我们的作品。在丹麦，这一神学争议受到了禁止任何出版物否认灵魂不朽的审查法律的限制，违反者将被流放。然而在 1837 年，克尔凯郭尔的哲学老师波尔・马丁・默勒发表了一篇长文，题为《关于不朽证据的可能性的思考》（Thoughts on the Possibility of Proofs of Immortality），提出黑格尔哲学在这个问题上过于抽象。1841 年 J. L. 海贝尔写了一篇预言性的诗歌《死后的灵魂》（The Soul after Death），马滕森为它写了一篇评论，发表在《祖国》上。

克尔凯郭尔当然关注着这些辩论，但他直到 1844 年《忧惧的概念》出版之后才参与其中，他在这本书中声称，最近这些试图证明个人不朽的“形而上学和逻辑的努力”都是自欺欺人：“奇怪的是，在人们做出这些努力的同时，确定性却在减少。”[2] 他在《最后 250
的、非科学性的附言》中分析基督教信仰时，宣称“不朽是主体激情最为充沛的关切”，并主张一个人在多大程度上坚信自己永恒的命运就在于这份激情，而无须任何逻辑证明。在发表这些看法时，克尔凯郭尔将近 33 岁，他觉得自己就快要死了——有很多年，他都觉得自己会在 34 岁生日到来之前死去。

1847 年，他惊讶自己居然还活着，又在出版于 1848 年春天的《基督教讲演集》中的一篇里重提了不朽的问题。他声称，他做那篇题为《死去的人必将复活，无论正直的——还是不正直的》(There Will Be the Resurrection of the Dead, of the Righteous-and of the Unrighteous) 的布道的本意，就是要“破坏安全感”和“打破内心的平静”。不朽的每一个证据都把灵魂的命运看成一个普遍的问题，但克尔凯郭尔却认为，这个问题永远只关乎那个单个的人：“在**我**看来，它与**我**最为相关，正如对**你**而言它与**你**最为相关。”他接着说，没有人对自己获得救赎的把握大到了能够去猜测另一个人的末世景象：“哦上帝，请求你永远别让我万般确信；让我把这份不确定保留到最后，那样一来，如果我得到了永恒的福分，我就能百分之百地确信，那就是我得到的恩典!”

在 1849 年关于百合与飞鸟的《基督教讲演》中，他采纳了一种更神秘的万有在神论的论调，指出基督教的永恒原则是指在此生和来生都要“安住在上帝那里”。“如果你住在上帝里，那么无论你活着还是死去，无论你活着时万事顺利还是诸事不顺；无论你今天死去还是70年后死去；无论你死于万米之深的海底还是在空中爆炸：你还是不会身处上帝之外，你**安住**着——因此在上帝那里，你永远都是你自己。”

和其他许多问题一样，克尔凯郭尔超脱出同侪们关于永恒的学术辩论，表明整个讨论都是被误导的。然而，他关于来生的公开声明并非完全是为了辩论。他可靠的仆人安诺斯·韦斯特加德（Anders Westergaard）有一次请他这个有学问的人承诺灵魂不朽——安诺斯说这会让自己感到极大的安慰。[3] 不，克尔凯郭尔答
251 道：我们对这个问题都一样无知。每个人必须在两种可能性中做出选择，他的信念必将跟着他的选择走。

克尔凯郭尔选择了永恒的生命，以及这一信念带给他的深刻的忧惧和内心的安宁。无论他的灵魂的命运如何，在我们这个世界，他去世后仍然延续着非同寻常的持久生命力。2017年4月，我在哥本哈根大学的索伦·克尔凯郭尔研究中心写下了这最后一章，这一年，该研究中心从市中心搬到了中世纪堡垒南边的阿迈厄布罗（Amagerbro）巨大的新校区。该中心仍有一部分没有彻底完工，新铺的草坪还露出草皮接缝的痕迹。我到达该校区的那天，怎么也找不到那座楼，那是好几座又大又深、光线充足的玻璃奶油色混凝土建筑之一，而且当我走进楼内，我又找不到克尔凯郭尔研究中心了。我拦住一名路过的法学生问路，结果她也不清楚，但她随后叫道：“哦，那不就是他吗？”手指着中心门外的巨型克尔凯郭尔半身

雕塑。她认出了他，就像在 19 世纪哥本哈根街上看见他的老熟人。

研究中心里有为大学雇用的十几位克尔凯郭尔学者安置的办公 252
室，还有为研究生提供的桌椅。意大利教授埃托雷·罗卡（Ettore Rocca）好心地让我在他离开期间使用他的办公室：整整一面墙上陈列着好几种语言的关于克尔凯郭尔的著作，光是克尔凯郭尔的丹麦语著述就摆满了九层书架。通往一个图书室的几间办公室里堆放着他的书的各种译文：我循着书名一一看过去，看到了俄语版的《重复》、冰岛语版的《畏惧与颤栗》、斯洛文尼亚语版的《非此即彼》、葡萄牙语版的《哲学片段》、韩语版的《忧惧的概念》、日语版的《论阿德勒》、波兰语版的《论反讽概念》、立陶宛语版的《致死的疾病》、土耳其语的《诱惑者日记》、匈牙利语的《出自一个仍然活着的人的文稿》和中文版的《爱的作为》。

在这里，我可以参考北欧、西欧、南欧、东欧和中欧、近东、亚洲、澳大利亚和南北美洲受欢迎的克尔凯郭尔的整套学术著作。关于他的著作的每一个想得到的方面一定都有成千上万的专著、章节和文章——他的哲学、他的神学、他的政治学，他关于莎士比亚、标点符号和虔信派赞美诗的观点，他对法国存在主义、意大利天主教和 20 世纪拉丁美洲解放神学运动的影响，等等等等。这里还有关于 J. P. 明斯特、H. L. 马滕森、J. L. 海贝尔和 F. C. 西伯恩等人的著作，他们都曾是哥本哈根赫赫有名的大人物，如今仍被记得，则主要是与他们试图疏远的那位诗意的牛虻有关。我可以阅读一个克尔凯郭尔图书馆的英文书目，其中有逾 2000 本书，是在他去世后几个月拍卖出售的。

索伦·克尔凯郭尔研究中心门外

回到市中心，多数参观哥本哈根博物馆的游人都想看看永久的索伦·A. 克尔凯郭尔藏品，包括他高高的写字台、新广场 2 号的钥匙、他的一绺头发、他的烟斗、他的近视眼镜、一些咖啡杯、一个银质笔架，还有他送给了雷吉娜、后来又戴在自己手指上的那枚订婚戒指。[4] 他的手稿、日记和其他文学遗产都保存在丹麦皇家图书馆（Royal Danish Library），不过当 1856 年他的亲戚们提出把带有他手写注释的四本书捐给该图书馆时，馆长“因担心太多人会想要一睹它们的模样”而拒绝了。[5]

克尔凯郭尔位于成衣铺街的房间内有一张写字台和两个巨大的 253
抽屉柜，里面装满了他的文稿，最后它们都被搬到了他哥哥的房子里。1859 年，当时已就任奥尔堡（Aalborg）主教的彼得·克里斯蒂安·克尔凯郭尔安排出版了《就我的作家生涯所写的观点》。彼得·克里斯蒂安不清楚该如何处理其他文稿，后来的很多年，它们就堆放在这位外省主教的住所。最终，他指定前报社编辑 H. P. 巴福德（H. P. Barfod）“检查和记录索伦的文稿”。[6] 巴福德不久就读到了一篇克尔凯郭尔 1846 年所写的关于父亲的日记：“这个男人的可怕的故事，他少年时在日德兰的荒野里放羊，又饿又冷，曾站在山顶上诅咒上帝，一直活到 82 岁，这个男人都无法忘记这些事。”他把它拿给彼得·克里斯蒂安看，彼得哭了，说：“那是我父亲的故事，也是**我们的**故事。”

《索伦·克尔凯郭尔遗稿》第一卷于 1869 年出版，甫一问世就遭到猛烈的批评，以至于浸淫其中多年、早已住进克尔凯郭尔的意识中的巴福德为第二卷写了一篇序言，为他将“这位思想家，这位忧郁的、日日生活在痛苦中的隐士的灵魂中那个巨大而隐秘的创作室”打开给世人看的努力辩护。[7] 彼时，距克尔凯郭尔去世已有 20 年，但与他的著述有关的争议仍在继续，不过丹麦皇家图书馆还是在 1875 年同意接收他的手稿和日记。自 1918 年起，在该图书馆的花园里，一尊克尔凯郭尔雕像以一种很有丹麦特色的方式斜靠在一把椅子上。

如今的丹麦皇家图书馆门外就是索伦·克尔凯郭尔广场（Søren Kierkegaard Plads），沿着基督徒码头（Christians Brygge）再往前走就到了联交所（Børsgade），那条宽阔的街道就是雷吉娜少女时代的家。我在图书馆阅览室的那些日子，心跳加速地翻阅了克尔凯郭尔写给雷吉娜的好几盒信件，以及内含《重复》、《畏惧与颤栗》、《致死的疾病》和《修习于基督教》的数箱笔记本，中午就在图书馆那座现代化的玻璃侧翼内的咖啡厅里用餐，咖啡厅取名自克尔凯郭尔最后的论辩檄文“瞬间”，或者翻译成更有文学气息的名称——“一瞥之下”（*The Glance of an Eye*）。我坐在“瞬间咖啡厅”巨大的玻璃窗前眺望着河水，看着行人、自行车骑手和独木舟划手匆匆而过。咖啡厅隔壁是一家精致的极简主义餐厅“索伦·K”。

254 昨天是星期天，我穿过诺雷布罗街区（Nørrebro）步行到埋葬克尔凯郭尔的阿西斯滕斯公墓（Assistens Cemetery）。他的墓地位于该墓区最古老的那部分，旁边是他父母的、姐姐马伦的、童年夭折的哥哥索伦·米凯尔的墓地，不过这片家庭墓园里最显眼的，是米凯尔·彼泽森·克尔凯郭尔第一任妻子柯斯汀的墓碑。1840 年代，克尔凯郭尔写过修缮该墓园的说明，并要求增加一块刻有自己名字的墓碑——如今就竖在他的墓地上方。按照他的要求，在“索

丹麦皇家图书馆花园里的克尔凯郭尔塑像

伦·奥比”的下面镌刻着布罗尔松[①]所写的一首18世纪赞美诗，他曾在摩拉维亚集会厅里与父亲一起唱过此人的赞美诗：

255 再等一小会儿
我就要迎来胜利；
那时整个战斗
会在顷刻间结束。
然后我会在
这玫瑰园里安息
永远地
永远地
与我的耶稣轻语。[8]

克尔凯郭尔还吩咐“将整个墓园修理平整，种植一种极好的低矮草种，但墓园的四个角需要各自有一片平地，那里要种植一种名为土耳其玫瑰（我觉得好像是叫此名），开非常小的、暗红色的花的小灌木”。[9] 墓地虽然安静，但不是个孤单的所在：我在那里的那一个小时，大概有12位游人徜徉在4月的阳光下，停下来阅读克尔凯郭尔选择的与世界作别的文字。小小的墓园里盛开着黄水仙，还有悄然绽放在四个角落里的暗红色花朵。

---

① 汉斯·阿道夫·布罗尔松（Hans Adolph Brorson，1694—1764），丹麦虔信派神职人员、赞美诗作者、德语赞美诗译者，曾任里伯教区的主教。

墓畔，2017 年 4 月：左侧为克尔凯郭尔的墓碑

在 1855 年冬季第一周举行的克尔凯郭尔的葬礼可没有这么宁静。讽刺的是，以印刷文字的方式实现了克尔凯郭尔关于自己死亡的重大意义之希望的，是他的老对手 M. A. 哥尔德施米特。克尔凯郭尔去世几天后，哥尔德施米特在自己的杂志《北与南》上写道："他针对神职人员和官方教会展开的行动之最危险的部分在于它眼下才刚刚开始，因为他的命运不可否认有殉道的性质：他发自内心的激情加速了他的病程，造成了他的死亡。"[10]与此同时，克尔凯郭尔最重要的亲人彼得·克里斯蒂安·克尔凯郭尔、他的姐夫约翰·克里斯蒂安·伦，以及他的外甥卡尔·费迪南·伦和亨里克·费迪南·伦，决定在圣母教堂举行葬礼。 256

"过道上挤满了人"，汉斯·克里斯蒂安·安徒生向芭蕾舞者奥古斯特·布农维尔（August Bournonville）报道说；虽然与死者无关的女人不该参加葬礼，但"不时有头戴红色和蓝色帽子的女士进出"。[11]马滕森主教没有出席，但他密切关注着葬礼的进行。"今天，在圣母教堂的一个盛大仪式之后，克尔凯郭尔下葬了；有很长一列送葬队伍（大场面，真是讽刺啊!）"，他在 1855 年 11 月 18 日写给好友古德牧师（Pastor Gude）的信中说。"很少能看到像这家人这样**不得体**的行为，从这个国家**最重要的教堂**，在**周日**的两个宗教仪式之间将他下葬……报纸不久就会刊登出大量葬礼的报道。我想送葬队伍主要是年轻人和大量名不见经传的小人物吧。没有名人要人出席，除非有人愿意把 R. 尼尔森包括在那个类别里。"主教以嘲弄的口吻如此说道。[12]

那天在圣母教堂出席葬礼的名不见经传的小人物之一，就有神学学生弗朗茨·索德曼（Frantz Sodemann），他迫不及待地写信给未婚妻的父亲，报告他刚刚亲眼看到的“丑闻”：

> 出席的人群庞大。教堂里人满为患，以至于我只能在后排的一根柱子那里找到一个站位，从那里可以看到棺木。有传闻说神职人员拒绝讲话，有人说那是受到了马滕森主教的指使……除了特赖德执事长和［彼得·克里斯蒂安·］克尔凯郭
> 尔博士之外，没有身穿礼服的神职人员在场。克尔凯郭尔博士 257
> 致悼词……他首先解释了家庭的关系，他们那位曾在日德兰荒野放羊的父亲如何给了孩子们最深切的爱；后来，除了他们兄弟俩外，其他兄弟姐妹都辞世了……然后他说这不是讨论索伦的行为的时间和场合；我们既不敢，也不能接受索伦生前说过的很多话……；［索伦］本人并没有意识到他有多过分，以及他的确太过分了……然后他的遗体就被运走了。[13]

这封信的作者后悔没有跟随人群前往墓地，到了那里“一切才真正达到高潮”。人们掬起几抔土撒向那小小的棺木之后，克尔凯郭尔的外甥亨里克·西格瓦德·伦挺身而出，反对整个葬礼过程。这个外甥在腓特烈斯医院工作，在舅舅生命的最后一段时间一直和他在一起。执事长特赖德试图阻止他，因为只有接受任命的神职人员才能在墓畔讲话，但围观的众人高喊着“说得好！说得好！”并鼓励亨里克说下去，这个年轻人于是继续自己的演说：“他，我死去的朋友，与他的作品同生共死，但你们竟然对此只字不提！”

亨里克朗读了《启示录》中的段落，并引用了一期《瞬间》的文字。他向周围的送葬者问道："今天，我们都是这一切的见证人，也就是说，这个可怜的人无论生死，都曾用他的思想、文字和行为激烈地抗议，却仍然被'官方教会'当作挚爱的一员葬在这里，这与他的文字一致吗？"他挥舞着手中的《圣经》和舅舅的小册子，宣称克尔凯郭尔遭到了教会的"侵犯"，那个教会就像"大巴比伦，地上的君王都曾与她行淫"。

四天后，延斯·芬森·乔德瓦德在《祖国》上刊登了亨里克·伦的墓边讲演。[14]汉斯·克里斯蒂安·安徒生在另一封信中写道："我觉得整个事件扭曲了索伦·K 的形象；我完全搞不懂！"[15]马滕森主教亲自安排对伦提起公诉，这个年轻人不得不公开道歉并支付了 100 银币的罚款。[16]那么，可怜的马滕森呢：直到如今，他那
258 个铸铜的巨大头像还和明斯特一起伫立在圣母教堂边上，神色紧张，仿佛随时会看到克尔凯郭尔挥舞着手杖出现在他的面前。

仿佛克尔凯郭尔锲而不舍的攻击和他麻烦重重的葬礼还不够惩罚马滕森的罪过。2013 年 5 月 5 日，星期日，圣母教堂又为克尔凯郭尔举办了另一个仪式：纪念他诞辰 200 周年。身穿天鹅绒礼服的哥本哈根主教在教堂内干净光洁的布道坛上对一群会众布道，会众中包括女王玛格丽特二世和好几位内阁部长。来自世界各地的克尔凯郭尔学者出席了该仪式，至少他们不可能看不到这一举国盛事的讽刺意味。这些最显赫的政要人物从圣母教堂移步哥本哈根大学的纪念堂，一套 55 卷本评述版《克尔凯郭尔全集》完整地陈列在那里，那是在尼尔

圣母教堂外的马滕森主教雕像

斯·扬·凯普伦（Niels Jørgen Cappelørn）颇有远见的指导下，经过
259 数年努力终于完成的。凯普伦这位路德宗牧师和神学家于 1994 年建立了索伦·克尔凯郭尔研究中心，倾注了毕生精力使克尔凯郭尔的日记和笔记与出版作品一起被世人阅读：在这套新版图书的72628个注释中，有 41512 个注释都是他写的。在这套蓝色精装的有永久价值的作品被正式赠送给大学的仪式过后，诞辰纪念活动一直持续到傍晚，其间还举行了《逍遥深渊》（*Promenade Abyss*）的首演，这部单幕歌剧的歌词创作灵感就来自《致死的疾病》。[17]

《索伦·克尔凯郭尔全集：文本与评注》，2013 年

克尔凯郭尔的诞辰纪念活动也在世界各地的其他城市举行；在伦敦，纪念活动提前一周在摄政公园近旁的丹麦路德宗教会圣凯瑟

琳教堂举行。《新约》中克尔凯郭尔最喜欢的《雅各书》中的那个段落被作为周日晨间礼拜的文本，那天的布道回顾了他的一生和作品。那是个美好的礼拜式：我非常喜欢无装饰的白教堂的典雅庄重，并为牧师邀请每个人领圣餐的坦率真诚所打动。午餐提供的是黑面包、鲱鱼和丹麦乳酪，下午则是三位学者的讲座：来自哥本哈根的克尔凯郭尔传记作者尤金姆·加尔夫、当时是牛津大学教授的乔治·帕蒂森（George Pattison），还有我。我谈到了耶稣的母亲马利亚，克尔凯郭尔的整个写作生涯都那般敬佩她的信仰和勇气，但 260
我一开始还是先回忆了那位诞下了丹麦最伟大的哲学家的中年农妇——安妮·克尔凯郭尔。

尤金姆·加尔夫谈到了为克尔凯郭尔作传的特殊任务，他那本内容丰富而复杂的《克尔凯郭尔传》几乎与《非此即彼》一样长。[18]写作对他而言固然是一种疗愈，加尔夫说，但“克尔凯郭尔的日记中不仅透露了许多，也隐瞒了不少”，他在写作和编辑自己的稿件时，“就仿佛未来的读者站在他的身后窥视”，他也始终在“为他自己死后重生规划着”。那些日记一次再次地提到雷吉娜、提到明斯特和“我本人”，但它们跳跃式地涉及极其广泛的主题，从渔妇到道成肉身，“就连传记的高潮点都很难径直达到”。比方说，克尔凯郭尔只是在他们订婚期间以片段的方式描写了雷吉娜，读者“必须一直看到 1849 年 8 月，才能在一篇标注为‘一些诗意的东西’的日记中看到他向后代展示了自己‘与她的关系’”。加尔夫说明了他如何试图从“车载斗量的素材中”“耐着性子地推进叙事元素”，同时又自始至终留有余地，不轻易为克尔凯郭尔这个人物下定论。

乔治·帕蒂森的讲话探讨了克尔凯郭尔对戏剧的热爱，他因这次活动专门为《重复》撰写了一部舞台剧本，那天晚上，一小群牛津大学的学生在教堂里上演了这部舞台剧。该剧以一种我从未曾想象过的方式生动再现了克尔凯郭尔的人生。看着他的第二自我康斯坦丁·康斯坦提乌斯走在舞台上，我惊叹着这是怎样跨越时空的回响：两个世纪以前，一个低矮的、驼背的、双眼灼灼发光的人穿着古怪的长裤，在坎登教会里追问着同样的问题，他从哥本哈根到柏林，再跨越波罗的海回到故乡，在北街、新广场、罗森堡街、奥斯特布罗街和成衣铺街的一连串公寓里，在他那个城市的剧院、教堂、报纸上、在无数书籍的纸页中，在他灵魂的广阔疆域里，寻寻觅觅。那一刻，我泪流满面。

如果没有乔治·帕蒂森，我那天不会出现在那所丹麦教堂里，也不会写关于克尔凯郭尔的博士论文，更不会想到写这么一本书。我第一次见到乔治已经是二十多年前的事了，我大学一年级时，他
261 教我们形而上学。作为学者，也是圣公会牧师，他当时是剑桥大学国王学院的教堂院长，也是神学院的一位讲师。他身兼多职，愉悦而不乏深度、认真又不无反讽，如今想来，是典型的克尔凯郭尔的风格。一位克尔凯郭尔学者在大学和教会里担任职务，看起来不无矛盾：这种情况自然会产生一个存在问题，而乔治似乎找到了一种方式，可以很好地应对那个问题。我完成哲学学位后，他同意做我的博士生导师。我不是个特别勤奋的研究生，但乔治却始终宽厚而耐心。他建议我参加会议，我却很害怕；他又安排我去上丹麦语

课，我根本没放在心上；他让我考虑一下出版论文，但我更倾向于一把火烧了它——到时候我会邀请一众好友围着那把火跳舞。在剑桥读博士算是我阻力最小的道路了：它是我延迟考虑该如何对待自己的生命的一种方式。比起学术事业，我更喜欢旅行和恋爱。我不打算成为一个克尔凯郭尔学者，对此毫无兴趣，也不打算当一个哲学讲师或任何别的什么学者。

但我最终还是沿着那条道路走了下来，克尔凯郭尔一直是我最感兴趣的课题。这是因为他提到和证明了人内心深处对上帝的深切需求——对爱、对智慧、对宁静的需求，他做这一切时，带着少有的充满激情的急切。他不屈不挠地力图完成“成为一个基督徒的任务”，却从不认为这是一个宗教认同或宗教归属的问题。或许他对制度化的宗教根本不屑一顾，但他在别处的追寻却吸引着那些觉得传统基督教毫无想象力的人，就如那位忐忑不安地写信感谢他在城防教堂布道的女士。他通过自己不过十年多一点的写作活动，从自己的内心深处传递了无限的思绪和情感，他的文字闪烁着天才的火花，带着超乎常人的敏锐和微妙，几乎没有教条主义和说教的痕迹。

很难说2013年在丹麦教堂里观看《重复》时，到底是什么让我潸然泪下，但一定与我用非正统的视角匆匆回顾了一下自己的整个生命、在那里看到了意义有关。多年来，我常常会怀疑学术工作的价值，怀疑我误打误撞的哲学研究到底是不是我应该做的，怀疑 262
我到底有多少底气可以给学生传道解惑。和其他所有关注克尔凯郭尔的人一起坐在那座白色教堂里度过庆祝他诞辰的那一天，我忽然对把我引到那里的一切有了新的信心。最近几周，随着这本书进入尾声，我经历了同样的感动，但它与我自己的生活没有那么大的关系。跟随克尔凯郭尔度过他生命的最后几个月，一直到他住在腓特烈斯医院的最后的日子，我从一个人的生命全貌的视角，感受到了这个生命的神秘力量。它难以捉摸又亲密家常、瘦小轻盈又沉重如山、脆弱易逝又石破天惊。

祈　祷*

在天之父！什么是“做人”，以及，相关于上帝，什么是对“做人”的要求——这其实也是一个人在与他人为伴时，尤其在人堆之中，特别难以得知的，并且，若他从别处得知，那么，这也是他在与他人为伴时，尤其在人堆之中，特别容易忘记的。愿我们可以去学“做人”，或者说，如果我们忘记了，愿我们可以重新去向飞鸟和百合学习“做人”；愿我们可以学习“做人”，即使无法一下子学全，也还是可以从它们那里学到某一些，并且一小点一小点地学；这一次，愿我们可以向飞鸟和百合学习沉默、恭顺和快乐！

* 译文引自〔丹〕索伦·克尔凯郭尔《陶冶性的讲演集》，京不特译，北京：中国社会科学出版社，2020 年。

注 释

※ 前 言

1. S.Kierkegaard, *Concluding Unscientific Postscript to the Philosophical Crumbs*, ed. and trans. Alastair Hannay (Cambridge University Press, 2009), p.222.

2. *Kierkegaard's Journals and Notebooks, Volume 6: Journals NB11–NB14,* ed. and trans. Niels Jørgen Cappelørn, Alastair Hannay, David Kangas, Bruce H. Kirmmse, George Pattison, Joel D. S. Rasmussen, Vanessa Rumble and K. Brian Söderquist (Princeton University Press, 2013), p.550.

3. *Encounters with Kierkegaard*, ed. Bruce Kirmmse, trans. Bruce Kirmmse and Virginia Laursen (Princeton University Press, 1998), p.59.

4. *Concluding Unscientific Postscript*, p.372.

5. Ibid., p.413.

6. Ibid., pp.156–7.

7. See Niels Jørgen Cappelørn's 'Postscript' to Søren Kierkegaard, *The Lily of the Field and the Bird of the Air: Three Godly Discourses*, trans. Bruce Kirmmse and illustrated by Maja Lisa Engelhardt (New York: Elizabeth Harris Gallery, 2013), pp.69–72. See also S. Kierkegaard, *The Book on Adler*, ed. trans. Howard V. Hong and Edna H. Hong (Princeton University Press, 1998), p.280.

第一部分 1843年5月：返程

1. S.Kierkegaard, *Fear and Trembling*, ed. C.Stephen Evans and Sylvia Walsh, trans. Sylvia Walsh (Cambridge University Press, 2006), p.34.

※ 第一章 直面存在问题

1. S.Kierkegaard, *Letters and Documents* ed. and trans. Henrik Rosenmeier (Princeton University Press, 2009), p.152 – letter from S. Kierkegaard to A. F. Krieger, May 1843.

2. 第一条普鲁士的铁路于 1838 年开始运行，是从柏林开往波茨坦的。克尔凯郭尔 1843 年旅行所走的柏林—斯特廷铁路线是 1840 年代初开始运行的；第一条丹麦的铁路开通于 1844 年。1850 年克尔凯郭尔在日记中写道："铁路热完全就是一个消除巴别塔的尝试。它也同一个文化时代的终结有关，是它的最后一跃。遗憾的是，几乎同时，新事物就出现了：1848 年。铁路与强化中央集权的理念有关。" *Kierkegaard's Journals and Notebooks, Volume 7: Journals NB15–NB20*, ed. and trans. Niels Jørgen Cappelørn, Alastair Hannay, Bruce H. Kirmmse, David D. Possen, Joel D. S. Rasmussen, Vanessa Rumble and K. Brian Söderquist (Princeton University Press, 2014), p.112.

3. 关于克尔凯郭尔乘坐火车、公共马车和轮船回程的细节，见 *Kierkegaard's Journals and Notebooks, Volume 2: Journals EE–KK*, ed. and trans. Niels Jørgen Cappelørn, Alastair Hannay, David Kangas, Bruce H. Kirmmse, George Pattison, Vanessa Rumble and K. Brian Söderquist (Princeton University Press, 2008), p.491。

4. Ibid., pp.154–5: JJ 87 (1843).

5. S.Kierkegaard, *Letters and Documents*, ed. and trans. Henrik Rosenmeier (Princeton University Press, 2009), p.154 – letter to Emil Boesen, 25 May 1843.

6. *Kierkegaard's Journals and Notebooks* 2, pp.158–9: JJ 99 (1843).

7. Ibid., p.164: JJ 115 (17 May 1843).

8. See Niels Thulstrup, *The Copenhagen of Kierkegaard*, ed. Marie Mikulová Thulstrup, trans. Ruth Mach-Zagal (Reitzel, 1986), pp.24–6. 克尔凯郭尔最喜欢的哲学老师波尔・默勒（Poul Møller）写过一篇关于城堡的诗，开头写道：

> 春天的树篱苍翠欲滴，
> 肩上的斗篷终于扔下，
> 姑娘们在城堡上沐浴着阳光。
> 空气如此清新，
> 谁又听得到她们渴望的叹息，
> 唯有她们美丽的裙衣。

9. 克尔凯郭尔对苏格拉底对"做一个人意味着什么的问题"不能忘怀的最为清晰的阐释，见 *Kierkegaard's Journals and Notebooks, Volume 10: Journals NB31–NB36,* ed. and trans. Niels Jørgen Cappelørn, Alastair Hannay, Bruce H. Kirmmse, David D. Possen, Joel D. S. Rasmussen and Vanessa Rumble (Princeton University Press, 2018), p.371: NB35 2 (December 1854)。

10. 我关于柏拉图的洞穴的解读受到 Jonathan Lear 的影响，见'Allegory and Myth in Plato's *Republic*' and 'The Psychic Efficacy of Plato's Cave', in Jonathan Lear, *Wisdom Won from Illness: Essays in Philosophy and Psychoanalysis* (Harvard University Press, 2017), pp.206–43。

11. Plato, *Apology 2*, 29d–31a.

12. 正如克尔凯郭尔在博士论文中所写的，“贯穿所有反讽的规定，即现象不是本质，而是和本质相反”：换句话说，表面的意义是真实意义的反面。见 S.Kierkegaard, *The Book on Adler*, trans. Howard V. Hong and Edna H. Hong (Princeton University Press, 1992), p.247。

13. Friedrich von Schlegel, *Schlegel's Lucinde and the Fragments*, trans. Peter Firchow (University of Minnesota Press, 1971), p.148. 克尔凯郭尔对浪漫主义反讽的回应，见 Joel Rasmussen, *Between Irony and Witness: Kierkegaard's Poetics of Faith, Hope and Love* (T&T Clark, 2005)。

14. *The Concept of Irony with Continual Reference to Socrates (1841)*, p.326.

15. Cited by Roland Bainton in *Here I Stand: A Life of Martin Luther* (Abingdon-Cokesbury Press, 1951), p.331, and by S.Kierkegaard, *For Self-Examination / Judge For Yourself!*, ed. and trans. Howard V. Hong and Edna H. Hong (Princeton University Press, 1991), pp.17–18. 在他关于《罗马书》的演讲（1515—1516）中，路德强调信仰是一个始终内向的活动。例如，讲到《罗马书》的 12:2 一节时，路德注意到保罗“在对那些开始成为基督徒的人说话，他们的人生不是一劳永逸［in quiescere］，而是动态的［in moveri］，要从好变得更好”；一个人精神成长的不同阶段“始终处于动态”；基督徒必须总是“一刻不停地”祈祷，因而祈祷是“持续而强烈的精神动作”，就像“一条逆水而行的船”。讲到《罗马书》第 4:7 节时，他指出当“人们自信他们已经得称为义，他们就会因自己的安全感而走向毁灭”。

※ 第二章 “我的雷吉娜！”

1. *Kierkegaard's Journals and Notebooks, Volume 2: Journals EE–KK*, ed. and trans. Niels Jørgen Cappelørn, Alastair Hannay, David Kangas, Bruce

H. Kirmmse, George Pattison, Vanessa Rumble and K. Brian Söderquist (Princeton University Press, 2008), p.179: JJ 167 (1843). 在他 1838 年所写的关于汉斯·克里斯蒂安·安徒生的论文中，克尔凯郭尔引用了德国神学家 Carl Daub 的话，克尔凯郭尔提到，后者说“生活应该通过理念向后理解”，见 *From the Papers of One Still Living*, in S. Kierkegaard, *Early Polemical Writings*, ed. and trans. Julia Watkin (Princeton University Press, 2009), pp. 78, 255。

2. *Kierkegaard's Journals and Notebooks, Volume 1: Journals AA–DD*, ed. and trans. Niels Jørgen Cappelørn, Alastair Hannay, David Kangas, Bruce H. Kirmmse, George Pattison, Vanessa Rumble and K. Brian Söderquist (Princeton University Press, 2007), p.47: AA, 54 (1837). “R 家” 可能是指雷吉娜，也可能是指若尔丹；如果是后者，则可能表明这时克尔凯郭尔最感兴趣的还是鲍莱特·若尔丹——或者表明他那时候去若尔丹家已经是抱着在那里见到雷吉娜的希望了。在这本日记的另一篇中，克尔凯郭尔提到他“出门去若尔丹家与鲍莱特聊天”，见 p.47: AA 53。1849 年，他承认他感觉对鲍莱特有一定的“责任”：他们给彼此留下了“好感”，但这种相互吸引“完全是纯真的”也是“纯粹精神上的”，见 *Kierkegaard's Journals and Notebooks, Volume 3: Notebooks 1–15*, ed. and trans. Niels Jørgen Cappelørn, Alastair Hannay, David Kangas, Bruce H. Kirmmse, George Pattison, Vanessa Rumble and K. Brian Söderquist (Princeton University Press, 2010), p.431: Notebook 15, 4 (August to November 1849)。

3. *Kierkegaard's Journals and Notebooks, Volume 1: Journals AA–DD*, p. 47: AA54 (1837).

4. See Plato, *Meno*.

5. *Søren Kierkegaard's Journals and Papers*, eds. Howard V. Hong and

Edna H. Hong (Bloomington: Indiana University Press, 1970), p.528: Pap. III A 5 (July 10, 1840).

6. 关于克尔凯郭尔对唐璜的兴趣以及他在作品中关于唐璜的讨论，见 Jacobo Zabalo, 'Don Juan (Don Giovanni): Seduction and its Absolute Medium in Music' , in Katalin Nun and Jon Stewart (eds.), *Kierkegaard's Literary Figures and Motifs, Tome I: Agamemnon to Guadalquivir* (Ashgate, 2014), pp.141–57。

7. *Søren Kierkegaard's Journals and Papers*, pp.213–14: Pap. III A 1 (July 4 1840).

8. 克尔凯郭尔在日记中记录了这次旅行，见 *Kierkegaard's Journals and Notebooks, Volume 3: Notebooks 1–15*, pp.187–98; pp.567–73。一篇关于这次日德兰半岛之行的日记上画着一个小十字架，日记内容是这样的："哦，上帝啊，我们向你寻求心灵的**安宁**……但也请赐予我们有福的确据，让我们知道谁也拿不走这份安宁，**我们自己拿不走**，我们那可怜的世俗的愿望也拿不走；我狂野的欲望拿不走，我内心躁动的渴盼也拿不走！" 见 p.189: NB6, 6 (July to August 1840)。

9. See ibid., pp. 431–2: NB15, 4 (August to November, 1849). 在这篇日记的空白页上，克尔凯郭尔写道："她第一次提到施莱格尔可能是在 10 日，因为 8 日那天她一言未发。"

10. *Encounters with Kierkegaard*, ed. Bruce Kirmmse, trans. Bruce Kirmmse and Virginia Laursen (Princeton University Press, 1998), p.36. 这句话语出雷吉娜·施莱格尔关于她与克尔凯郭尔关系的叙述，她于 1896 年丈夫去世后不久对 Hanne Mourier 讲述了这些事，后来收录于 Hjalmar Helweg, *Søren Kierkegaard: En psykiatrisk-psykologisk Studie* (H. Hagerups Forlag, 1933), pp.385–92。

11. *Encounters with Kierkegaard*, p.40.

12. Ibid., p. 29 – from a letter from Emil Boesen to H. P. Barfod, May 22 1868.

13. See S. Kierkegaard, *Letters and Documents*, ed. and trans. Henrik Rosenmeier (Princeton University Press, 2009), p.64. 克尔凯郭尔有一本出版于 1838 年关于各种花的“花语”和象征意义的德文书 *Die neueste Blumensprache;* see Niels Jørgen Cappelørn, Gert Posselt and Bent Rohde, *Tekstspejle: Om Søren Kierkegaard som bogtilrettelægger, boggiver og bogsamler* (Rosendahls Forlag, 2002), p.155。

14. *Letters and Documents*, p. 74 – letter to Regine Olsen, 30 December 1840.

15. *See Kierkegaard's Journals and Notebooks, Volume 2: Journals EE–KK*, p.174: JJ 145 (1843).

16. *Letters and Documents*, pp. 78–9 – letter to Regine Olsen, undated.

17. Ibid., p. 65 – letter to Regine Olsen, undated.

18. Ibid., pp. 67–8 – letter to Regine Olsen, undated.

19. *Encounters with Kierkegaard*, p. 162 ——语出亨丽特 · 伦，*Eringringer Fra Hjemmet* (Gyldendal, 1909)。

20. See *Kierkegaard's Journals and Notebooks, Volume 3: Notebooks 1–15*, p.434: NB15, 4 (August to November 1849).

21. *Encounters with Kierkegaard*, pp.162–3 – from Henriette Lund, *Eringringer Fra Hjemmet* (Gyldendal, 1909).

22. Ibid., pp.177–8 – from Troels Frederik Troels-Lund, *Et Liv. Barndom og Ungdom* (H. Hagerups Forlag, 1924). 特勒尔斯 · 伦生于 1840 年，在那次事件发生时还是个小婴儿，所以他的叙述根据的是家族传闻。

23. S. Kierkegaard, *Either/Or*, Part I, ed. and trans. Howard V. Hong and Edna H. Hong (Princeton University Press, 1988), pp.355–6.

24. Ibid., pp.367–8, 377.

25. Ibid., p.312.

26. See *Kierkegaard's Journals and Notebooks, Volume 3: Notebooks 1–15*, p.438: NB15, 6 (August to November 1849).

27. Ibid..

28. 我在 2016 年春天重走克尔凯郭尔 1843 年 5 月的路线，从柏林乘火车到昂格明德时，亲眼见到了这“一丛荆棘”。

29. See *Encounters with Kierkegaard*, p.111. 里面提到的 Tycho Spang，就是克尔凯郭尔的好友彼得·约翰纳斯·斯庞之子、哥本哈根圣灵教堂的牧师，当回忆起克尔凯郭尔在他童年的时候来家里做客时，他说:“克尔凯郭尔和我姐姐一起做饭，亲自尝孩子们的食物，十分开心愉快，外人会忍不住想，他一定是个很快乐的人，天性随和活泼。然而就在这欢乐的大笑中，他会向后靠在椅背上，把头低到双肩之间，搓着手，那只戒指上的钻石亮得足以媲美他深邃而诚挚的双眼，它们那么蓝，那么温柔……我们都很喜欢他，一个年长的姑妈常常对我们说:‘天哪，但 S. K. 真的是个好人啊！’”同样，1840 年代在赖策尔书店工作的 Otto Wroblewski 也曾回忆起克尔凯郭尔那双“深蓝色的、忧郁的眼睛”, 见 *Encounters with Kierkegaard*, p.110。

30. 出自迈尔·阿龙·戈尔德施米特的自传，见 *Encounters with Kierkegaard*, p.65; see also ibid., pp.111, 116。

※ 第三章　与伪哲学家为敌

1. S.Kierkegaard, *Fear and Trembling / Repetition*, ed. and trans. Howard V.Hong and Edna H.Hong (Princeton University Press, 1983), pp.150–51.

2. 克尔凯郭尔在《畏惧与颤栗》手稿的标题页上写道“高柱修士西门，

独舞者与单独的个人”，但他划掉了，代之以“约翰纳斯·德·希伦提欧”（意为“沉默的约翰纳斯”）。

3. *Corsaren [The Corsiar]*, 10 March 1843.《海盗船》是一份周刊，1840—1846 年在哥本哈根出版发行。

4. 关于克尔凯郭尔与 J.L. 海贝尔的关系的概述，见 Jon Stewart, ‘Johan Ludvig Heiberg: Kierkegaard’s Criticism of Hegel’s Danish Apologist’, in *Kierkegaard and His Danish Contemporaries, Tome I: Philosophy, Politics and Social Theory*, ed. Jon Stewart (Ashgate, 2009), pp.35–76。

5. S.Kierkegaard, *Letters and Documents*, ed. and trans. Henrik Rosenmeier (Princeton University Press, 2009), p.155 – letter to Emil Boesen, 25 May 1843.

6. 这段自传文字最初发表于 1840 年的一篇题为《约翰·卢兹维·海贝尔》的文章中，作者是 Christian Molbech，发表在 *Dansk poetisk Anthologie* 上，该刊编辑是 Molbech。See Jon Stewart (ed.), *Johan Ludvig Heiberg: Philosopher, Littérateur, Dramaturge, and Political Thinker* (Museum Tusculanum Press, 2008), pp.222–3.

7. See George Pattison, ‘How Kierkegaard Became “Kierkegaard”: The Importance of the Year 1838’, *Revista Portuguesa de Filosofia*, 64 (2008), pp.741–61. 我们不是十分清楚克尔凯郭尔在 1837—1838 学年和 1838—1839 学年在马滕森的哲学和神学课上有多专心，因为他虽然保有这些课的课堂笔记，但那些笔记也可能是从另一位学生那里抄来或借来的。

8. *Letters and Documents*, p.141 – letter to P.C.Kierkegaard, February 1842.

9. S.Kierkegaard, *Either/Or*, Part I, ed. and trans. Howard V.Hong and Edna H.Hong (Princeton University Press, 1988), p. 32.

10. 克尔凯郭尔用这个拉丁短语作为一部攻击马滕森的半虚构专著的标题，该短语也在他此前五年所写的讽刺剧 *The Battle of the Old and New Soap-Cellars* 中起到重要作用。*Johannes Climacus, or De Omnibus Dubitandum Est* 写于 1842 年，但他没有写完就在 1843 年就停止了。“怀疑一切”这个短语出现在 *The Battle of the Old and New Soap-Cellars* 的第二场和第三场。这部剧中的人物 Herr von Springgaassen 是“一位哲学家”，是对马滕森的夸张模仿；他的名字曾被翻译为“跳跃的杰克”，克尔凯郭尔在 1837 年的一篇日记中写到马滕森“用跳蛙战术”超越了他的哲学前辈：见 *Kierkegaard's Journals and Notebooks, Volume 1, Journals AA–DD*, ed. and trans. Niels Jørgen Cappelørn, Alastair Hannay, David Kangas, Bruce H. Kirmmse, George Pattison, Vanessa Rumble and K. Brian Söderquist (Princeton University Press, 207) p.189, and Pattison, ‘How Kierkegaard Became “Kierkegaard”’, p.760。

11.《哥林多前书》, 2:1–5。

12. 学者们关于克尔凯郭尔究竟阅读了多少康德哲学有所整理；支持他认真阅读过康德作品，特别是《系科之争》的最强有力的证据，是 Ronald M.Green 在 *Kierkegaard and Kant: The Hidden Debt* (State University of New York Press, 1992) 中提出的，在 Green's 文章‘Kant: A Debt Both Obscure and Enormous’中有所概述，in *Kierkegaard and His German Contemporaries, Tome I: Philosophy*, ed. Jon Stewart (Ashgate, 2007), pp.179–210。

13. See Dominic Erdozain, *The Soul of Doubt: The Religious Roots of Unbelief from Luther to Marx* (Oxford University Press, 2016), pp.69–172.

14. 19 世纪末，弗里德里希·尼采宣布“上帝死了”，宣称自己是一名新的虚无主义时代的预言家，但克尔凯郭尔早在 40 年前就洞察到了这一点。

※ 第四章　跟亚伯拉罕一起回家

1. S.Kierkegaard, *Fear and Trembling*,ed. C. Stephen Evans and Sylvia Walsh, trans. Sylvia Walsh (Cambridge University Press, 2006)，p.106.

2. 见《畏惧与颤栗》，第 13 页：“每一个都应当被记得，但是每一个都是相对于自己的期待而变得伟大。一个人因为期待‘那可能的’而变得伟大；另一个人因为期待‘那永恒的’而变得伟大；但是，那期待‘那不可能的’的人则比所有人更伟大。”（京不特译文）

3. Ibid., p.18.

4. *Kierkegaard's Journals and Notebooks, Volume 2: Journals EE–KK*, ed. and trans. Niels Jørgen Cappelørn, Alastair Hannay, David Kangas, Bruce H. Kirmmse, George Pattison, Vanessa Rumble and K. Brian Söderquist (Princeton University Press, 2008), p.168: JJ 124 (1843).

5. Ibid., pp.121–2: HH8 (1840).

6. 克尔凯郭尔在《最后的、非科学性的附言》（1846 年）中又一次提到这位不知姓名的信仰之人，与归隐修道院的一个人形成了对照，见 S. Kierkegaard, *Concluding Unscientific Postscript to the Philosphical Crumbs*, ed. and trans. Alastair Hannay (Cambridge University Press, 2009), e.g. pp.344–5, 396–8, 413, 419–20。

7. *Fear and Trembling*, p.32.

8. *Kierkegaard's Journals and Notebooks, Volume 2: Journals EE–KK*, p.153: JJ 82 (1843).

9. *Fear and Trembling*, p.57.

10. *Kierkegaard's Journals and Notebooks, Volume 2: Journals EE–KK*, p. 158: JJ 96 (1843).

11. Ibid., p.158: JJ 96 (1843).

12. Ibid., pp.159–60: JJ 103 (1843).

13. Ibid., p.157: JJ 95 (1843).

14. Ibid., p.165: JJ 115 (17 May 1843).

15. Ibid., p.161: JJ 107 (April 1843).

16. 孩童时期克尔凯郭尔曾经听过丹麦传教士远赴格陵兰的故事；1841 年他写信给因爱上一个女人而饱受相思之苦的埃米尔·伯森说："跳进你的单人划子（你肯定知道那种格陵兰小船），穿上泳衣，投身这世界的海洋吧。但那也绝非田园生活。如果你无法忘记她，写不出关于她的诗歌，那就扬帆远航吧。" (S.Kierkegaard, *Letters and Documents*, ed. and trans. Henrik Rosenmeier [Princeton University Press, 2009], p.103). 克尔凯郭尔在哥本哈根大学读书时最喜欢的哲学老师波尔·默勒曾在一次情场失意后航行到达中国。克尔凯郭尔两位姐夫的兄弟彼得·威廉·伦（Peter Wilhelm Lund）曾前往巴西学习气象学、生物学和动物学，见 *Kierkegaard's Journals and Notebooks, Volume 1: Journals AA–DD*, ed. and trans. Niels Jørgen Cappelørn, Alastair Hannay, David Kangas, Bruce H. Kirmmse, George Pattison, Vanessa Rumble and K. Brian Söderquist (Princeton University Press, 2007), p.319。

17. *Letters and Documents*, p.93 – letter to Emil Boesen from Berlin, 16 November 1841.

18. Ibid., p.122 – letter to Emil Boesen from Berlin, 16 January 1842.

第二部分 1848—1813年：向后理解的生活

1. S. Kierkegaard, *The Point of View*, trans. Howard V. Hong and Edna H. Hong (Princeton University Press, 2009), p.162.

※ 第五章 学习做人：第一课

1. See *Kierkegaard's Journals and Notebooks, Volume 3: Notebooks 1–15*, ed. and trans. Niels Jørgen Cappelørn, Alastair Hannay, David Kangas, Bruce H. Kirmmse, George Pattison, Vanessa Rumble and K. Brian Söderquist (Princeton University Press, 2010), p.438: NB15, 6 (August to November 1849).

2. See S. Kierkegaard, *The Point of View*, trans. Howard V. Hong and Edna H. Hong (Princeton University Press, 2009), p.157 (journal entry, 1847).

3. 他的父亲于 1838 年去世后，克尔凯郭尔和哥哥彼得・克里斯蒂安・克尔凯郭尔继承了新广场 2 号的房子，1843 年克尔凯郭尔买下了哥哥的那部分继承权。

4. *Kierkegaard's Journals and Notebooks, Volume 5: Journals NB6–NB10*, ed. and trans. Niels Jørgen Cappelørn, Alastair Hannay, David Kangas, Bruce H. Kirmmse, George Pattison, Joel D. S. Rasmussen, Vanessa Rumble and K. Brian Söderquist (Princeton University Press, 2012), p.144: NB7, 114 (1848). 1849 年，克尔凯郭尔在日记中表示“家一直是我的慰藉，有一个温暖宜人的家是我能获得的最大的世俗的鼓舞”，见 *Kierkegaard's Journals and Notebooks, Volume 6: Journals NB11–NB14*, ed. and trans. Niels Jørgen Cappelørn, Alastair Hannay, David Kangas, Bruce H. Kirmmse, George Pattison, Joel D. S. Rasmussen, Vanessa Rumble and K. Brian Söderquist (Princeton University Press, 2013), p.234: NB12, 143 (July to September 1849)。

5. *Kierkegaard's Journals and Notebooks, Volume 5: Journals NB6–*

NB10, p.230: NB9, 42 (1849).

6. Ibid., p.228: NB9, 41 (1849).

7. 关于丹麦的和平（而持久的）“革命”的这段概述选自以下著作中较长篇幅的论述，见 Bruce H.Kirmmse, *Kierkegaard in Golden Age Denmark* (Indiana University Press, 1990), pp.64–8, and Joakim Garff, *Søren Kierkegaard: A Biography*, trans. Bruce Kirmmse (Princeton University Press, 2005), pp.493–5。

8. *Kierkegaard's Journals and Notebooks, Volume 4: Journals NB–NB5*, ed. and trans. Niels Jørgen Cappelørn, Alastair Hannay, David Kangas, Bruce H. Kirmmse, George Pattison, Vanessa Rumble and K. Brian Söderquist (Princeton University Press, 2011), p.348: NB4, 123 (1848).

9. *Kierkegaard's Journals and Notebooks, Volume 4: Journals NB–NB5*, pp.347–8: NB4, 118 (27 March, 1848).

10. See Niels Jørgen Cappelørn, Joakim Garff and Johnny Kondrup, *Written Images: Søren Kierkegaard's Journals, Notebooks, Booklets, Sheets, Scraps, and Slips of Paper*, trans. Bruce H. Kirmmse (Princeton University Press, 2003), pp.159–72; *Encounters with Kierkegaard*, ed. Bruce Kirmmse, trans. Bruce Kirmmse and Virginia Laursen (Princeton University Press, 1998), p.112, 这里 Tycho Spang 回忆说克尔凯郭尔那所“宽敞漂亮的公寓里有好几间精装修的房间，冬天的暖气和照明很好，他总是在房间里来回踱步。据我所知，每个房间里都放着纸、笔和墨水，他踱步时会用它们很快写下几个词语或一个记号，以记住自己的某个想法”。

11. S.Kierkegaard, *The Sickness unto Death*, ed. and trans. Howard V. Hong and Edna H. Hong (Princeton University Press, 1983), pp.26–7.

12. Ibid., pp.14–15.

13. Ibid., p.22.

14. Ibid., pp.32–4.

15. Ibid., p.43.

16. Ibid., p.48.

17. *Kierkegaard's Journals and Notebooks, Volume 5: Journals NB6–NB10*, p.101: NB7, 41 (1848).

18. Ibid., p.95: NB7, 31 (1848).

19. *Encounters with Kierkegaard*, p.153.

20. Ibid., p.228. 据说汉斯·布勒克纳——克尔凯郭尔学生时代的一个好友——的一个表亲也说过同样的一句话。

21. *Kierkegaard's Journals and Notebooks, Volume 5: Journals NB6–NB10*, p.211: NB9, 8 (January or February 1849).

22. See *Encounters with Kierkegaard*, p.151: this is from Henriette Lund's account of Michael Pedersen Kierkegaard. See also descriptions by Peter Brun (ibid., p.6) and Frederik Welding (ibid., p.7).

23. *Kierkegaard's Journals and Notebooks, Volume 5: Journals NB6–NB10*, p.166: NB8, 36 (November or December 1848).

24. See Thorkild Andersen, 'Kierkegaard – Slægten og Sædding', *Hardsyssels Aarbog*, 27 (1933), p.26; cited in English in Christopher B. Barnett, *Kierkegaard, Pietism and Holiness* (Ashgate, 2011), pp.47–8.

25. See *Kierkegaard's Journals and Notebooks, Volume 1: Journals AA–DD*, ed. and trans. Niels Jørgen Cappelørn, Alastair Hannay, David Kangas, Bruce H. Kirmmse, George Pattison, Vanessa Rumble and K. Brian Söderquist (Princeton University Press, 2007), p.533.

26. See *Encounters with Kierkegaard*, p.3 – from Frederik Hammerich's

(b. 1809) autobiography *Et Levnedsløb*, vol. I (Forlagsbureaet i Kjøbenhavn, 1882), pp.58–9.

27. 见 *Encounters with Kierkegaard*, p.137，来自 Eline Heramb Boisen 的叙述，她曾在 1833 到 1834 年的那个冬天去过克尔凯郭尔家。

28. 关于“军乐”，见 S. Kierkegaard, *Letters and Documents*, ed. and trans. Henrik Rosenmeier (Princeton University Press, 2009), p.124 – letter to Emil Boesen, 16 January 1842; S.Kierkegaard, *Either/Or*, Part 1, trans. Howard V. Hong and Edna H. Hong (Princeton University Press, 1988), p.349。

29. See *Encounters with Kierkegaard*, p.6. 这是 Peter Munthe Brun (b. 1813) 的第二手或更间接不可靠的叙述。

30. Ibid., p.3，来自 Frederik Hammerich 的自传。

31. 见 *Letters and Documents*, pp.4–5 所给出的克尔凯郭尔的学校成绩报告单，这份报告单由他的校长 Michael Nielsen 所写。

32. See *Encounters with Kierkegaard*, p.7 – from a letter written by Frederik Welding (b.1811) to H.P.Barfod in 1869. 关于克尔凯郭尔少年时代穿的衣服，见 *Kierkegaard's Journals and Notebooks Volume 5: Journals NB6–NB10*, p.344: NB10, 153 (spring 1849)。

33. *Kierkegaard's Journals and Notebooks, Volume 5: Journals NB6–NB10*, p.259: NB9, 78 (1849); p.166: NB8, 36 (winter 1848); pp.368–9: NB10, 191 (spring 1849).

34. *Kierkegaard's Journals and Notebooks, Volume 4: Journals NB–NB5*, pp.401–2: NB5, 68 (May to July 1848).

35. *Kierkegaard's Journals and Notebooks, Volume 5: Journals NB6–NB10*, p.166: NB8, 36 (winter 1848); p.259: NB9, 78 (1849); pp.368–9: NB10, 191

(spring 1849).

36. S.Kierkegaard, *Philosophical Fragments / Johannes Climacus, or De omnibus dubitandum est*, ed. and trans. Howard V. Hong and Edna H. Hong (Princeton University Press, 1985), p.120f. 在 *Johannes Climacus* 的这一段落中，丹麦语词“*en enkelt Gang*”——这里的英译文为“once in a while”（有时）——也可能是指“有一次”。几乎可以肯定的是，这种同父亲一起虚拟出行的情景在克尔凯郭尔的童年至少出现过一次，因为他在 1844 年写给哥哥彼得·克里斯蒂安的妻子亨丽特的一封信中提到了一次想象中的腓特烈斯贝之行：见 *Letters and Documents*，第 174 页：“我童年时代常常得不到父亲的许可，无法出门去腓特烈斯贝玩，但我拉着他的手，我们俩一起在地板上走来走去——去了腓特烈斯贝。”在 1847 年写给彼得·克里斯蒂安的信中，克尔凯郭尔写道：“父亲有一个很奇怪的特征，那就是他拥有最多的居然是最出乎意料的想象力，虽然那是一种忧郁的想象力……不管我与父亲多么不同，在少数几个古怪的想法上，我们有一个基本的切点，在这类谈话中，父亲几乎总是给我留下了深刻的印记，因为我可以用一种生动的想象力描述一个理念，并大胆而坚定地刨根问底。”见 *Letters and Documents*, p.211。

37. *Kierkegaard's Journals and Notebooks, Volume 2: Journals EE–KK*, ed. and trans. Niels Jørgen Cappelørn, Alastair Hannay, David Kangas, Bruce H. Kirmmse, George Pattison, Vanessa Rumble and K. Brian Söderquist (Princeton University Press, 2008), p.174: JJ 147 (1843). 关于克尔凯郭尔那篇“神秘之家”的日记有一个有趣的哲学和心理学阐释，见 George Pattison, ‘The Mysterious Family or Why Kierkegaard Never Wrote a Play: An Old Question Revisited’, in *Kierkegaard and the Nineteenth Century Religious Crisis in Europe*, ed. Roman Králik, Abrahim H. Khan, Peter Sajda, Jamie Turnbull and Andrew J. Burgess (Acta Kierkegaardiana, vol.4, 2009),

pp.187–201。

38. *Søren Kierkegaard's Journals and Papers: Autobiographical, 1829–48*, eds. Howard V. Hong and Edna H. Hong, assisted by Gregor Malantschuk (Indiana University Press, 1978), p.141: Pap. II A 805, 806 (1838).

39. 克尔凯郭尔的外甥女亨丽特·伦曾经亲眼见到克尔凯郭尔对爱的能力的高度重视。“我还很小的时候，有一天我见到索伦舅舅，他嘲笑我，不愿意承认我也有权自己对当前时髦的某个主题发表自己的意见。我在其后的辩论中试图展示自己的尊严和成熟，但只有一个论调战胜了他。我说：‘是的，因为我学会了体察爱。’他的神色变了，用一种严肃的声调回答说：‘那是另一回事。不过你是对的。我现在知道你真的长大了！’我至今还记得当时的情景，仿佛他脱帽向我鞠躬致敬。”见 *Encounters with Kierkegaard*, p.170，来自亨丽特·伦，*Eringringer Fra Hjemmet* (Copenhagen: Gyldendal, 1909)。

※ 第六章 “到我这里来”

1. See S.Kierkegaard, *Practice in Christianity*, ed. and trans. Howard V. Hong and Edna H.Hong (Princeton University Press, 1991), pp.201–32.

2. 在一封署期为 1838 年 8 月 28 日（米凯尔·彼泽森·克尔凯郭尔去世后不久）的信中，哥本哈根弟兄会的领袖写道：“他的去世让我们弟兄会失去了最忠诚的成员之一，在外在内他都一样忠诚……他当然默默地做了很多善事，是那些声称或认为他吝啬的人所不知的……他的去世让我失去了一个真正意义上的忠诚的兄弟，他每一次都坦率地说出自己的意见，直言不讳，关于我们弟兄会的事务也一样，他给予弟兄会特殊的爱与关切，多年来一直为我们提供宝贵建议。” Quoted in Christopher B. Barnett, *Kierkegaard, Pietism and Holiness* (Ashgate, 2011), pp.60–61.

3. 选自 J.C. 罗伊斯的讲演集，引自 Barnett, *Kierkegaard, Pietism and Holiness*, p.52。

4. See Andrew Hamilton, *Sixteen Months in the Danish Isles*, Vol.2 (Richard Bentley, 1852), p.187.

5. See Niels Jørgen Cappelørn, 'Die ursprüngliche Unterbrechung', in *Kierkegaard Studies Yearbook 1996*, ed. N.J.Cappelørn and Hermann Deuser (Walter de Gruyter, 1996), pp.315–88.

6. 关于克尔凯郭尔 1828 年的坚信礼和他关于坚信礼的成熟观点，见 Niels Thulstrup, 'Confirmation', in *Theological Concepts in Kierkegaard*, ed. Niels Thulstrup and M. Mikulová Thulstrup (Reitzel, 1980), pp.247–53。

7. See *Kierkegaard's Journals and Notebooks, Volume 5: Journals NB6–NB10*, ed. and trans. Niels Jørgen Cappelørn, Alastair Hannay, David Kangas, Bruce H. Kirmmse, George Pattison, Joel D.S.Rasmussen, Vanessa Rumble and K. Brian Söderquist (Princeton University Press, 2012), p.299: NB10, 59 (1849).

8. Hamilton, *Sixteen Months in the Danish Isles*, p.180.

9. 明斯特的岳父 1830 年去世后 Peter Erasmus Müller 接替其职位，而明斯特是 1834 年接替了后者。

10. 关于路德神学的确定性的分析，见 Richard Rex, *The Making of Martin Luther*(Princeton University Press, 2017)。

11. 克尔凯郭尔在写作生涯数次讨论过出自《马太福音》的这句诗行，例如见 S.Kierkegaard, *Concluding Unscientific Postscript to the Philosophical Crumbs*, ed. and trans. Alastair Hannay (Cambridge University Press, 2009), pp.361, 367, as well as S.Kierkegaard, *Christian Discourses / The Crisis and a Crisis in the Life of an Actress*, ed. and trans. Howard V.Hong and Edna H.

Hong (Princeton University Press, 2009)。

12. J. P. Mynster, *Betragtninger over de christelige Troeslærdomme[Observations upon the Doctrines of the Christian Faith]*, 3rd edn, vol.I (Deichmanns, 1846), p.311; quoted in Bruce H.Kirmmse, *Kierkegaard in Golden Age Denmark* (Indiana University Press, 1990), p.107.

13. J.P.Mynster, *Prædikener paa alle Søn-og Hellig-Dage i Aaret*, vol.2 (3rd edn, Gyldendal, 1837), p.403. 关于这篇布道词的更多讨论和克尔凯郭尔对它的回应，见 Christian Fink Tolstrup, '"Playing a Profane Game with Holy Things" : Understanding Kierkegaard's Critical Encounter with Bishop Mynster' , in *International Kierkegaard Commentary, Volume 20: Practice in Christianity*, ed. Robert L. Perkins (Mercer University Press, 2004), pp.245–74。

14. Mynster, *Prædikener paa alle Søn-og Hellig-Dage i Aaret*, p.414.

15. S.Kierkegaard, *Upbuilding Discourses in Various Spirits*, ed. and trans. Howard V.Hong and Edna H.Hong (Princeton University Press, 1993), p. 254.

16. See *Kierkegaard's Journals and Notebooks, Volume 5: Journals NB6–NB10*, p.57: NB6, 74 (July or August 1848).

17. *Christian Discourses*, pp.163–5.

18. 这第一次布道没有文件记录，但很可能发生在 1847 年 6 月 18 日。 见 Niels Jørgen Cappelørn, 'Søren Kierkegaard at Friday Communion in the Church of Our Lady' , trans. K.Brian Söderquist, in *International Kierkegaard Commentary, Volume 18: Without Authority*, ed. Robert L.Perkins (Mercer University Press, 2007), pp.255–94。

19. *Christian Discourses*, p.266.

20. *Kierkegaard's Journals and Notebooks, Volume 9: Journals NB26–NB30*, ed. and trans. Niels Jørgen Cappelørn, Alastair Hannay, Bruce H.Kirmmse, David D.Possen, Joel D.S.Rasmussen and Vanessa Rumble (Princeton University Press, 2017), p.419: NB30, 41 (1854).

21. P. C. Zahle, *Til Erindring om Johan Georg Hamann og Søren Aabye Kierkegaard* (Copenhagen, 1856), pp. 9–10, quoted in Cappelørn, 'Søren Kierkegaard at Friday Communion in the Church of Our Lady'. 凯普伦指出Zahle没有在圣母教堂听过克尔凯郭尔的第一次布道，认为"他更有可能是在1851年5月18日星期日在城防教堂听了克尔凯郭尔的讲道"。见Ibid., pp.285–6。

22. *Christian Discourses*, pp.269–70. 这一段摘自克尔凯郭尔1847年8月27日在Vor Frue Kirke进行的第二次星期五圣餐礼讲演。

23. See *Kierkegaard's Journals and Notebooks, Volume 4: Journals NB–NB5*, ed. and trans. Niels Jørgen Cappelørn, Alastair Hannay, David Kangas, Bruce H. Kirmmse, George Pattison, Joel Rasmussen, Vanessa Rumble and K. Brian Söderquist (Princeton University Press, 2011), p.263: NB3, 36 (November or December, 1847).

24. *Kierkegaard's Journals and Notebooks, Volume 5: Journals NB6–NB10*, p.262: NB9, 79 (9 February 1849): "从最初开始以来，就时常会有停止写作的想法；我常常说一个知道何时停止写作的作家总还有一个地方可去。事实上早在写《非此即彼》时我就想过弃笔不写了，但［1848年4月］《基督教讲演集》出版时，我前所未有地几乎彻底停止了写作。"

25. See *Kierkegaard's Journals and Notebooks, Volume 4: Journals NB–NB5*, p.252: NB3, 16 (November or December 1847).

26. See *Kierkegaard's Journals and Notebooks, Volume 5: Journals*

NB6–NB10, p.164: NB8, 29 (November or December 1848).

27. See *Kierkegaard's Journals and Notebooks, Volume 4: Journals NB–NB5*, p.377: NB5, 14 (May to July 1848).

28. See *Practice in Christianity*, p.275; *Kierkegaard's Journals and Notebooks, Volume 5: Journals NB6–NB10*, p.57: NB6, 74 (July or August 1848).

※ 第七章 美学教育

1. *Kierkegaard's Journals and Notebooks, Volume 5: Journals NB6–NB10*, ed. and trans. Niels Jørgen Cappelørn, Alastair Hannay, David Kangas, Bruce H. Kirmmse, George Pattison, Joel D. S. Rasmussen, Vanessa Rumble and K. Brian Söderquist (Princeton University Press, 2012), p.19: NB6, 24 (July or August 1848).

2. S. Kierkegaard, *Christian Discourses / The Crisis and a Crisis in the Life of an Actress*, ed. trans. Howard V. Hong and Edna H. Hong (Princeton University Press, 2009), pp.304–5.

3. Ibid..

4. 关于约翰妮·路易丝·海贝尔的生平以及她与克尔凯郭尔的关系，见 Katalin Nun, *Women of the Danish Golden Age: Literature, Theater and the Emancipation of Women* (Museum Tusculanum Press, 2013), pp.62–84。

5. See Niels Thulstrup, *The Copenhagen of Kierkegaard*, ed. Marie Mikulová Thulstrup, trans. Ruth Mach-Zagal (Reitzel, 1986), pp.41–60; *Encounters with Kierkegaard*, ed. Bruce Kirmmse, trans. Bruce Kirmmse and Virginia Laursen (Princeton University Press, 1998), pp.110–11: a translated extract from Otto B. Wroblewski's *Ti Aar i C. A. Reitzels Boglade [Ten Years*

in C. A. Reitzel's Bookshop] (1889). Wroblewski 是 1843—1853 年赖策尔书店的一位书商，这位书商回忆说："即便你只见过他一次，也不会忘记索伦·克尔凯郭尔那个古怪的身影——我们这些经常在书店里看到他的人就更不可能了。他不算特别友善。跟赖策尔，他当然只谈论出版业的事儿，而跟我们这些在书店工作的人只会谈论买书。不过不管怎么说，我本人会很奇怪地被他看着你那双充满忧郁的深蓝色眸子里闪现的善意微笑所打动，如果偶尔有句话让他觉得好玩儿，他嘴角附近还会露出一丝嘲讽。"

6. 克尔凯郭尔拥有的许多书如今都被保存在哥本哈根的丹麦皇家图书馆克尔凯郭尔档案室里。关于克尔凯郭尔这位书籍的热爱者和收藏家，一个加了优美插图的叙述是 Niels Jørgen Cappelørn, Gert Posselt and Bent Rohde, *Tekstspejle: Om Søren Kierkegaard som bogtilrettelægger, boggiver og bogsamler* (Rosendahls Forlag, 2002), pp.105–219。关于克尔凯郭尔偏爱默勒装订所，见 Niels Jørgen Cappleørn, Joakim Garff and Johnny Kondrup, *Written Images: Søren Kierkegaard's Journals, Notebooks, Booklets, Sheets, Scraps, and Slips of Paper*, trans. Bruce H. Kirmmse (Princeton University Press, 2003), pp.163–4。

7. See Thorkild C. Lyby, 'Peter Christian Kierkegaard: A Man with a Difficult Family Heritage', in *Kierkegaard and His Danish Contemporaries, Tome II: Theology*, ed. Jon Stewart (Ashgate, 2009), pp.189–209.

8. Novalis, *Glauben und Liebe [Faith and Love]* (1798), in *Novalis Schriften*, ed. Paul Kluckhohn and Richard Samuel, vol.2 (Kohlhammer, 1981), p.497. Novalis was the pseudonym of Friedrich von Hardenberg.

9. Henrik Steffens, *Indledning til philosophiske Forelæsninger [Introduction to Philosophical Lectures]* (Gyldendals Trane-Klassikere, 1968), pp.6, 134–5, 143; quoted in Bruce H. Kirmmse, *Kierkegaard in Golden Age Denmark*

(Indiana University Press, 1990), pp.82–4.

10. Friedrich Schiller, *Essays*, ed. Walter Hinderer and Daniel O. Dahlstrom (Continuum, 1993), pp.107, 131–2.

11. Friedrich von Schlegel, *Dialogue on Poetry and Literary Aphorisms*, trans. Ernst Behler and Roman Struc (Pennsylvania State University Press, 1968), p.99.

12. Ibid., p.54.

13. Friedrich Schleiermacher, *On Religion: Speeches to its Cultured Despisers*, trans. Richard Crouter (Cambridge University Press, 1996), p.3.

14. Ibid., p.23.

15. Ibid., p.7.

16. See *The Collected Works of Spinoza, vol. I*, trans. Edwin Curley (Princeton University Press, 1985), pp.420–24 (*Ethics*, Part I, Proposition 15). 对斯宾诺莎更恰当的描述应该是一个万有在神论者（一切都在上帝中）而不是泛神论者（一切都是上帝）——但泛神论是浪漫主义者们利用的斯宾诺莎哲学的版本。

17. 自然中的精神［*Aanden i Naturen*］是 H.C. 奥斯特在 1851 年去世前不久出版的文集的标题。他在 1820 年发现了电磁。关于克尔凯郭尔与 H. C. 奥斯特的关系，见 Bjarne Troelsen, 'Hans Christian Ørsted: Søren Kierkegaard and *The Spirit in Nature*,' in *Kierkegaard and His Danish Contemporaries, Tome I: Philosophy, Politics and Social Theory*, ed. Jon Stewart (Ashgate, 2009), pp.215–27。

18. 见 *Heiberg's On the Significance of Philosophy for the Present Age and Other Texts*, trans. and ed. Jon Stewart (Reitzel, 2005)，它追踪了海贝尔的文章引发的学术辩论。

19. 关于克尔凯郭尔与这两位重要哲学老师的关系，见 Finn Gredal Jensen, ‘Poul Martin Møller: Kierkegaard and the Confidant of Socrates’, and Carl Henrik Koch, ‘Frederik Christian Sibbern: “the lovable, remarkable thinker, Councilor Sibbern” and “the political Simple-Peter Sibbern”’，后面这两篇文章均被收入 *Kierkegaard and His Danish Contemporaries, Tome I*, pp.101–67 and 229–60。

20. 在其回忆录中，汉斯·拉森·马滕森回忆起“和蔼而难忘的波尔·默勒，我们都很仰慕他，他无需努力便对我们产生了如此富有成效的影响”，见 *Af mit Levnet [From My Life]*, vol.1 (Gyldendal, 1882), p.16。

21. See *Encounters with Kierkegaard*, ed. Bruce Kirmmse, trans. Bruce Kirmmse and Virginia Laursen (Princeton University Press, 1998), pp.213–16.

22. S.Kierkegaard, *The Concept of Anxiety*, trans. Reidar Thomte (Princeton University Press, 1981), p.178.

23. See S. Kierkegaard, *Letters and Documents*, ed. and trans. Henrik Rosenmeier (Princeton University Press, 2009), p.66 – letter to Regine Olsen, 28 October 1840. 关于克尔凯郭尔与厄伦施拉格尔的关系，见 Bjarne Troelsen, ‘Adam Oehlenschläger: Kierkegaard and the Treasure Hunter of Immediacy’, in *Kierkegaard and his Danish Contemporaries, Tome III: Literature, Drama and Aesthetics*, ed. Jon Stewart (Ashgate, 2009), pp.255–71。关于克尔凯郭尔本人的著述中的阿拉丁这个人物，见 Jennifer Veninga, ‘Aladdin: The Audacity of Wildest Wishes’, in Katalin Nun and Jon Stewart (eds.), *Kierkegaard's Literary Figures and Motifs, Tome I: Agamemnon to Guadalquiver*(Ashgate, 2014), pp.31–40。

24. *Encounters with Kierkegaard*, p.196: 选自马滕森的自传 *Af mit*

Levnet, vol. I, p.79。

25. 关于克尔凯郭尔对贼王大盗的兴趣，见F. Nassim Bravo Jordan, ‘The Master-Thief: A One-Man Army against the Established Order’, in Katalin Nun and Jon Stewart (eds.), *Kierkegaard's Literary Figures and Motifs, Tome II: Gulliver to Zerlina* (Ashgate, 2015), pp.111–20。

26. *Kierkegaard's Journals and Notebooks, Volume 1: Journals AA–DD*, ed. and trans. Niels Jørgen Cappelørn, Alastair Hannay, David Kangas, Bruce H. Kirmmse, George Pattison, Vanessa Rumble and K. Brian Söderquist (Princeton University Press, 2007), pp.128–30: BB 42 (1837).

27. Ibid., pp.7–8: AA 4 (1835).

28. Ibid., p.9: AA 5 (1835).

29. Ibid., p.12: AA 7 (25 July 1835).

30. See ibid., p.9: AA 6 (July 29, 1835).

31. Ibid., pp.9–10: AA 6 (29 July 1835); 引文有删节。

32. Ibid., pp.19–20: AA 12 (1835); 引文有删节。

33. 关于克尔凯郭尔对浮士德的兴趣，见 Leonardo F. Lisi, ‘Faust: The Seduction of Doubt’, in Nun and Stewart (eds.), *Kierkegaard's Literary Figures and Motifs, Tome I*, pp.209–28。

34. *Kierkegaard's Journals and Notebooks, Volume 1: Journals AA–DD*, p.223: DD 30 (14 July 1837).

35. 见 *Encounters with Kierkegaard*, pp.142–3 – from P.C.Kierkegaard's journal, August 1837。

36. *Christian Discourses / The Crisis and a Crisis in the Life of an Actress*, p.316.

※ 第八章　没有生命观地活着

1. See *Kierkegaard's Journals and Notebooks, Volume 5: Journals NB6–NB10*, ed. and trans. Niels Jørgen Cappelørn, Alastair Hannay, David Kangas, Bruce H. Kirmmse, George Pattison, Joel D. Rasmussen, Vanessa Rumble and K. Brian Söderquist (Princeton University Press, 2012), pp.17–18: NB6, 24 (July or August 1848); pp.45–6: NB6, 64 (July or August 1848); pp.56–7: NB6, 74, 75 (July or August 1848); p.66: NB6, 87 (July or August 1848).

2. 见 Jon Stewart, 'Rasmus Nielsen: From the Object of "Prodigious Concern" to a "Windbag"', in *Kierkegaard and His Danish Contemporaries, Tome I: Philosophy, Politics and Social Theory*, ed. Jon Stewart (Ashgate, 2009), pp.179–213。

3. *Kierkegaard's Journals and Notebooks, Volume 5: Journals NB6–NB10*, p.24: NB6, 28 (July or August 1848).

4. Ibid., p.19: NB6, 24 (July or August 1848).

5. 关于克尔凯郭尔与莱曼的关系，见 Julie K. Allen, 'Orla Lehmann: Kierkegaard's Political Alter-Ego', in *Kierkegaard and His Danish Contemporaries, Tome I*, pp.85–100。

6. *Kierkegaard's Journals and Notebooks, Volume 1: Journals AA–DD*, ed. and trans. Niels Jørgen Cappelørn, Alastair Hannay, David Kangas, Bruce H. Kirmmse, George Pattison, Vanessa Rumble and K. Brian Söderquist (Princeton University Press, 2007), p.230: DD 51 (September 1837); p.233: DD 62 (7 October 1837).

7. See ibid., p.231: DD 55 (20 September 1837), p.232: DD 58 (25 September 1837), pp.240–41: DD 87, 90 (7 and 10 December 1837).

8. Ibid., p.236: DD 74 (29 October 1837).

9. Ibid., p.243: DD 96 (April 1838).

10. 在 1830 年代的丹麦，文学小说还是一个很新的文类，H.C. 安徒生是因受到沃尔特·司各特的历史小说译本大获成功的激励而试手散文体虚构文学的少数几位作家之一。关于克尔凯郭尔与安徒生的关系，见 Lone Koldtoft, 'Hans Christian Andersen: Andersen was Just an Excuse', in *Kierkegaard and His Danish Contemporaries, Tome III: Literature, Drama and Aesthetics*, ed. Jon Stewart (Ashgate, 2009), pp.1–32。

11. 克尔凯郭尔的同学 H. P. Holst 后来把克尔凯郭尔的散文风格——全是分词和复杂的长句——形容为“拉丁丹麦文”，并声称曾帮助克尔凯郭尔改写了《只不过是一个拉小提琴的》的评论文章，见 S.Kierkegaard, *Early Polemical Writings*, ed. and trans. Julia Watkin (Princeton University Press, 2009), p.xxxi。

12. *Kierkegaard's Journals and Notebooks, Volume 1: Journals AA–DD*, p.249: DD 126 (11 August 1838).

13. *Early Polemical Writings*, p.55.

14. Ibid., p.57.

15. Ibid., p.81.

16. Ibid., p.88.

17. Ibid., p.76.

18. Ibid., pp.75–85.

19. 见 *Encounters with Kierkegaard*, ed. Bruce Kirmmse, trans. Bruce Kirmmse and Virginia Laursen (Princeton University Press, 1998), p.28。

20. See *Early Polemical Writings*, pp.202–4.

21. See S.Kierkegaard, *Letters and Documents*, ed. and trans. Henrik

Rosenmeier (Princeton University Press, 2009), pp.19–20，来自牧师学院1840—1841学年冬季学期的记录。关于牧师学院和克尔凯郭尔在那里学习的那个时期，见 Niels Thulstrup and Marie Mikulová Thulstrup, *Kierkegaard and the Church in Denmark*, trans. Frederick H. Cryer (Reitzel, 1984), pp.107–11。

22. 关于克尔凯郭尔对《卢琴德》的分析，见 Fernando Manuel Ferreira da Silva, 'Lucinde: "To live poetically is to live infinitely", or Kierkegaard's Concept of Irony as Portrayed in his Analysis of Friedrich Schlegel's Work', in Katalin Nun and Jon Stewart (eds.), *Kierkegaard's Literary Figures and Motifs, Tome II: Gulliver to Zerlina* (Ashgate, 2015), pp.75–83。

23. S.Kierkegaard, *The Concept of Irony, with Continual Reference to Socrates*, ed. and trans. Howard V.Hong and Edna H. Hong (Princeton University Press, 1992), p.326.

24. 见 *Encounters with Kierkegaard*, pp.29–32，来自哥本哈根大学的档案。

25. 丹麦的"Magister"在1850年代成为博士学位。

26. *Letters and Documents*, p.102 – letter to Emil Boesen, 14 December 1841.

27. Ibid., p.93 – letter to Emil Boesen, 16 November 1841.

28. Ibid., p.93 – letter to Emil Boesen, 16 November 1841.

29. Ibid., p.95 – letter to Emil Boesen, 16 November 1841.

30. Ibid., pp.100–101 – letter to Henriette Lund, 13 December 1841.

31. Ibid., p.102 – letter to Emil Boesen, 14 December 1841.

32. Ibid., p.106 – letter to F. C. Sibbern, 15 December 1841.

33. Ibid., p.99 – letter to Carl Lund, 8 December 1841.

34. Ibid., p.110 – letter to Wilhelm Lund, autumn 1841.

35. Ibid., p.111 – letter to Michael Lund, 28 December 1841.

36. Ibid., pp.112–13 – letter to Carl Lund, 31 December 1841.

37. Ibid., pp.121–2 – letter to Emil Boesen, 16 January 1842.

38. Ibid., pp.134–5 – letter to Emil Boesen, 6 February 1842.

39. Ibid., p.139 – letter to Emil Boesen, 27 February 1842.

40. *Kierkegaard's Journals and Notebooks, Volume 5: Journals NB6–NB 105*, p.83: NB7, 10 (August 1848).

41. Ibid., p.50: NB6, 69 (July or August 1848).

42. Ibid., pp.48–9, 56: NB6, 66, 74 (July or August 1848).

43. Ibid., p.47: NB6, 65 (July or August 1848).

※ 第九章 基督教世界的苏格拉底

1. S. Kierkegaard, *The Point of View*, ed. and trans. Howard V. Hong and Edna H. Hong (Princeton University Press, 2009), p.121.

2. *Kierkegaard's Journals and Notebooks, Volume 5: Journals NB6–NB10*, ed. and trans. Niels Jørgen Cappelørn, Alastair Hannay, David Kangas, Bruce H. Kirmmse, George Pattison, Joel D. S. Rasmussen, Vanessa Rumble and K. Brian Söderquist (Princeton University Press, 2012), p.85: NB7, 13 (late August or early September 1848).

3. Ibid., p.39: NB6, 56 (July or August 1848).

4. Ibid., p.45: NB6, 63 (July or August 1848).

5. *The Point of View*, pp.47, 52, 50.

6. Ibid., p.54.

7. Ibid., p.43.

8. *Kierkegaard's Journals and Notebooks, Volume 5: Journals NB6–*

NB10, p.70: NB6, 93 (July or August 1848).

9. *The Point of View*, p.54.

10. Ibid., p.53.

11. *Kierkegaard's Journals and Notebooks, Volume 5: Journals NB6–NB10*, p.45: NB6, 63 (July or August 1848).

12. S.Kierkegaard, *Either/Or*, Part I, ed. and trans. Howard V. Hong and Edna H. Hong (Princeton University Press, 1988), p.45.

13. Ibid., pp.38–9.

14. S. Kierkegaard, *Either/Or*, Part II, ed. and trans. Howard V. Hong and Edna H. Hong (Princeton University Press, 1988), p.144.

15. Ibid., pp.6, 168.

16. See Susan Buck-Morss, *Hegel, Haiti, and Universal History* (University of Pittsburgh Press, 2009).

17. *Either/Or*, Part I, pp.324–5.

18. *Either/Or*, Part II, p.338.

19. 关于 H.N. 克劳森以及克尔凯郭尔同他的关系，见 Hugh S.Pyper, 'Henrik Nicolai Clausen: The Voice of Urbane Rationalism'，in *Kierkegaard and His Danish Contemporaries, Tome II: Theology*, ed. Jon Stewart (Ashgate, 2009), pp. 41–8。

20. *Søren Kierkegaard's Journals and Papers: Autobiographical, 1829–48*, ed. and trans. Howard V. Hong and Edna H. Hong, assisted by Gregor Malantschuk (Bloomington: Indiana University Press, 1978), p.19: Pap. I A 62 (1 June 1835).

21. 1848 年 10 月格伦特维赢得了丹麦制宪会议的一个席位，在会上，他就坐在对手克劳森的身旁，后者是王室任命的非选举议员之一。关于克尔凯郭尔与格伦特维的关系，见 Anders Holm, ‘Nicolai Frederik Severin Grundtvig: The Matchless Giant’ , in *Kierkegaard and His Danish Contemporaries, Tome II*, pp.95–151。

22. *The Point of View*, pp.47, 42.

23. *Either/Or* Part II, p.354.

24. *Encounters with Kierkegaard*, ed. Bruce Kirmmse, trans. Bruce Kirmmse and Virginia Laursen (Princeton University Press, 1998), p.56，这段话出自卡尔·普洛乌的儿子、传记作者 Hother Ploug，见 *Carl Ploug. Hans Liv og Gerning*, vol. I (1813–48), pp.110ff。关于克尔凯郭尔与乔德瓦德的关系，见 Andrea Scaramuccia, ‘Jens Finsteen Giødwad: An Amiable Friend and a Despicable Journalist’ , in *Kierkegaard and His Danish Contemporaries, Tome I: Philosophy, Politics and Social Theory*, ed. Jon Stewart (Ashgate, 2009), pp.13–33。

25. See *Encounters with Kierkegaard*, pp.57–8.

26. See S. Kierkegaard, *Discourses at the Communion on Fridays*, trans. Sylvia Walsh (Indiana University Press, 2011), p.119f.

27. Ibid., p.125f.

※ 第十章　重复：一种新的生命哲学

1. S.Kierkegaard, *The Sickness unto Death*, ed. and trans. Howard V.Hong and Edna H. Hong (Princeton University Press, 1983), p.82, and see also pp.14, 49, 131; S.Kierkegaard, *Eighteen Upbuilding Discourses*, ed. and trans. Howard V.Hong and Edna H. Hong (Princeton University Press, 1992), p.399; S. Kierkegaard, *Upbuilding Discourses in Various Spirits*, ed. and trans.

Howard V.Hong and Edna H.Hong (Princeton University Press, 2009), p.121.

2. *Kierkegaard's Journals and Notebooks, Volume 5: Journals NB6–NB10*, ed. and trans. Niels Jørgen Cappelørn, Alastair Hannay, David Kangas, Bruce H. Kirmmse, George Pattison, Joel D.S.Rasmussen, Vanessa Rumble and K.Brian Söderquist (Princeton University Press, 2012), pp.144–5: NB7, 114 (September to November 1848); see also pp.450–51.

3. See Andrew Hamilton, *Sixteen Months in the Danish Isles*, vol.2 (Richard Bentley, 1852), p.170.

4. *Kierkegaard's Journals and Notebooks, Volume 5: Journals NB6–NB10*, ed. and trans. Niels Jørgen Cappelørn, Alastair Hannay, David Kangas, Bruce H. Kirmmse, George Pattison, Joel D.S.Rasmussen, Vanessa Rumble and K. Brian Söderquist (Princeton University Press, 2012), p.145: NB7, 114 (September to November 1848).

5. S. Kierkegaard, *The Point of View*, ed. and trans. Howard V. Hong and Edna H. Hong (Princeton University Press, 2009), pp.36–7.

6. See ibid., pp.37, 69.

7. See Niels Thulstrup, *The Copenhagen of Kierkegaard*, ed. Marie Mikulová Thulstrup, trans. Ruth Mach-Zagal (Reitzel, 1981), pp.50–51. 菲利普森 1841 年出版了克尔凯郭尔的博士论文《论反讽概念——以苏格拉底为主线》，1840 年代还出版了克尔凯郭尔的五部讲演集。

8. “信仰的期待”讨论的是《加拉太书》3:23 至结尾，而“各样美善的恩赐，和各样全备的赏赐”讨论的是《雅各书》1:17–22。See *Eighteen Upbuilding Discourses*, pp.1–48.

9. Ibid., p.5.

10. *Kierkegaard's Journals and Notebooks, Volume 2: Journals EE–KK*,

ed. and trans. Niels Jørgen Cappelørn, Alastair Hannay, David Kangas, Bruce H. Kirmmse, George Pattison, Vanessa Rumble and K. Brian Söderquist (Princeton University Press, 2008), p.157: JJ 93 (April 1843).

11. Ibid., p.162: JJ 109 (10 May 1843).

12. S.Kierkegaard, *Letters and Documents*, ed. and trans. Henrik Rosenmeier (Princeton University Press, 2009), pp.151–2 – letter to Emil Boesen, 15 May 1843.

13. See *Kierkegaard's Journals and Notebooks, Volume 3: Notebooks 1–15*, ed. and trans. Niels Jørgen Cappelørn, Alastair Hannay, David Kangas, Bruce H. Kirmmse, George Pattison, Vanessa Rumble and K. Brian Söderquist (Princeton University Press, 2010), p.435: NB15, 4 (August to November 1849).

14. S. Kierkegaard, *Letters and Documents*, p.97 – letter to P. J. Spang, 18 November 1841.

15. Ibid., p. 151 – letter to Emil Boesen, 15 May 1843.

16. 这是 13 号笔记本，日期似乎可以追溯到 1842 年 12 月，但 1846 年克尔凯郭尔还在上面添加了关于斯宾诺莎的笔记，见 *Kierkegaard's Journals and Notebooks, Volume 3: Notebooks 1–15*, pp.731–9。关于滕尼曼（Tenneman）的《哲学史》（*Geschichte der Philosophie*）的笔记在第 14 号笔记本中延续（see ibid., pp.767–8），这本日记可以追溯到 1843 年的头几个月，在 JJ 日记中也有（见 *Kierkegaard's Journals and Notebooks, Volume 2: Journals EE–KK*, pp.453–66），其中有部分日记写于 1843 年春。

17. See *Kierkegaard's Journals and Notebooks, Volume 3: Notebooks 1–15*, pp.409–11.

18. Ibid., p.307: NB13, 34.

19. 克尔凯郭尔的笔迹经常发生变化，这一点非同寻常：它不仅在不同的时间线上不一样，在同一个文本的写作中也会变化。Annelise Garde 从笔迹学家的角度对克尔凯郭尔的笔迹做出了分析（分析以丹麦文写成，有英文摘要和一些有意思的样本），见‘Grafologisk undersøgelse af Søren Kierkegaards håndskrift i årene 1831–1855’，*Kierkegaardiana*, 10 (1977), pp.200–238。

20. S.Kierkegaard, *Fear and Trembling / Repetition*, ed. and trans. Howard V.Hong and Edna H. Hong (Princeton University Press, 1983), pp.131, 148.

21. 泰晤士河底的第一条隧道于 1843 年 5 月 25 日开放，即克尔凯郭尔离开柏林之前。

22. *Fear and Trembling / Repetition*, p.150.

23. Ibid., pp.151–2.

24. Ibid., pp.169–70.

25. Ibid., pp.133–5.

26. Ibid., p.136.

27. Ibid., pp.137–8.

28. Ibid., p.142.

29. 这一段中的前半部分被从手稿边缘删去了，没有出现在成书版本中。See ibid., pp.184, 277.

30. *Kierkegaard's Journals and Notebooks, Volume 2: Journals EE–KK*, pp.164–5: JJ 115 (17 May 1843).

31. *Fear and Trembling / Repetition*, p.180.

32. Ibid., p.201.

33. Ibid., p.214.

34. See *Kierkegaard's Journals and Notebooks, Volume 2: Journals EE–KK*, p.169: JJ 131 (1843).

35. Ibid., p.171: JJ 141 (1843).

36. *Kierkegaard's Journals and Notebooks, Volume 5: Journals NB6–NB10*, p.189: NB8, 87 (November or December 1848).

37. Ibid., p.25: NB6, 29 (July or August 1848).

※ 第十一章 如何忧惧

1. *Kierkegaard's Journals and Notebooks, Volume 5: Journals NB6–NB10*, ed. and trans. Niels Jørgen Cappelørn, Alastair Hannay, David Kangas, Bruce H.Kirmmse, George Pattison, Joel D.S.Rasmussen, Vanessa Rumble and K. Brian Söderquist (Princeton University Press, 2012), p.98: NB7, 36 (August to November 1848).

2. S. Kierkegaard, *The Point of View*, ed. and trans. Howard V. Hong and Edna H. Hong (Princeton University Press, 2009), p.75.

3. Ibid., pp.71–3.

4. Ibid., pp.71–2, 88.

5. Ibid., p.162.

6. Ibid., p.162.

7. See *Kierkegaard's Journals and Notebooks, Volume 4: Journals NB–NB5*, ed. and trans. Niels Jørgen Cappelørn, Alastair Hannay, David Kangas, Bruce H. Kirmmse, George Pattison, Joel D.S.Rasmussen, Vanessa Rumble and K.Brian Söderquist (Princeton University Press, 2011), pp.139–40: NB2, 9 (1847).

8. *Kierkegaard's Journals and Notebooks, Volume 5: Journals NB6–NB10*, p.44: NB6, 62 (July or August 1848).

9. *Kierkegaard's Journals and Notebooks, Volume 2: Journals EE–KK*, ed. and trans. Niels Jørgen Cappelørn, Alastair Hannay, David Kangas, Bruce H. Kirmmse, George Pattison, Vanessa Rumble and K. Brian Söderquist (Princeton University Press, 2008), p.174: JJ 145 (1843). 这篇日记是被现代学者用显微镜识别出来的。

10. Ibid., p.176: JJ 155 (1843).

11. *Encounters with Kierkegaard*, ed. Bruce Kirmmse, trans. Bruce Kirmmse and Virginia Laursen (Princeton University Press, 1998), p.208. 关于伊斯拉埃尔・莱温，也可参见 Niels Jørgen Cappelørn, Joakim Garff and Johnny Kondrup, *Written Images: Søren Kierkegaard's Journals, Notebooks, Booklets, Sheets, Scraps, and Slips of Paper*, trans. Bruce Kirmmse (Princeton University Press, 2003), pp.150–58。

12. *Encounters with Kierkegaard*, p.232，选自汉斯・布勒克纳对克尔凯郭尔的回忆录，写于 1871—1872 年。

13. See Christopher B. Barnett, *Kierkegaard, Pietism and Holiness* (Ashgate, 2011), p.12.

14. See Johann Arndt, *True Christianity*, trans. Peter Erb (London: SPCK, 1979), pp.70–82 and *passim*.

15. Ibid., p. 75. 关于克尔凯郭尔对阿恩特的阅读，见 Joseph Ballon, 'Johann Arndt: The Pietist Impulse in Kierkegaard and Seventeenth-Century Lutheran Devotional Literature', in *Kierkegaard and the Renaissance and Modern Traditions, Tome II: Theology*, ed. Jon Stewart (Ashgate, 2009), pp.21–30。

16. See George Pattison, '*Poor Paris!*' (Walter de Gruyter, 1998), pp.21–46.

17. See Niels Thulstrup, *The Copenhagen of Kierkegaard*, ed. Marie Mikulová Thulstrup, trans. Ruth Mach-Zagal (Reitzel, 1981), pp.53–8. 在她的小书 *Lif i Norden [Life in Scandinavia]* 中，瑞典作家弗雷德丽卡·布雷默讲述了她 1849 年在东街逛街的经历，她说那条街就是“一种炼狱”，“对人类充满敌意”。

18. See *The Point of View*, p.61.

19. See George Pattison, *Kierkegaard, Religion, and the Nineteenth-Century Crisis of Culture* (Cambridge University Press, 2002), pp.30–49.

20. S. Kierkegaard, *The Concept of Anxiety*, ed. and trans. Reidar Thomte (Princeton University Press, 1981), pp.115–16.

21. Ibid., pp.78–9.

22. Ibid., p.155.

23. Ibid., p.156.

24. Ibid., p.158.

25. Ibid., p.159.

26. See *Encounters with Kierkegaard*, p.61 – from a letter from Hans Brøchner to H.P.Barfod, 10 November 1871.

27. “我记得一天晚上，”汉斯·布勒克纳写道，“我正准备去排练那出剧，在高桥广场（Højbroplads）上遇到了克尔凯郭尔，跟他聊起来。他用开玩笑的口气跟我说：‘啊，所以你就要在霍斯楚普的喜剧中扮演我了吗？’我把那个角色的内容讲给他听，还说了我对那个角色的理解。当时我不觉得霍斯楚普的玩笑对他有任何影响。”在他 1891 年的回忆录中，霍斯楚普回忆起那时遇到克尔凯郭尔和埃米尔·伯森：“那次会面很奇怪的是，他对我极为友好，虽然根据他的杂志判断，《詹博恩》让他极为怨怒。我带着极大的兴趣看着这个奇怪的人，无论那之前还是之后，我都被他的好几本书深深打动过。” See *Encounters with Kierkegaard*, pp.61, 287.

28. See S. Kierkegaard, *Philosophical Fragments / Johannes Climacus*, ed. and trans. Howard V. Hong and Edna H. Hong (Princeton University Press, 1985), pp.176–7 (Pap. V B 39), *The Concept of Anxiety*, p.177 (Pap. V B 42).

29. S.Kierkegaard, *Prefaces / Writing Sampler*, ed. and trans. Todd W.Nichol (Princeton University Press, 1997), p.9.

30. Ibid., p.13.

31. Ibid., p.19.

32. Ibid., p.178.

33. Ibid., p.15.

34. See *Kierkegaard's Journals and Notebooks, Volume 2: Journals EE–KK*, pp.194, 203: JJ 220, 255 (1844).

35. See S. Kierkegaard, *Eighteen Upbuilding Discourses*, ed. and trans. Howard V. Hong and Edna H. Hong (Princeton University Press, 1992), pp.321–5.

36. S.Kierkegaard, *Fear and Trembling*, ed. C.Stephen Evans and Sylvia Walsh, trans. Sylvia Walsh (Cambridge University Press, 2006), p.21.

37. S.Kierkegaard, *Letters and Documents*, ed. and trans. Henrik Rosenmeier (Princeton University Press, 2009), p.164 – letter to Emil Boesen, undated.

38. Ibid., p.236 – letter to Henriette Kierkegaard, December 1847.

39. *Encounters with Kierkegaard*, p.242，选自汉斯·布勒克纳对克尔凯郭尔的回忆，写于 1871—1872 年。

※ 第十二章 生命的迷宫

1. See S. Kierkegaard, *The Point of View*, ed. and trans. Howard V. Hong and Edna H. Hong (Princeton University Press, 1998), p.207: Pap. X^2 A 66 (1849). 这篇日记的题目是“关于 1848 年”。

2. *Kierkegaard's Journals and Notebooks, Volume 5: Journals NB6–NB10*, ed. and trans. Niels Jørgen Cappelørn, Alastair Hannay, David Kangas, Bruce H. Kirmmse, George Pattison, Joel D. S. Rasmussen, Vanessa Rumble and K. Brian Söderquist (Princeton University Press, 2012), p.144: NB7, 114 (August to November, 1848). 1849 年，克尔凯郭尔在日记中写道:“我的家一直是我的安慰，有一个令人愉快的家一直是我生活在尘世中最大的鼓励。”见 *Kierkegaard's Journals and Notebooks, Volume 6: Journals NB11–NB14*, ed. and trans. Niels Jørgen Cappelørn, Alastair Hannay, David Kangas, Bruce H. Kirmmse, George Pattison, Joel D. S. Rasmussen, Vanessa Rumble and K. Brian Söderquist (Princeton University Press, 2013), p.234: NB12, 143 (1849)。

3. *Kierkegaard's Journals and Notebooks, Volume 5: Journals NB6–NB10*, pp.196–7: NB8, 106 (December 1848).

4. Ibid., p.321: NB10, 105 (February to April 1849).

5. Ibid..

6. Ibid., p.211: NB9, 8 (January or February 1849).

7. See *Kierkegaard's Journals and Notebooks, Volume 3: Notebooks 1–15*, ed. and trans. Niels Jørgen Cappelørn, Alastair Hannay, David Kangas, Bruce H. Kirmmse, George Pattison, Vanessa Rumble and K. Brian

Söderquist (Princeton University Press, 2010), p.436: Notebook 15, 4 (August to November 1849).

8. *Kierkegaard's Journals and Notebooks Volume 5: Journals NB6–NB10*, p.83: NB7, 10 (August to November 1848).

9. Ibid., p.91 (NB7, 20 August to November 1848).

10. Ibid., p.90: NB7, 20 (August to November 1848).

11. Ibid., p.91: NB7, 20 (August to November 1848).

12. See ibid., pp.368–9: NB10, 191 (February to April 1849).

13. Ibid., p.192: NB8, 97 (December 1848).

14. Ibid., p.184: NB8, 76 (December 1848).

15. See S. Kierkegaard, *Stages on Life's Way*, ed. and trans. Howard V. Hong and Edna H. Hong (Princeton University Press, 1988), p.515.

16. Ibid., pp.16–17.

17. Ibid., pp.183–4.

18. Ibid., pp.189–90.

19. See ibid., pp.329–30; also *Kierkegaard's Journals and Notebooks, Volume 3: Notebooks 1–15*, p.433: Notebook 15, 4 (August to November 1849). 克尔凯郭尔在此处写道："如果有朝一日她读到这本书，我想她会记起这封短信来……"

20. *Stages on Life's Way*, p.381.

21. Ibid., p.397.

22. Ibid., pp.16–17.

23. *Encounters with Kierkegaard*, ed. Bruce Kirmmse, trans. Bruce Kirmmse and Virginia Laursen (Princeton University Press, 1998), p.232，选自汉斯·布勒克纳关于克尔凯郭尔的回忆，写于 1871—1872 年。

24. See S.Kierkegaard, *The Corsair Affair*, ed. and trans. Howard V. Hong and Edna H. Hong (Princeton University Press, 1982), pp.274–5.

25. Ibid., pp.24–7.

26. 奥诺雷・德・巴尔扎克的《人间喜剧》(写于 1837 年到 1843 年)对 1820 年代的巴黎新闻界有一段生动的描写。

27. J. L. 海贝尔 1827 年发表了一篇关于涅墨西斯的文章。关于克尔凯郭尔本人对涅墨西斯神话的兴趣，见 Laura Liva, 'Nemesis: From the Ancient Goddess to a Modern Concept', in Katalin Nun and Jon Stewart (eds.), *Kierkegaard's Literary Figures and Motifs, Tome II: Gulliver to Zerlina* (Ashgate, 2015), pp.155–62。

28. See Roger Poole, 'Søren Kierkegaard and P.L.Møller: Erotic Space Shattered', in *International Kierkegaard Commentary, Volume 13: The Corsair Affair*, ed. Robert L. Perkins (Mercer University Press, 1990), pp.141–61; Troy Wellington Smith, 'P.L.Møller: Kierkegaard's Byronic Adversary', *The Byron Journal*, 42.1 (2014), pp.35–47. P.L. 默勒有时被认为是克尔凯郭尔笔下的诱惑者约翰纳斯的原型：Roger Poole 认为这一理论是克尔凯郭尔研究中“不够规范”的部分。

29. See *The Corsair Affair*, pp.96–104.

30. Ibid., p.46.

31. 选自 Goldschmidt 的自传 *Livs Erindringer og Resultater* (Gyldendal, 1877) 中的叙述，见 *The Corsair Affair*, p.146。

32. Ibid., pp.132–3 (extract abridged).

33. 选自 Goldschmidt 的自传，见 ibid., p.149。

34. *Kierkegaard's Journals and Notebooks, Volume 2: Journals EE–KK*, ed. and trans. Niels Jørgen Cappelørn, Alastair Hannay, David Kangas, Bruce

H. Kirmmse, George Pattison, Vanessa Rumble and K. Brian Söderquist (Princeton University Press, 2008), pp.172–3: JJ 143 (1843).

35. *Kierkegaard's Journals and Notebooks, Volume 4: Journals NB-NB5*, ed. and trans. Niels Jørgen Cappelørn, Alastair Hannay, David Kangas, Bruce H. Kirmmse, George Pattison, Joel D. S. Rasmussen, Vanessa Rumble and K. Brian Söderquist (Princeton University Press, 2011), p.17: NB, 7 (9 March 1846).

36. Ibid., p.12: NB, 7 (9 March 1846).

37. See S.Kierkegaard, *Upbuilding Discourses in Various Spirits*, p.356: Pap. VII[1] A 9 (February, 1846).

38. 见 *Kierkegaard's Journals and Notebooks Volume 5: Journals NB6–NB10*, p.38: NB6, 55 (July or August 1848): "于是我选择了［海贝尔］的母亲并赞美她。" 关于托马辛・居伦堡的匿名写作，见 Katalin Nun, *Women of the Danish Golden Age: Literature, Theater and the Emancipation of Women* (Museum Tusculanum Press, 2013)。

39. See *To Tidsaldre*, in J.L.Heiberg (ed.), *Skrifter*, vol.XI (Reitzel, 1851), pp.156–8. 这些文本的译者是 George Pattison, 可参见他的 *Kierkegaard, Religion and the Nineteenth-Century Crisis of Culture* (Cambridge University Press, 2002), pp.54–61。

40. See J.L.Heiberg, 'Folk og Publicum' , *Intelligensblade* 6, 1 June 1842, p.137. Translation by George Pattison: see his *Kierkegaard, Religion and the Nineteenth-Century Crisis of Culture*, p.65.

41. S.Kierkegaard, *Two Ages*, ed. and trans. Howard V. Hong and Edna H. Hong (Princeton University Press, 1978), p.5.

42. Ibid., pp.95–6. 这里提到的《圣经》的段落是《路加福音》23:28。

43. 关于克尔凯郭尔与阿德勒的关系，见 Carl Henrik Koch, 'Adolph

Peter Adler: A Stumbling-Block and an Inspiration for Kierkegaard', in *Kierkegaard and His Danish Contemporaries, Tome II: Theology*, ed. Jon Stewart (Ashgate, 2009), pp.1–22。

44. S. Kierkegaard, *Works of Love*, ed. and trans. Howard V. Hong and Edna H. Hong (Princeton University Press, 1998), p.194.

45. *Kierkegaard's Journals and Notebooks, Volume 4: Journals NB–NB5*, p.317: NB4, 62 (1848).

46. Ibid., p.111: NB7, 63 (September to November 1848).

47. See ibid., pp.102–3: NB7: 46 (September to November 1848); p.177: NB8, 57 (December 1848).

48. *Kierkegaard's Journals and Notebooks, Volume 4: Journals NB–NB5*, pp.398–9: NB5, 61 (May to July 1848).

49. 克尔凯郭尔觉得自己的作品被忽视了:《非此即彼》《畏惧与颤栗》《重复》《爱的作为》固然备受评论界关注，然而其他作品，如《忧惧的概念》《两个时代：一篇文学评论》《基督教讲演集》则没有任何人评论。See *Kierkegaard's Journals and Notebooks, Volume 6: Journals NB11–NB14*, p.453.

50. *Kierkegaard's Journals and Notebooks, Volume 5: Journals NB6–NB10*, p.197: NB8, 106 (December 1848).

51. See ibid., p.198: NB8, 108 (December, 1848).

52. Ibid., p.200: NB8, 110 (December, 1848).

53. Ibid., p.191: NB8, 97 (December 1848); 又见克尔凯郭尔 1849 年初写的关于他自己是“大笑的殉道者”的日记，ibid., pp.289–90: NB10, 42 (February to April 1849)。

54. Ibid., p.11: NB6, 9 (July or August, 1848).

55. Ibid., p.181: NB8, 69 (December 1848).

第三部分 1849—1855年：向前活的生活

1. *Kierkegaard's Journals and Notebooks, Volume 5: Journals NB6–NB10*, ed. and trans. Niels Jørgen Cappelørn, Alastair Hannay, David Kangas, Bruce H. Kirmmse, George Pattison, Joel D. S. Rasmussen, Vanessa Rumble and K. Brian Söderquist (Princeton University Press, 2012), p.300: NB10, 60 (February to April 1849).

※ 第十三章 与世界格格不入

1. *Kierkegaard's Journals and Notebooks, Volume 5: Journals NB6–NB10*, ed. and trans. Niels Jørgen Cappelørn, Alastair Hannay, David Kangas, Bruce H. Kirmmse, George Pattison, Joel D. S. Rasmussen, Vanessa Rumble and K. Brian Söderquist (Princeton University Press, 2012), p.242.

2. Ibid., p.14.

3. See *Encounters with Kierkegaard*, ed. Bruce Kirmmse, trans. Bruce Kirmmse and Virginia Laursen (Princeton University Press, 1998), p.109 – from H. C. Rosted, *Den gamle Postgaard in Hørsholm* (O. Cohn and E. Hasfeldt, 1925), p.27. 也见 *Encounters with Kierkegaard*, p.111, 其中 Tycho Spang 回忆起克尔凯郭尔“与每个年龄段和各个阶层的人交谈的天赋相当出色且非同寻常”。

4. 关于克尔凯郭尔借《海盗船》殉道，例如见 *Kierkegaard's Journals and Notebooks, Volume 5: Journals NB6–NB10*, p.349: NB10, 166 (February to April 1849): “我感觉无法言说的虚弱，在我看来，似乎过不了多久，死亡就要来终结这一切了。真的，如果有什么可以终结这一切平庸、嫉妒、扭曲的卑劣行径，一个死人正是如今的哥本哈根和丹麦所需要的。”克尔凯郭尔认为他已经把自己献祭出去，“以确保 P. L. 默勒和哥尔德施米特遵守规矩”，但他觉得他没能因为自己的艺术赢得财富和声名，反而“因为生在这样一个道德堕落的集镇”，他要“被每一个街头小混混羞辱，嫉妒接踵而至，凯旋而归”，这样的“命运未免沉重”。

5. Ibid., p.259: NB9, 78 (February 1849).

6. Ibid., p.300: NB10, 60 (February to April 1849).

7. 关于克尔凯郭尔对《论阿德勒》的改写，见 ibid., p. 525。

8. Ibid., p.242: NB9, 56 (January or February 1849).

9. Ibid., p.237: NB9, 45 (January or February 1849).

10. 见 S.Kierkegaard, *The Lily of the Field and the Bird of the Air: Three Godly Discourses*, trans. Bruce Kirmmse (Princeton University Press, 2016), p.5。

11. Ibid., p.52.

12. Ibid., pp.78–9.

13. S. Kierkegaard, *The Sickness unto Death*, ed. and trans. Howard V. Hong and Edna H. Hong (Princeton University Press, 1983), pp.35–6.

14. See *Kierkegaard's Journals and Notebooks, Volume 6: Journals NB11–NB14*, ed. and trans. Niels Jørgen Cappelørn, Alastair Hannay, David Kangas, Bruce H. Kirmmse, George Pattison, Joel D. S. Rasmussen, Vanessa Rumble and K. Brian Söderquist (Princeton University Press, 2013), p.8: NB11, 8; p.55: NB11, 105 (May to July 1849). 关于克尔凯郭尔的宗教阅读对他出版《致死的疾病》一书的决定的影响，见 Peter Sajda, '"The Wise Men Went Another Way" : Kierkegaard's Dialogue with Fénelon and Tersteegen in the Summer of 1849' , in *Kierkegaard and Christianity*, ed.

Roman Králik, Abrahim H. Khan, Peter Sajda, Jamie Turnbull and Andrew J. Burgess (Acta Kierkegaardiana, vol. 3, 2008), pp.89–105。

15. *Kierkegaard's Journals and Notebooks, Volume 6: Journals NB11–NB14*, pp.8–14: NB11, 8–20 (May to July 1849).

16. Ibid., p.101: NB11, 174 (May to July 1849).

17. See *Kierkegaard's Journals and Notebooks, Volume 8: Journals NB21–NB25*, ed. and trans. Niels Jørgen Cappelørn, Alastair Hannay, Bruce H. Kirmmse, David D. Possen, Joel D. S. Rasmussen and Vanessa Rumble (Princeton University Press, 2015), pp.679–81.

18. See *Kierkegaard's Journals and Notebooks, Volume 6: Journals NB11–NB14*, pp.17, 35, 42, 45, 47: NB11, 25, 59, 61, 77, 80, 87 (May to July 1849).

19. See ibid., p. 113: NB11, 193 (May to July 1849); p.488.

20. See *Kierkegaard's Journals and Notebooks, Volume 8: Journals NB21–NB25*, pp.356–7: NB24, 54 (April to November 1851).

21. *Kierkegaard's Kierkegaard's Journals and Notebooks, Volume 6: Journals NB11–NB14*, pp.138–9: NB11, 233 (May to July 1849)，段落有删节。

22. Ibid., p. 124: NB11, 204 (May to July 1849); S.Kierkegaard, *Practice in Christianity*, ed. and trans. Howard V.Hong and Edna H. Hong (Princeton University Press, 1991), p.282: Pap. X B 48 (1849).

23. See *Kierkegaard's Journals and Notebooks, Volume 6: Journals NB11–NB14*, pp.550–51. 和克尔凯郭尔一样，弗雷德丽卡・布雷默也在 1830 年代放弃婚姻成为一名作家，她是受现代德国哲学和英国功利主义的启发。她在 1849 年离开哥本哈根后乘船前往纽约并周游了美洲；她的作品涉及奴隶制、监狱、贵格派和震颤派、中西部地区的斯堪的纳维亚人社区。回瑞典的途中她在英国待了几周时间，去了利物浦、曼彻斯特和伦敦，见到了乔治·艾略特和伊丽莎白·盖斯凯尔（Elizabeth Gaskell）。

弗雷德丽卡·布雷默关于克尔凯郭尔的叙述也得到了与她同时代的英国人安德鲁·汉密尔顿（Andrew Hamilton）的附和，汉密尔顿于 1849 年前后前往丹麦，后来出版了一部两卷本的长篇游记。他没有与克尔凯郭尔打过照面儿，但常常见到后者在街上散步，往往都在跟人深入交谈："他是个富有哲学思想的基督教作家，总是在写人类的心灵这个主题，几乎可以说在这个话题上喋喋不休。没有哪一位丹麦作家像他那样勤奋认真，然而也没有哪个人在成名的道路遇到了那么多障碍。他的作品有时带着一种超凡脱俗的美感，但往往会展现出一种夸张的憎恶公众的逻辑……我阅读他的某些书得到了极大的愉悦……克尔凯郭尔的生活习惯十分古怪，足以让人们对他的活动产生（恐怕是误导的）兴趣。他拒绝加入任何公司机构，在自己家里不接待任何人，那无论从何种意义上都是一处看不见的住所；我从未听说有任何人进去过。然而他的一个伟大的研究对象是人性，没有人比他更了解人。事实上**他整天在城里散步**，通常都有人陪伴；他只有在夜间才写作和阅读。散步时他非常健谈，与此同时，也会引导同伴讲出一切可能对他有益的东西。" Andrew Hamilton, *Sixteen Months in the Danish Isles*, vol.2 (Richard Bentley, 1852), p.269.

24. 马滕森效仿明斯特，于 1845 当上王室宫廷传教士，1847 年荣膺丹内布鲁格勋章骑士。

25. See S. Kierkegaard, *Letters and Documents*, ed. and trans. Henrik Rosenmeier (Princeton University Press, 2009), pp.335–6 – letter to Regine Schlegel, 1849. 致雷吉娜及其丈夫的一系列信件草稿，见 ibid., pp.322–37。

26. See *Kierkegaard's Journals and Notebooks, Volume 6: Journals NB11–NB14*, p.658. 彼得·克里斯蒂安·克尔凯郭尔还提到克尔凯郭尔的

一位假名为 H.H. 的“模仿者和信徒”，克尔凯郭尔于 1849 年 5 月以该假名发表了《两篇次要的伦理 - 宗教文章》(*Two Minor Ethical-Religious Essays*)——这是他未出版的《论阿德勒》的大加删节的版本。和他此前的假名作品一样，克尔凯郭尔的朋友延斯·乔德瓦德将手稿带给印刷商，保守了作者身份的秘密。《两篇次要的伦理 - 宗教文章》对比了天才诗人、信徒和殉道者等人物并探索了他们与真理的不同关系，从而提出了关于克尔凯郭尔的作者身份的“一个观点”。其中涉及个人的信息要比《出自一个仍然活着的人的文稿》少得多，只是揭示出“我是个天才，不是信徒，不是殉道者”，见 S. Kierkegaard, *Without Authority*, ed. and trans. Howard V.Hong and Edna H. Hong (Princeton University Press, 1997), p.238。

27. See *Kierkegaard's Journals and Notebooks, Volume 6: Journals NB11–NB14*, p.385: NB14, 63 (November 1849 to January 1850).

28. *Kierkegaard's Journals and Notebooks, Volume 7: Journals NB15–NB20*, ed. and trans. Niels Jørgen Cappelørn, Alastair Hannay, Bruce H. Kirmmse, David D. Possen, Joel D. S. Rasmussen, Vanessa Rumble and K. Brian Söderquist (Princeton University Press, 2014), pp.120–21: NB16, 38 (February to March 1850).

29. See ibid., p.158: NB16, 92 (February to March 1850). 奥古斯丁此话讲的是《马太福音》5:39。

30. 关于克尔凯郭尔阅读路德和特司谛更，见 David Yoon-Jung Kim and Joel D.S.Rasmussen, ‘Martin Luther: Reform, Secularization and the Question of His “True Successor”’, and Christopher B. Barnett, ‘Gerhard Tersteegen: Kierkegaard’s Reception of a Man of “Noble Piety and Simple Wisdom”’, both in *Kierkegaard and the Renaissance and Modern Traditions, Tome II: Theology*, ed. Jon Stewart (Ashgate, 2009), pp.173–217

and 245–58。

31. See *Kierkegaard's Journals and Notebooks, Volume 7: Journals NB15–NB20*, p.528; 见 Martin Luther, *En christelig Postille*, trans J. Thisted (Wahlske Boghandling, 1828), vol. II, pp.242; 246。

32. See *Letters and Documents*, pp.344–6 – letter from Emil Boesen to S. Kierkegaard, 7 March 1850; and pp.357–8 – letter from S. Kierkegaard to Emil Boesen, 12 April 1850.

33. 见 *Kierkegaard's Journals and Notebooks, Volume 7: Journals NB15–NB20*, pp.219–22: NB17, 71 (March to May 1850)。克尔凯郭尔写了好几篇关于尼尔森的书的日记，在他看来，那本书“部分地使用借来的武器与平庸对战”，“用那套学术规范和细节毁掉了整件事”，见 *Kierkegaard's Journals and Notebooks, Volume 5: Journals NB6–NB10*, p.271: NB10, 9; p.283: NB10, 33; *Kierkegaard's Journals and Notebooks, Volume 6: Journals NB11–NB14*, p.28: NB11, 46。

34. See *Kierkegaard's Journals and Notebooks Volume 7: Journals NB15–NB20*, p.681. 马滕森的书于 1850 年 5 月问世。

35. See ibid., p.695.

36. Ibid., pp.287, 324: NB18, 48, 92 (May to June 1850).

※ 第十四章 “这就是我的方式”

1. See Andrew Hamilton, *Sixteen Months in the Danish Isles*, vol. 2 (Richard Bentley, 1852), p.138. Hamilton 还提到“秋天是灿烂的季节，但丹麦人似乎很少像我们英格兰人那样重视这个季节”(p.141)。

2. *Kierkegaard's Journals and Notebooks, Volume 6: Journals NB11–*

NB14, ed. and trans. Niels Jørgen Cappelørn, Alastair Hannay, David Kangas, Bruce H. Kirmmse, George Pattison, Joel D. S Rasmussen, Vanessa Rumble and K. Brian Söderquist (Princeton University Press, 2013), p.41: NB 11 (May to July 1849). 关于克尔凯郭尔每年 8 月 9 日到 9 月 10 日之间的挣扎，见 ibid., p.159: NB12 (July to September 1849)。

3. See S. Kierkegaard, *Practice in Christianity*, ed. and trans. Howard V. Hong and Edna H. Hong (Princeton University Press, 1991), pp.233–57.

4. *Kierkegaard's Journals and Notebooks, Volume 7: Journals NB15–NB20*, ed. and trans. Niels Jørgen Cappelørn, Alastair Hannay, Bruce H. Kirmmse, David D. Possen, Joel D. S. Rasmussen, Vanessa Rumble and K. Brian Søderquist (Princeton University Press, 2014), pp.271–2: NB18, 27 (May to June 1850).

5. 见 *Kierkegaard's Journals and Notebooks, Volume 8: Journals NB21–NB25*, ed. and trans. Niels Jørgen Cappelørn, Alastair Hannay, Bruce H. Kirmmse, David D. Possen, Joel D. S. Rasmussen and Vanessa Rumble (Princeton University Press, 2015), pp.68–9。也可以参考马滕森在 1850 年 11 月 26 日致好友古德牧师的信中的评论："这本书如今致使主教完全放弃了阅读 K 的书；当然，关于教会布道的无耻宣言让他非常生气。"见 p.787。

6. *Kierkegaard's Journals and Notebooks, Volume 7: Journals NB15–NB20*, pp.271–2: NB18, 27 (May to June 1850).

7. Ibid., p.276: NB18, 33 (May to June 1850).

8. See Christopher B. Barnett, 'Gerhard Tersteegen: Reception of a Man of "Noble Piety and Simple Wisdom"', in *Kierkegaard and the Renaissance and Modern Traditions. Tome II: Theology*, ed. Jon Stewart (Ashgate, 2009), pp.245–57.

9. *Kierkegaard's Journals and Notebooks, Volume 7: Journals NB15–NB20*, pp.329–30: NB18, 101 (May to June 1850).

10. 见 *Kierkegaard's Journals and Notebooks, Volume 8: Journals NB21–NB25*, p.682。

11. See ibid., pp.371–2: NB24, 75 (April to November 1851).

12. *Kierkegaard's Journals and Notebooks, Volume 7: Journals NB15–NB20*, p.376: NB19, 58 (June to July 1850).

13. See S. Kierkegaard, *The Corsair Affair*, ed. and trans. Howard V. Hong and Edna H. Hong (Princeton University Press, 2009), p.51.

14. Ibid., p.53.

15. *Kierkegaard's Journals and Notebooks, Volume 8: Journals NB21–NB25*, p.212: NB23, 20 (January to April 1851). 关于克尔凯郭尔与鲁德巴赫的关系，见 Søren Jensen, 'Andreas Gottlob Rudelbach: Kierkegaard's Idea of an "Orthodox" Theologian' , in *Kierkegaard and His Danish Contemporaries, Tome II: Theology*, ed. Jon Stewart (Ashgate, 2009), pp.303–33。

16. J. P. Mynster, *Yderligere Bidrag til Forhandlingerne om de kirkelige Forhold i Danmark* [*Further Contribution to Negotiations Concerning the Ecclesiastical Situation in Denmark*] (Reitzel, 1851), p.44; see *Kierkegaard's Journals and Notebooks, Volume 8: Journals NB21–NB25*, p.759.

17. *Kierkegaard's Journals and Notebooks, Volume 8: Journals NB21–NB25*, pp.337–9: NB24, 30 (April to November 1851); p.759.

18. See ibid., pp.402–4: NB24, 121 (April to November, 1851).

19. 克尔凯郭尔于 1855 年 8 月以"上帝的不变性"为题发表了这篇布道词，见 S.Kierkegaard, *The Moment and Late Writings*, ed. and trans. Howard V.Hong and Edna H. Hong (Princeton University Press, 1998), pp.263–81。

20. See *Kierkegaard's Journals and Notebook, Volume 8: Journals NB21–NB25*, pp.370–71: NB24, 74 (April to November, 1851).

21. *The Moment and Late Writings*, pp.277–81.

22. *Kierkegaard's Journals and Notebooks, Volume 8: Journals NB21–NB25*, pp.370–71: NB24, 74 (April to November 1851).

23. S.Kierkegaard, *Letters and Documents*, ed. and trans. Henrik Rosenmeier (Princeton University Press, 2009), pp.379–80.

24. Ibid., pp.381–4.

25. S.Kierkegaard, *For Self-Examination / Judge for Yourself!*, ed. and trans. Howard V.Hong and Edna H. Hong (Princeton University Press, 1991), pp.17–18.

26. Ibid., pp.58–9.

27. See ibid., pp.75–85.

28. See *Encounters with Kierkegaard*, ed. Bruce Kirmmse, trans. Bruce Kirmmse and Virginia Laursen (Princeton University Press, 1998), pp.100–101 – from a letter from Emil Boesen to Louise Boesen, autumn 1851.

29. See *Kierkegaard's Journals and Notebooks, Volume 8: Journals NB21–NB25*, p.177: NB22, 146 (November 1850 to January 1851).

30. Ibid., p.532: NB25, 109 (May 1852).

31. Ibid., pp.532–3: NB25, 109 (May 1852).

※ 第十五章　最后一战

1. See *Kierkegaard's Journals and Notebooks, Volume 9: Journals NB26–NB30*, ed. and trans. Niels Jørgen Cappelørn, Alastair Hannay, Bruce H.Kirmmse, David D.Possen, Joel D.S.Rasmussen and Vanessa Rumble

(Princeton University Press, 2017), p.250: NB28, 41 (1853).

2. Ibid., p.29: NB26, 25 (June to August 1852).

3. Ibid., p.290: NB28, 99 (1853).

4. Ibid., p.52: NB26, 51 (June to August 1852).

5. Ibid., p.151: NB27, 39 (August 1852 to February 1853).

6. 除了日记之外，从 1852 年到 1854 年，克尔凯郭尔唯一一篇有分量的作品是从未出版的《汝当自己判断！》(*Judge for Yourselves!*)，与《自省》一样，这也是一部讲演集。

7. *Kierkegaard's Journals and Notebooks, Volume 9: Journals NB26–NB30*, p.230: NB28, 16 (Easter Monday 1853).

8. Ibid., pp.261–2: NB28, 54 (1853).

9. Ibid., pp.262–3: NB28, 55 (2 November 1854).

10. Ibid., pp.264–6: NB28, 56 (1 March 1854).

11. Ibid., p.264: NB28, 56 (1 March 1854).

12. Hans Lassen Martensen, 'Sermon Delivered in Christiansborg Castle Church on the Fifth Sunday after Epiphany, February 5th, 1854, the Sunday Before Bishop Dr. Mynster's Funeral', in S.Kierkegaard, *The Moment and Late Writings*, ed. and trans. Howard V.Hong and Edna H.Hong (Princeton University Press, 1998), p.359.

13. Ibid., pp.3–6; see 1 Corinthians 4: 10–13.

14. *Kierkegaard's Journals and Notebooks, Volume 9: Journals NB26–NB30*, pp.353–4: NB29, 92 (May to June 1854).

15. Ibid., pp.358–9: NB29, 95 (May to June 1854).

16. *Kierkegaard's Journals and Notebooks, Volume 5: Journals NB6–NB10*, ed. and trans. Niels Jørgen Cappelørn, Alastair Hannay, David Kangas,

Bruce H. Kirmmse, George Pattison, Joel D.S.Rasmussen, Vanessa Rumble and K.Brian Söderquist (Princeton University Press, 2012), pp.289–90: NB10, 42 (February to April, 1849).

17. 1854 年 4 月的这段时间前后，克尔凯郭尔收到了一本明斯特的回忆录《我的一生》(*Meddelelser om mit Levnet* [*From My Life*])，是由其子 F.J. 明斯特牧师在这位主教死后出版的。克尔凯郭尔把该书退回给了明斯特牧师，解释说他无法接受它："我与您已故的父亲的关系非常特殊。从我第一次跟他谈话起，我就私下里告诉他……我不同意他的做法。我私下里跟他说了一遍又一遍——我当然不会忘记他怀着极大的善意充满同情地听我说话，我最大的关切是对我已故的父亲的记忆。如今［明斯特］去世了，我必须就此停止。如今我应该也有意获得自由，无论我是否想利用这自由，我都可以无需考虑这些而说出我想说的话……您送我［这本书］是向我宣称（您这是高尚的做法！）一切如旧，所以如果我接受了，也就等于宣称一切如旧，但真实情况不是这样。"克尔凯郭尔还感谢明斯特牧师"慈爱的"短笺，他认为那封短笺"极为真诚，非常动人"。See S.Kierkegaard, *Letters and Documents*, ed. and trans. Henrik Rosenmeier (Princeton University Press, 2009), p.417 – letter to F.J.Mynster, 1854; *Kierkegaard's Journals and Notebooks, Volume 9: Journals NB26–NB30*, p.672. 我们不知道克尔凯郭尔在退回明斯特的回忆录之前有没有读过这本书；如果他读了，他会看到其中根本没提他的名字，倒有不少赞美马滕森的话。

18. 见 Joakim Garff, *Kierkegaard's Muse*, trans. Alastair Hannay (Princeton University Press, 2017), p.24。

19. See *The Moment and Late Writings*, pp.3–8.

20. Hans Lassen Martensen, 'On the Occasion of Dr S. Kierkegaard's Article in *Fædrelandet*, no.295'; see ibid., pp.360–66.

21. See *Encounters with Kierkegaard*, ed. Bruce Kirmmse, trans. Bruce Kirmmse and Virginia Laursen (Princeton University Press, 1998), pp.116–17 – from Mathilde Reinhardt 的 *Familie-Erindringer 1831–1856*, published privately in 1889.

22. *The Moment and Late Writings*, pp.9–10.

23. See ibid., p.25.

24. 尼尔森的文章 1855 年 1 月 10 日发表于《祖国》，见 *The Moment and Late Writings*, p.651。

25. See Garff, *Kierkegaard's Muse*, p.9.

26. Ibid., p.60.

27. Ibid., p.43.

28. Ibid., p.39.

29. *Kierkegaard's Journals and Notebooks: Volume 10, Journals NB31–NB36*, ed. and trans. Niels Jørgen Cappelørn, Alastair Hannay, Bruce H.Kirmmse, David D.Possen, Joel D.S.Rasmussen and Vanessa Rumble (Princeton University Press, 2018), p.371: NB 35, 2 (December, 1854).

30. See *The Moment and Late Writings*, pp.91–2.

31. Ibid., p.105.

32. Ibid., pp.248–9.

33. Ibid., pp.204–5.

34. See Niels Jørgen Cappelørn, 'Søren Kierkegaard at Friday Communion in the Church of Our Lady', trans. K.Brian Söderquist, in *International Kierkegaard Commentary, Volume 18: Without Authority*, ed. Robert L. Perkins (Mercer University Press, 2007).

35. See *Encounters with Kierkegaard*, p.119 – from the diary of Hansine

Andræ, October 18, 1855.

36. Ibid., p.103 – from a letter from Carsten Hauch to B. S. Ingemann, 25 March 1855.

37. Ibid., pp.103–5 – from a letter from F. C. Sibbern to Petronella Ross, 26 March 1855.

38. Ibid., p.107 – from Vilhelm Birkedal, *Personlige Oplevelser i et langt Liv*, vol.2 (Copenhagen: Karl Schønbergs Forlag, 1890).

39. Ibid., p.106 – from a letter from Magdalene Hansen to Elise Stampe, 20 June 1855.

40. Ibid., p.111 – from Otto B. Wroblewski, *Ti Aar i C.A.Reitzels Boglade* (1889).

41. See ibid., pp. 247–8 ，选自汉斯・布勒克纳回忆克尔凯郭尔的文字，写于 1871—1872 年。

42. See ibid., pp. 108–9 – from *Nord og Syd* [*North and South*], 15 September 1855.

43. *The Moment and Late Writings*, p.341.

44. See *Encounters with Kierkegaard*, p.117 – from Mathilde Reinhardt, *Familie-Erindringer* 1831–1856.

45. See *Letters and Documents*, pp.28–32，选自腓特烈斯医院的病历。该病历显示他的死因是“肺结核？”。

46. See *Encounters with Kierkegaard*, p.172 – from Henriette Lund, *Eringringer Fra Hjemmet* (Gyldendal, 1909).

47. Ibid., p.157.

48. *Letters and Documents*, pp.33, 450. 克尔凯郭尔的遗嘱没有标注日期，但他的 *Letters and Documents* 的编辑指出，这份遗嘱写于 1849 年，也

就是克尔凯郭尔致信雷吉娜和 J. F. 施莱格尔那段时间前后。

49. See *Encounters with Kierkegaard*, p.121 – from a letter from Emil Boesen to Louise Boesen, 17 October 1855.

50. Ibid., pp.121–8，选自埃米尔·伯森复述的在医院里与克尔凯郭尔的谈话，最初发表于 *Af Søren Kierkegaards Efterladte Papirer, 1854–55* (Reitzel, 1881), pp.593–9。

51. See, e.g., *Kierkegaard's Journals and Notebooks, Volume 9: Journals NB26–NB30*, p.207: NB 27, 88 (August 1852 to February 1853). "肉中刺"的表达方式出自《哥林多后书》12:2–7；克尔凯郭尔在《最后的、非科学性的附言》中提到，他在该书中指出，肉中刺就是"宗教的痛苦，[后来]成为了有福的标志"。See S. Kierkegaard, *Concluding Unscientific Postscript*, ed. and trans. Alastair Hannay (Cambridge University Press, 2009), p.381.

※ 克尔凯郭尔去世之后

1. See Ludwig Feuerbach, *Thoughts on Death and Immortality*, ed. and trans. James A. Massey (University of California Press, 1980); István Czakó, 'Becoming Immortal: The Historical Context of Kiekegaard's Concept of Immortality', in *Kierkegaard and Christianity*, ed. Roman Králik, Abrahim H. Khan, Peter Sajda, Jamie Turnbull and Andrew J. Burgess (Acta Kierkegaardiana, vol.3, 2008), pp.60–65.

2. S.Kierkegaard, *The Concept of Anxiety*, trans. Reidar Thomte (Princeton University Press, 1981), p.139.

3. 这次谈话是认识韦斯特加德的 Andreas Ferdinand Schiødte 在 1869 年写给 H.P. 巴福德的信中提到的，见 *Encounters with Kierkegaard*, ed. Bruce

Kirmmse, trans. Bruce Kirmmse and Virginia Laursen (Princeton University Press, 1998), p.195. 也见 *Kierkegaard's Journals and Notebooks, Volume 7: Journals NB15–NB20*, ed. and trans. Niels Jørgen Cappelørn, Alastair Hannay, Bruce H. Kirmmse, David D. Possen, Joel D. S. Rasmussen, Vanessa Rumble and K. Brian Söderquist (Princeton University Press, 2014), p.433: NB20, 58 (July to September 1850): "《基督教世界的苏格拉底》。苏格拉底不会证明灵魂不死；他无非是说：我很关心这个问题，因此我将安排我的生活，好像灵魂不死是一个事实似的——如果它被证明是错误的，**那好**，我也不后悔我的选择，因为它是我唯一关心的事情。如果有人说，并付诸相应的行动：我不知道基督教是否真实无妄，但我将认为它是真的，并以此来安排我的生活，以它作为我生活的支柱——即使它被证明是错误的，**那好**，我也不后悔我的选择，因为这是我唯一关心的事情，这对基督教世界将是莫大的帮助。"

4. 克尔凯郭尔的物品在他死后被拍卖出售。一份包括 280 件物品及购买者姓名的名单被收录于 Flemming Chr. Nielsen, *Alt Blev Godt Betalt: Auktionen over Søren Kierkegaards indbo* (Holkenfeldt 3, 2000)。

5. See Niels Jørgen Cappelørn, Joakim Garff and Johnny Kondrup, *Written Images: Søren Kierkegaard's Journals, Notebooks, Booklets, Sheets, Scraps, and Slips of Paper*, trans. Bruce H. Kirmmse (Princeton University Press, 2003), p.19.

6. See ibid., pp.22–9. 巴福德发现了一张纸条，克尔凯郭尔在其上写着他希望由拉斯姆斯・尼尔森与延斯・乔德瓦德和伊斯拉埃尔・莱温合作编辑他的遗稿，这让巴福德十分担心。

7. Ibid., pp.53–6.

8. See Christopher B. Barnett, 'Hans Adolph Brorson: Danish Pietism's Greatest Hymn Writer', in *Kierkegaard and the Renaissance and Modern*

Traditions. Tome II: Theology, ed. Jon Stewart (Ashgate, 2009), pp.63–79; Andrew J. Burgess, 'Kierkegaard, Brorson, and Moravian Music' , in *International Kierkegaard Commentary, Volume 20: Practice in Christianity*, ed. Robert L. Perkins (Mercer University Press, 2004), pp.211–43. 没有文件证据表明克尔凯郭尔唱过这些（或其他任何）赞美诗，但他非常熟悉布罗尔松的赞美诗，常常在自己的作品中提到它们。

9. S.Kierkegaard, *Letters and Documents*, ed. and trans. Henrik Rosenmeier (Princeton University Press, 2009), pp.26–7.

10. See *Encounters with Kierkegaard*, p.130 – from *Nord og Syd*, 15 November 1855.

11. See ibid., p.136 – from a letter from Hans Christian Andersen to August Bournonville, 24 November 1855.

12. See ibid., p.135 – from a letter from H. L. Martensen to L. Gude, 18 November 1855.

13. See ibid., pp.132–3–from a letter from F. Sodemann to P. M. Barfod, 18 November 1855.

14. See ibid., pp.133–5–from *Fædrelandet*, 22 November 1855.

15. See ibid., p.136–from a letter from Hans Christian Andersen to August Bournonville, 24 November 1855.

16. See Cappelørn, Garff and Konderup, *Written Images*, p.10.

17. Reported in *Kristeligt Dagblad* on Monday, 6 May 2013.

18. 感谢尤金姆·加尔夫把他讲话的文本给我看。关于类似主题的更早期的思考，见 Garff's 'The Eyes of Argus: The Point of View and Points of View with Respect to Kierkegaard's "Activity as an Author"' , *Kierkegaardiana*, 15 (Reitzel, 1991), pp.29–54。

插图列表

第 169 页　汉斯・克里斯蒂安・安徒生，卡尔・哈特曼创作的水彩画，1845 年。(图片艺术收藏/Alamy Stock Photo)

第 174 页　柏林御林广场上的建筑物，钢凹版印刷品；H. 欣策（H. Hintze）绘于 1833 年。(苏黎世中央图书馆)

第 210 页　从萨克斯旅馆看到的施普雷河和卢斯特花园。(Alamy Stock Photo)

第 213 页　克尔凯郭尔在咖啡馆里阅读的素描，克里斯蒂安・奥拉韦斯・苏森（Christian Olavius Zeuthen）绘于 1843 年。(丹麦皇家图书馆)

第 216 页　《重复》手稿的第一页，1843 年。(丹麦皇家图书馆)

第 232 页　《重复》手稿中的一页，克尔凯郭尔裁掉了描写年轻人自杀的段落，1843 年。

第 236 页　约翰・阿恩特像，1621 年。

第 236 页　阿恩特的《真基督教》一个 18 世纪版本中的插图。

第 253 页　安德烈亚斯・尤尔的《霍尔特附近的吉尔斯山的夏日》，1856 年。(鲁泽斯代博物馆的藏品；摄影：奥勒・塔格・哈特曼［Ole Tage Hartmann］)

第 262 页　《海盗船》的编辑 P. L. 默勒和 M. A. 哥尔德施米特。(丹麦皇家图书馆)

第 267 页　《海盗船》第 278 期中的一页，1846 年 1 月 16 日。(丹麦皇家图书馆)

第 268 页　《海盗船》第 278 期中的一页，1846 年 1 月 16 日。(丹麦皇家图书馆)

致 谢

本书写于伦敦、费城、哥本哈根和斯凯岛。我要感谢这些地方的图书馆和大学、瑜伽馆和咖啡厅里的那么多人给予我无尽的善意，让我有时间和空间思考和写作。伦敦国王学院、伦敦大学议会图书馆、宾夕法尼亚大学、哥本哈根大学和丹麦皇家图书馆都为支持我进行克尔凯郭尔生平研究提供了资源。一如既往，斯凯岛本身就已经足够了：它是一个可供休息和憧憬的地方，我把手稿带到那里，望着广阔的地平线写完了全书。

有几个人要特别感谢：企鹅集团的丹尼尔·克鲁（Daniel Crewe）和斯图尔特·普罗菲特（Stuart Proffitt）帮忙策划了这部传记，编辑斯图尔特在整个过程中提供了非常权威的建议；理查德·梅森（Richard Mason）修改了稿件；斯蒂芬·瑞安（Stephen Ryan）认真地校对了文本；阿曼达·罗素（Amanda Russell）查阅了图片；本·辛纳尔（Ben Sinyor）和弗朗西斯卡·蒙蒂罗（Francisca Monteiro）确保文本和图片在页面上的合理安排；理查德·杜吉德（Richard Duguid）监督了出版过程。约瑟夫·辛克莱（Joseph Sinclair）帮我编纂了索引。萨拉·查尔方特（Sarah Chalfant）和阿尔巴·齐格勒-贝利（Alba Ziegler-Bailey）帮助这本书最终问世，也让我本人走到了台前。

2017 年春，尤金姆·加尔夫慷慨地欢迎我来到索伦·克尔凯郭尔研究中心，埃托雷·罗卡把他的办公室借给我，尼尔斯·扬·凯普伦提供了最新的灵感。在丹麦皇家图书馆，埃里克·彼得森（Erik Petersen）给我带来了一箱又一箱克尔凯郭尔手稿和信件，他对我的书的热情期待令我感动。卢纳·维德（Luna Hvid）在哥本哈根给了我一个愉快的家，并确保我能看得到早春的樱花。

艾丽丝·阿尔比尼娅（Alice Albinia）、诺琳·赫瓦贾（Noreen Khawaja）、凯特·柯克帕特里克（Kate Kirkpatrick）、西蒙·奥利弗（Simon Oliver）、乔治·帕蒂森和约翰·特雷肖夫（John Tresch）在不同阶段阅读了手稿，提出了宝贵的意见。约翰·卡拉南（John Callanan）和安迪·库珀（Andy Cooper）也阅读了部分手稿。

许多出色的朋友和同事在我写这本书的时候给予了无私的支持，特别感谢鲁珀特·肖特（Rupert Shortt）不离不弃的友谊和不间断的鼓励；感谢埃米·梅里曼（Amy Merriman）容忍我离开她进行研究工作；感谢菲奥娜·埃利斯（Fiona Ellis）、萨拉·科克利（Sarah Coakley）和埃迪·豪厄尔斯（Eddie Howells）让我思考、逗我笑；感谢约翰·科廷厄姆的智慧和爱。我将永远对拉塞尔·威廉姆斯（Russel Williams）心存感激。还有最重要的，感谢我的丈夫约翰和儿子约瑟夫，感谢他们和我共同面对存在的问题。

克莱尔·卡莱尔

2018 年秋，于伦敦

索 引

（以下页码为原书页码，即本书页边码）

图书在版编目(CIP)数据

心灵的哲学家：索伦·克尔凯郭尔不安的一生 / (英) 克莱尔·卡莱尔 (Clare Carlisle) 著；马睿译 . 北京：社会科学文献出版社，2024. 12. -- ISBN 978-7-5228-4508-1

Ⅰ. B534

中国国家版本馆 CIP 数据核字第 2024DK5007 号

心灵的哲学家

索伦·克尔凯郭尔不安的一生

著　　者 / [英] 克莱尔·卡莱尔 (Clare Carlisle)
译　　者 / 马　睿

出 版 人 / 冀祥德
组稿编辑 / 董风云
责任编辑 / 李　洋
责任印制 / 王京美

出　　版 / 社会科学文献出版社·甲骨文工作室 (分社) (010) 59366527
地址：北京市北三环中路甲 29 号院华龙大厦　邮编：100029
网址：www. ssap. com. cn
发　　行 / 社会科学文献出版社 (010) 59367028
印　　装 / 南京爱德印刷有限公司

规　　格 / 开 本：889mm × 1194mm　1/32
印 张：14. 125　字 数：298 千字
版　　次 / 2024 年 12 月第 1 版　2024 年 12 月第 1 次印刷
书　　号 / ISBN 978-7-5228-4508-1
著作权合同登记号 / 图字 01-2021-2839 号
定　　价 / 98. 00 元

读者服务电话：4008918866